Susanne Fröhlich/Constanze Kleis

F(r)ischhalteabkommen

Susanne Fröhlich
Constanze Kleis

F(r)ischhalteabkommen

Länger Freude am Mann

KRÜGER VERLAG

Originalausgabe

Satz: Pinkuin Satz und Datentechnik, Berlin
Druck und Einband: Clausen & Bosse, Leck
Printed in Germany 2003
ISBN 3-8105-0665-6

Für Gert und Ulli, denen wir die Einsicht verdanken,
dass Männer – mit ein bisschen Langmut, Toleranz
und Konsequenz – viel Vergnügen machen können.
Wie immer auch für Mama und Papa und diesmal
auch für Eva und Sven.

Inhalt

F(r)ischhalteabkommen

Eigentlich könnten wir Ihnen nur herzlich gratulieren. Sie haben – schon mehr oder weniger lange – einen Fisch an der Angel, also den Nachweis erbracht, dass Sie den Herausforderungen des Baggerns, Balzens und Bandelns gewachsen sind. Und während sich gerade allüberall Singles die Beine rasieren, in Miederhöschen zwängen und hoffen, dass die Frisur hält, um endlich eine Antwort auf die ewige elterliche Frage: »Und? Gibt es da jemanden?« zu finden, könnten Sie es sich daheim gemütlich machen und ihre Beute genießen. Sollten etwaige Probleme auftauchen, wie etwa der Hang des Fisches, ein- und denselben Witz so lange zu erzählen, bis ihn sich selbst ein Alzheimerpatient gemerkt hat, dann wird die Liebe schon dafür sorgen, dass alles gut wird. So die Theorie.

Dagegen zeigt eine Scheidungsquote von bis zu 50 Prozent, dass es vielleicht doch etwas fahrlässig ist, die Liebe ausgerechnet dem Schicksal, also jenen Mächten zu überlassen, denen wir auch Verkehrsunfälle, verregnete Sommer, George W. Bush und Genitalherpes verdanken. Zumal neben allen anderen Ähnlichkeiten zwischen Fisch und Mann – also Schuppen, Gräten und Panik beim Anblick von Kochutensilien –, Fische wie Männer dazu neigen, sich im Laufe der Zeit nicht gerade zu ihrem Vorteil zu verändern. Eines Tages wacht man auf und findet statt eines schnittigen Lachses einen giftigen Kugelfisch im eigenen Bett, der behauptet, mit uns verheiratet zu sein. Das passiert. Ebenso wie vergessene Geburtstage, Kinder, die er nicht mehr wieder erkennt, weil er nur noch im Büro sitzt, und ein Haushalt, der von Gesetz wegen als Sondermülldeponie geschlossen werden müsste, würde es nach den Sauberkeitsparametern unseres Fisches gehen.

Kurz: Der Alltag schafft Probleme, die die Liebe allein nicht lösen kann. Ein bisschen guter Wille – ja, der könnte es vielleicht schaffen, aber genau der scheint oft genug zu fehlen. Ebenso wie die Bereitschaft, sich auszutauschen, im öden Beziehungsalltag kleine Inseln der Romantik zu schaffen, sich sein Idealbild vom Partner zu bewahren, statt noch den kleinsten Mangel porentief auszuleuchten.

Das ist umso ärgerlicher, als man doch eigentlich einen ganz anderen Vertrag miteinander abgeschlossen hatte, einen, in dem es um Aufmerksamkeit, Fürsorge, Achtung, Entlastung, drei Restaurantbesuche im Monat und mindestens zwei Mal Sex die Woche ging. Und zwar lebenslänglich. Gut, dieser Vertrag wurde niemals schriftlich niedergelegt. Aber trotzdem war er da, wir sind ganz sicher. Jedes Paar hatte einmal ein solches »Frischhalteabkommen« auf der Basis gegenseitiger heftigster Zuneigung, die Übereinkunft, sich nach Kräften zu lieben, zu begehren, zu ehren, zu verwöhnen und vom Fisch noch vor dem Abendbrot auf den Flokati gezogen zu werden. Denn sonst hätte man sich sicher gleich einen Hund angeschafft, weil der wenigstens hört. Doch davon will der Fisch nun leider nichts mehr wissen. Ständig versucht er die Vertragsbedingungen zu seinen Gunsten zu verändern, sich Dienstleistungen zu erschleichen, von denen nie die Rede war. Und dass er uns auf Händen tragen wollte, das hätten wir uns auch bloß eingebildet. Ebenso wie sein Versprechen, regelmäßig den Müll runterzutragen und mit uns ein Wochenende in einem Luxushotel in New York zu verbringen.

Irgendwann keimt bei der Anglerin der betrübliche Verdacht, dass der Fisch beinahe mehr an seinem mottenzerfressenen Lieblingspulli hängt als an ihr. Ganz zu schweigen von der ernüchternden Tatsache, dass man mit dem Fisch auch gleichzeitig etwas geangelt hat, was wie ein Krake mit ziemlich großen Fangarmen aussieht und zu dem er »Mami« sagt. Daneben kennen wir noch 1001 weitere Standardsituationen, die in jeder Anglerin den heftigen Wunsch wecken, ihren Fisch in einem Haifischbecken zur Adoption freizugeben. Kurz: Der Alltag mit einem Fisch ist wahrlich kein Zuckerschlecken. Und es ist schon ziemlich lästig, wie man kostbare Zeit damit verschwendet, dem Fisch immer wieder zu erklären, dass die Sache mit der Liebe doch eigentlich einmal anders gedacht war und wir nicht willens sind, ihn einerseits wie einen Pflegefall der Höchststufe von jeglichen häuslichen Anstrengungen zu befreien und andererseits widerspruchslos zu akzeptieren, dass er das Lenken und Denken übernimmt.

Kein Wunder also, wenn der Fisch nach einer gewissen Zeit oft eher Mordgedanken weckt, statt – wie es doch eigentlich seine Aufgabe ist – Glücksgefühle zu erzeugen. Aber genau das gilt es zu verhindern. Und zwar mit möglichst wenig Aufwand und Methoden, in denen der Einsatz der Anglerin an Nerven, Zeit und Energie in einem optimalen Verhältnis zum Ertrag – einem dauerhaft frischen Fisch – stehen. Einzige Voraussetzung: Die Anglerin vergisst die üblichen Trainingsmethoden, mit denen die meisten Frauen vergeblich an der Metamorphose des Fisches zum Traumtypen arbeiten. Schließlich hat jede Frau im Zusammenleben mit einem Fisch früher oder später die Erfahrung macht, dass der Fisch respektive Mann sowohl gegen Erziehungsversuche als auch gegen Nörgelattacken voll imprägniert ist und nicht mal ein Einserdiplom in Pädagogik einen fit macht für die Hartnäckigkeit, mit der Männer Einsicht, Verhaltensänderung oder auch einfach nur den Satz: »Du hast ja so Recht, Schatz!« – verweigern.

Fische springen nun mal nicht durch brennende Reifen. Und selbst eine Nackenrolle lässt sich leichter dressieren als ein Kabeljau oder ein Lachs. Doch auch die Anglerin ist nicht ohne Fehl und Tadel. Im Gegenteil. Vor allem ihre Überzeugung, alles goldrichtig zu machen, wirkt sich bisweilen katastrophal auf das Verfallsdatum eines Fisches aus. Ebenso wie der ziemlich verbreitete weibliche Glaube, Frauen seien die besseren Menschen, während der Fisch auf der gleichen Entwicklungsstufe stehe wie Torf.

Das sind nun nicht gerade die richtigen Methoden, ihn und auch die Liebe frisch zu halten. Die hat nämlich ihre eigenen Regeln. Und um die geht es in diesem Buch. Natürlich könnten Sie – was das anbelangt – einfach zu den probaten Mitteln greifen: den Fisch ins Drei-Sterne-Kühlfach in Tomatensoße oder eine extra große Portion Liebe einlegen. Aber haben Sie schon mal ein Fischstäbchen, einen Rollmops oder einen Räucher-Aal munter herumplanschen sehen?

Was also den alltäglichen Umgang mit dem Fisch anbelangt, so gilt die Devise: Der Fisch sollte artgerecht behandelt werden. Deshalb nützt es auch wenig, ihn in ein Hasenkostüm zu stecken, bloß weil wir das kuschelig finden. Ebenso wenig bringt es, schon für Spurenelemente von Zivilisation dankbar zu sein und auf die Knie zu fallen, bloß weil er es endlich einmal geschafft hat, sich selbst ein Bier zu holen. Und was die weibliche Hartnäckigkeit anbelangt, ihm ständig irgendwie tiefe Gefühle und kluge Gedanken zu unterstellen, natürlich nur solche, in denen wir die Hauptrolle spielen, so sollten wir ein anderes Hobby finden.

Ein Fisch, der uns lange Freude macht, braucht anderes: einen gewissen Sinn für die Verhältnismäßigkeit der Mittel, etwas Egoismus, ein wenig Verständnis und Gefühl (aber längst nicht die riesigen Portionen, die viele Frauen für das Existenzminimum einer glücklichen Beziehung halten), Gelassenheit und ein paar Grundregeln der Aquaristik. Etwa die, dass vielen Fischen das »triebhafte Bestreben« angeboren ist, »die Gesellschaft von artgleichen Tieren zu suchen«, wie Wissenschaftler meinen, und man sich also nicht wundern sollte, wenn der Fisch mindestens einmal die Woche zum Skat muss.

Auch bei der Fischhaltung gilt: Es ist eben oft einfacher, als man denkt, und manchmal schwieriger, als man glaubt. Letztlich wird Ihnen die Lektüre des Buches garantiert dabei helfen, nicht nur am Fisch, sondern vor allem an sich selbst, ein paar ganz erstaunliche Seiten zu entdecken und dafür zu sorgen, dass Ihnen genau dies Kunststück noch die nächsten zwanzig Jahre gelingt: sich gegenseitig immer wieder angenehm zu überraschen. Darin liegt letztlich der Schlüssel zum Glück und nicht in der Frage, wie Sie Ihren Fisch dazu bringen, Diamanten zu apportieren (obwohl dieses Kunststück auch nicht ganz unwichtig ist). In diesem Sinne ist dies Buch als Trainingseinheit zu verstehen. Es bietet nützliche Vorschläge für dringend notwendige Verhaltenskorrekturen von Fisch und Anglerin, es wehrt den Anfängen von Desinteresse, Gleichgültigkeit, Frustration und Entfremdung, und es macht Sie fit für das Leben mit einem Wesen, dem wir gleichzeitig näher, aber auch fremder sind, als wir denken.

Am Schluss können Sie dann noch einen kleinen Test machen, Ihre Sachkunde in Aquaristik überprüfen und damit Antworten auf wichtige Fragen wie diese finden:

Der Fisch atmet schwer und hängt an der Wasseroberfläche. Welche Ursachen können vorliegen?

a) Er hat Hunger.
b) Er hat gerade entdeckt, dass Sie seine Plattensammlung auf den Sperrmüll gestellt haben.
c) Er hätte doch nicht am Marathon teilnehmen sollen.
d) Sie haben ihm gerade gesagt, mit wie vielen Männern sie vor ihm wirklich geschlafen haben.

Sie sehen, wir haben an alles gedacht – damit Ihnen der Mann noch lange Freude macht!

Kapitel 1
Der Fisch auf Dauer

Mach mich glücklich, und zwar für immer! So lautet der kategorische Imperativ der meisten Anglerinnen. Wenn sie sich schon entschließen, einen Fisch auf Dauer in ihr Bett und an ihre Fernbedienung zu lassen, dann soll er sich gefälligst revanchieren. Deshalb wünschen sie sich ihn als einen Generalschlüssel fürs ganz große Glück, als ein Bollwerk gegen tyrannische Chefs, ungeliebte Jobs, Augenfalten und Cellulite, Retter vor langweiligen Wochenenden, intriganten Kolleginnen und Übergewicht. Das ist das Mindeste, was die Liebe tun kann. Besonders, wenn es die fürs Leben sein soll. Kurz: Auf der emotionalen Langstrecke soll sich der Fisch als Universalgenie erweisen – allen Anforderungen gewachsen und dabei stets sowohl zuverlässig als auch abwechslungsreich. Das ist er auch. Allerdings nicht immer wie von der Frau erhofft.

Der Fisch im Belastungstest

Sie haben einen wunderbaren Fisch? Ein Ausbund an Höflichkeit, Fürsorge und Aufmerksamkeit? Er verbindet puren Sex mit hingebungsvoller Zärtlichkeit? Er sieht blendend aus und ist Ihnen trotzdem unendlich dankbar dafür, dass Sie Ihre – wie er findet – kostbare Zeit mit ihm verbringen? Er behauptet, dass neben Ihnen selbst die Supermodels einpacken können, und wundert sich lautstark, weshalb Sie eigentlich nicht für den Literaturnobelpreis nominiert sind, bloß weil Sie ihm süße kleine Zettelchen schreiben, auf denen steht: »Ich liebe dich, Hasimausi?« Dann ist Ihre Liebe vermutlich noch ganz frisch und Sie glauben, über mehr als genug Gefühlsvorräte für mindestens vierzig gemeinsame Jahre zu verfügen, um jedwede Krise zu meistern. Schön für Sie, aber leider falsch. Auch auf die Gefahr hin, als elender Spielverderber dazustehen und nie mehr auf eine Hochzeit eingeladen zu werden, müssen wir Ihnen sagen, dass die Liebe nicht wie eine chemische Reinigung funktioniert, mit der man sich gegen Wirtschaftskrisen, gegen soziale, emotionale und mentale Schlechtwetterfronten imprägniert. Sicher ist es durchaus von Vorteil, einander vollkommen hingegeben und total verfallen zu sein. Aber es rettet einen nicht vor der Erfahrung, dass selbst der schillerndste Fisch seinen Glanz verliert, ganz egal, wie viel er davon einmal besessen haben mag. Das Gleiche gilt natürlich auch für die Anglerin. Auch an ihr nagt selbstredend der Zahn der Zeit. Zweisamkeit und Liebe unterliegen eben nun mal einer gewissen Materialermüdung. Und niemand ist gegen die Abnutzungs- und Verschleißerscheinungen, die emotionalen Erosionen des 24-Stunden-Gefühls-Ironman, genannt »Alltag«, gefeit.

Sie glauben uns nicht? Dann stellen Sie sich einfach einmal vor, Sie wachen morgens auf und eine böse Fee hätte die Zeit um zehn Jahre nach vorne gestellt. Neben Ihnen liegt etwas, das eine entfernte Ähnlichkeit mit Ihrem einstigen Traumprinzen aufweist, aber ebenso gut auch ein deutsches Mittelgebirge sein könnte. Trotzdem glauben Sie immer noch, zehn gemeinsame Jahre seien nichts weiter als 3650 Tage, 120 Monate oder 87 600 Stunden? Wenn es bloß das wäre. Denn in Beziehungs-Kategorien gerechnet, heißt zehn Jahre auch:

1. 300 Mal seinen genialen Masterplan zur Bewältigung von Arbeitslosigkeit, Staatsverschuldung und dem Hunger in der Welt bewundert
2. Zehn Kilo Fußnägel aufgesaugt
3. Ihn 20 Mal mit Pfefferminztee, Inhalator und Wärmflasche vor dem sicheren Erkältungstod gerettet
4. 60 Schwiegermutterbesuche und ungefähr 1 Million Kalorien, untergebracht in fetten Sahnesoßen, Frankfurter Kranz und Fleischwurstbroten, bewältigt
5. 2,5 Fußballweltmeisterschaften und ebenso viele Europameisterschaften über sich ergehen lassen, in denen er mit fünf Gleichgesinnten Ihre Wohnung in eine Müllhalde verwandelte (von den 10 Bundesligaspielzeiten wollen wir erst gar nicht reden)
6. 520 Mal mit ihm darüber gestritten, ob er – säße er am Steuer – in die winzige Lücke zwischen zwei Autos sogar einen Airbus einparken könnte
7. 50 Mal erklärt, wie die Spülmaschine funktioniert
8. 60 Mal erläutert, dass man einen Sauerbraten nach zwei Wochen im Kühlschrank nicht mehr essen kann, auch dann nicht, wenn seine Mutter ihn gemacht hat
9. 30 Mal einen Orgasmus vorgetäuscht (aber nur, um ihn nicht zu verletzen)
10. Neun Mal großzügig darüber hinweggesehen, dass er den Jahrestag Ihrer ersten Begegnung vergessen hat und fast gar nicht deswegen geheult
11. Zehn Mal Weihnachtsgeschenke für seine Familie

gekauft und nichts gesagt, als seine Angehörigen wortreich seinen tollen Geschmack und seine Großzügigkeit bewundert haben

12. 520 Mal Sex gehabt – statistisch. Unter uns: in Wirklichkeit waren es bloß 380 Mal – aber das weiß nur Ihre beste Freundin
13. Sechshundert Mal seine Unterwäsche gewaschen und dabei überlegt, ob Sie dafür eigentlich Ihr Einser-Diplom gemacht haben
14. 3400 Mal die nassen Handtücher vom Boden aufgehoben, die er hat liegen lassen, und sich gefragt, ob das als mildernder Umstand für ein Tötungsdelikt geltend gemacht werden kann
15. 50 Mal erlebt, wie er im Restaurant großzügig 29,70 Euro auf 30 aufrundete
16. Fünfzehn Mal einen Tag länger auf Reisen gewesen als geplant, weil er behauptete, eine prima Abkürzung zu kennen
17. Ihm 520 Mal erklärt, dass Sie mittwochs und nicht donnerstags ihre Gymnastikstunde haben
18. Ihm 3615 Mal dabei zugeschaut, wie er versucht, durch seine Ohren hindurch mit seinem Zeigefinger eine Gehirnoperation ohne Narkose durchzuführen
19. 1654 Mal schon drei Sekunden vorher gewusst, dass er gleich »schaun mer mal!« sagt
20. Ihm 70 Mal erklärt, dass es seine Ex war und nicht Sie, die auf Kniekehlen-Kitzeln steht
21. 30 Mal die Wiederwahltaste seines Handys bedient, heimlich die Mailbox abgehört und dabei entdeckt, dass er hinter Ihrem Rücken ein Sportcoupé angezahlt hat

22. Sich 40 Mal einen Vortrag darüber angehört, weshalb Sie mit 60 garantiert von Tütensuppe werden leben müssen, bloß weil Sie sich jetzt neue Schuhe gekauft haben

So weit die ganz normalen Härten des Beziehungslebens. Und das sind nur die, die sich durch die Verwandlung des Singulars in den Plural ergeben. Allein die genügen bisweilen schon, Frauen an den Rand des Wahnsinns zu bringen. Aber leider erhalten laut eines Urteilsspruchs des Bundessozialgerichts Ehefrauen, die ihre Männer erschießen, keine Witwenrente. Und zweitens macht die Desillusionierung – das muss man fairerweise sagen – auch vor den Frauen nicht Halt. Selbst abzüglich des erfreulichen Umstandes, dass wir für unsere Umwelt grundsätzlich eine ähnlich große Bereicherung sind wie die Erfindung der Teflon-Pfanne, gibt es doch auch vereinzelt Eigenschaften, Verhaltensweisen, Marotten, die einem Mann mehr rauben können als nur die Vorstellung, dass Frauen die besseren Menschen sind. Besonders wenn ein Mann zehn Jahre lang Zeit und Gelegenheit hat, folgende Eindrücke zu sammeln. Denn in exakt 520 Wochen hat er immerhin:

1. Zehn Mal Freude über eine neue Krawatte geheuchelt, die er grauenhaft fand
2. Ihr 100 000 Mal gesagt: Nein, Schatz, du bist nicht dick!
3. Sich 80 Mal angehört, dass sie nichts zum Anziehen hat, obwohl ihr Kleiderschrank so groß ist, dass man darin die Bundesliga austragen könnte
4. Sich jedes Mal, wenn man eine zweite Flasche Bier

aufmacht, anhören müssen, dass man mit dem Alkohol vorsichtig sein sollte

5. 520 Mal ertragen, dass sie seinen Rasierer entgegen seinem ausdrücklichen Wunsch zum Enthaaren der Beine benutzt
6. Sich 400 Mal überlegt, wieso Frauen immer links sagen, wenn sie rechts meinen
7. Ihr 35 Mal aus Rücksichtnahme nicht gesagt, dass er Fenchel hasst
8. 520 Mal Sex gehabt – statistisch. Unter uns: in Wirklichkeit waren es bloß 380 Mal – aber das erzählt er nicht mal seinem besten Freund
9. 250 Mal nachher noch gekuschelt, obwohl er am liebsten sofort eingeschlafen wäre
10. 50 Mal erlebt, dass sie nicht mit ihm ins Bett wollte (allerdings hat er ihr nur deshalb Avancen gemacht, weil er sicher war, dass sie ihn abweisen würde – das wird sie aber nie erfahren)
11. 21 Spinnen getötet, weil sie sonst ausgezogen wäre
12. Einmal gehört: »Ich dachte, du freust dich, wenn ich deine Platten sortiere!«
13. Ihr 21 Mal erklärt, dass man mitnichten 150 Euro gespart hat, wenn man ein um so viel reduziertes Paar Schuhe zum Preis von nunmehr 250 Euro gekauft hat
14. 3650 Mal hinter ihr das Licht im Badezimmer ausgemacht
15. Ihr 20 Mal gesagt, dass er weder vor ihren noch vor seinen Freunden »Bubu-Bär« genannt werden will
16. 120 Mal versichert, dass er sie wahnsinnig liebt und Sharon Stone für sie stehen lassen würde (bei ihrer besten Freundin wäre er sich da nicht so sicher)

17. 20 Mal im Brustton der Überzeugung versichert, dass Frauen und Männer gleichberechtigt sind, er Brustvergrößerungen für vollkommen bescheuert hält und es ihm egal ist, dass sie zehn Kilo zugenommen hat (und dabei gehofft, dass keiner seiner Freunde jemals davon erfährt)
18. 30 Sonntagnachmittage bei ihren Eltern verbracht und ihren Vater ertragen, der ihn offenbar für einen Versager hält
19. Vier Doris-Dörrie-Filme mit ihr anschauen müssen
20. Zehn Mal beim Schuhkauf dabei gewesen
21. Vier Mal auf dem Sofa geschlafen, weil er zu betrunken war, wie sie fand (für was eigentlich?), und einmal eine Nacht im Hausflur verbracht (bloß weil sie herausgefunden hat, dass er sich hinter ihrem Rücken ein Sportcabrio bestellt hatte)
22. 50 Mal aufdringlichen italienischen Kellnern im Restaurant ein Trinkgeld dafür gegeben, dass sie seine Frau betatschen – nur damit sie ihn nicht für kniebig hält
23. 400 Mal beim Geschirrspülen assistiert, weil ihm einfach noch keine plausible Erklärung dafür eingefallen ist, wieso sie das genauso gut alleine machen könnte (wie hat das eigentlich sein Vater damals geschafft?)
24. Sich 50 Mal gefragt, worüber ihre Freundinnen eigentlich so lachen, wenn er ins Zimmer kommt

Haben wir Mitleid? Nein, natürlich nicht. Denn was die Belastungen des gemeinsamen Irrewerdens anbelangt, schenken sich Männer und Frauen gerade auf Dauer nichts. Selbst einer Liebe im Romeo-und-Julia-

Format bleibt der Abstieg in die Alltags-Hölle nicht erspart. Und hätte William Shakespeare seinem Traumpaar nicht ein frühes Ende bereitet, hätte auch Romeo spätestens nach vier Jahren zu Julia gesagt: »Wenn du Frühstück im Bett willst, dann schlaf doch in der Küche!« So ruppig geht es eben manchmal zu, wenn man über einen längeren Zeitraum Tisch, Bett, Badewanne, Kleiderschrank, Monatszyklus und Kühlschrank teilt. Die Dinge, die Perspektiven und auch die Menschen ändern sich. Und kein noch so großes Gefühl kann verhindern, dass aus einer großen Romanze, aus reiner Magie, purem Sternenflimmern ein bisweilen ziemlich kleinliches Gezeter und banales Hick-hack wird. Nicht zu vergessen die Abgründe, die man lieber nicht gesehen hätte. Und wenn Arthur Miller schreibt: »Die meisten Ehen sind Verschwörungen, das Dunkel zu leugnen und das Licht zu bestätigen«, dann irrt er leider. Die meisten Paare scheinen nämlich vor allem hart daran zu arbeiten, noch das letzte gnädige Dunkel mit Scheinwerfern auszuleuchten, damit einem wirklich keine Niederung entgeht. Beim anderen – versteht sich.

Das Schlimme am Immer

Sie müssen tapfer sein. Nicht nur jetzt, sondern für alle Zeit, die Sie gedenken mit Ihrem Fisch zu verbringen. Sie werden Dinge sehen, die Sie lieber nicht gesehen hätten. Und wir meinen damit nicht bloß sein bakteriologisches Forschungslabor, das er »Sportsachen« nennt. Besonders bei Männern liegt nämlich zwischen Sein und Schein manchmal ein Abgrund, der größer ist als der Andreasgraben. Und so kann es im wahrsten Sinne des Wortes ganz schön ent-täuschend sein, festzustellen, dass Männer nicht immer bloß mutig, klug, offensiv und souverän sind, sondern natürlich auch feige, egozentrisch, kriecherisch, dumm und autoritätshörig. Schwer zu ertragen, besonders wenn es sich um den eigenen handelt und der sich als Muttersöhnchen entpuppt, das regelmäßig auf die durchsichtigen Erpressungsversuche seiner Mama – »Du brauchst mich nicht zu besuchen, ich werde die Kommode schon irgendwie allein aus dem Keller holen« – hereinfällt. Oder wenn der Liebste, als echter Erfolgsmensch an den Beziehungsstart getreten, auf einmal arbeitslos wird und nun eher kläglich wirkt; Männer, die ihrem Chef ganz schamlos Sie-wissen-schon-wohin kriechen; Kerle, die einem ständig die ganze Welt erklären müssen, aber bei »Wer wird Millionär?« die Frage »Was ist eine Calzone?« mit: »Eine Kopfbedeckung!« beantworten. Man fragt sich: Wenn die Kerle so gut wissen, wo es langgeht, wieso nehmen sie dann immer die falsche Lebensabzweigung?

Irgendwann fühlt sich jede Frau wie in dem Märchen von des Kaisers neuen Kleidern: Plötzlich erkennt man, was man vorher nicht erkannte. Nichts mehr da von all der Pracht, der Herrlichkeit. Der Mann steht nackt und von jeglicher Illusion entblößt da, wirkt klein, mickrig, bedauernswert, mitleiderregend. Das muss man aushalten können. Und auch, dass es kein Entrinnen gibt. Denn *jeder* Mann wird nach ein paar gemeinsamen Jahren eine Zumutung. Weil er morgens so lange das Bad blockiert, dass wir in der Zeit nicht nur »Krieg und Frieden« lesen, sondern auch schreiben könnten. Weil er sich in den Zähnen popelt. Weil er über Witze lacht, für die man zur Strafe streng genommen drei Jahre lang 24 Stunden am Tag Sabine Christiansen gucken müsste.

Aber: Langlebige Beziehungen basieren nun mal auf Zermürbung und der Unterdrückung von Mordlust. Ebenso wie auf dem Umstand, dass wo zwei zusammenkommen, keiner mehr ganz hundertprozentig das tun kann, was er täte, wäre er völlig allein. Ständig müssen Lösungen gefunden werden, andauernd ist Anpassung gefragt und irgendwann fühlt man sich, als sei man Hauptdarsteller in einem einzigen lauwarmen Kompromiss. Das ist umso frustrierender, als man dafür längst nicht das bekommt, was man sich vom Fisch gemeinhin verspricht. Er rettet einen nämlich entgegen anderslautenden Gerüchten nicht. Nicht vor den Mühen des Broterwerbs, nicht davor, den Bus zu verpassen, nicht vorm Älterwerden und auch nicht vor der zickigen Kollegin. Glücklich machen müssen wir uns immer noch selbst. Daran führt kein Fisch vorbei. Wir dachten, das sollten Sie wissen, falls Sie es nicht ohnehin schon erlebt haben, wie sich ein schnittiger Lachs in eine tiefe Frustration verwandelt. Es ist ganz so, wie der Schriftsteller Ethan Hawke meint: »Tatsächlich ist jede Ehe harte Arbeit. Man liebt leidenschaftlich, verabscheut sich, findet sich lächerlich, ist sich scheißegal oder kann sich nicht erinnern, was man je aneinander fand. Ein Teil deiner Individualität stirbt, auch Ideen von Freiheit. Eine echte Ehe ist eine ewige Häutung.« Die viel Verdruss, aber eben auch ein paar herrliche Perspektiven bietet.

Das Gute am Länger

Man kann sich natürlich darauf verlassen, dass der Mann im Schnitt eine weitaus geringere Lebenserwartung hat als wir und sich die meisten Probleme mit den Kerlen also früher oder später von selbst erledigen. Für vielversprechender halten wir jedoch die Methode, schon zu Lebzeiten des Fisches etwas für das gemeinsame Glück zu tun. Und das beginnt mit einer einfachen Kosten-Nutzen-Rechnung, also etwas, das jeder Frau vertraut sein sollte. Wer weiß schließlich besser als wir, dass wir für ein sündhaft teures Designer-Kleid leider auf ein paar Urlaubstage verzichten müssen; dass ein leckeres Stück Käsekuchen bedauerlicherweise viel zu viele Kalorien hat und wir deshalb eine Extrastunde Sport zur Folge hat. Entsprechend kostet uns auch ein Mann auf Dauer, nämlich Nerven, manchmal Tränen, bringt oft Ernüchterung, viel Langeweile und einiges an Erkenntnissen, auf die wir gern verzichtet hätten. Trotzdem: Auch wenn es mancher Anglerin so vorkommt, trägt ein Mann doch noch mehr zum gemeinsamen Leben bei als die Umwandlung von Sauerstoff in Kohlendioxyd.

Man kann mit ihm über – fast – alles reden. Man muss Silvester nicht mehr zugucken, wie sich andere Pärchen küssen. Wenn Mama anruft, fragt sie nicht mehr, ob es da »endlich« jemanden gibt. Man hat jemanden, dem man für all die Dinge die Schuld geben kann, für die die Regierung nun wirklich nicht zuständig ist. Man braucht nicht in der Wanne zu schlafen, bloß weil eine Spinne über dem Bett hängt. Doppelzimmer im Hotel, Zweiertische im Restaurant und

Tretboote wirken nicht ganz so unbelebt mit einem Mann darin. Man kann ihn jederzeit anrufen, damit er einen von der Kneipe, vom Bahnhof oder vom Flughafen abholt. Nirgendwo ist es so heimelig wie in seinen Armen, und wenn es gut läuft, dann hat man täglich Kaffee am Bett, jemanden, der die fiese Kollegin für eine Schlampe hält, der einem beim Fernsehen die Füße massiert, der einen an die Hand nimmt, wenn es im Kino gruselig wird, der findet, dass einem die paar Kilo mehr ganz phantastisch stehen und der einem die tolle, aber leider sündteure Tasche schenkt, die man schon seit Wochen im Auge hat und sich dabei jeden Hinweis darauf verkneift, dass es die etwa 30ste ist. Und wenn es ganz bombig läuft, dann ist so eine Dauerbeziehung gleichzeitig eine profane, auf gegenseitiger Nützlichkeit basierende Verbindung, in der man die jeweiligen Fähigkeiten ganz schamlos dazu benutzen kann, das eigene Leben zu bereichern; das aufregende, überraschende und auch riskante Lustprinzip, mit der wir zu zweit nochmal eine Menge unbesorgte, aber auch egozentrische Kindlichkeit ausleben können, und schließlich die erwachsene Beziehung, die an das Wohl des anderen denkt.

Freund, Partner, Konkurrent, Förderer, Nutznießer, total Fremder und absolut Vertrauter, Sexobjekt und bequemes Lebensmöbel. Der Fisch kann auf Dauer alles auf einmal sein, manchmal eins nach dem anderen, vor allem eine Chance auf das ganz große Glück, die wir nicht ausschlagen sollten, bloß weil es manchmal schwierig ist. Das ist das Alleinsein auch und entsprechend sollten Sie immer bedenken: In der Zeit, die Sie damit verbringen, sich darüber zu ärgern, dass Ihr

Mann sein Bierglas schon wieder ohne Untersetzer auf den Tisch stellt, sitzt irgendwo ein Single daheim vor dem Fernseher und wünscht sich nichts sehnlicher, als dass genau diese Glasränder sein Leben bereicherten.

Keine Sorge, wir wollen Ihnen hier nicht erzählen, dass man Männern alles durchgehen lassen sollte. Wir wollen nur dafür plädieren, die Relativitätstheorie auch in die Beziehung einzuführen, weil vieles ganz anders, viel besser und vor allem weniger aufreibend wirkt, wenn man einmal die Perspektive wechselt, besonders die auf den Fisch und das Leben mit ihm. Sie werden jetzt sicher denken: »Was! Jetzt auch noch die Beziehungsarbeit! Genügt es nicht, dass ich seine Hemden bügele?« Nein, so ist das natürlich nicht gemeint. Im Gegenteil. Sie sollen sich entspannen. Etwa von dem Stress, aus Ihrer Beziehung den großen Sat-1-TV-Roman zu machen, davon zu träumen, dass sie wie eine Art emotionales Breitbandantibiotikum Wunden heilt, Krisen neutralisiert und sich überhaupt wie Balsam auf das gesamte Leben legt.

Das Leben mit einem Fisch mag vielleicht nicht so großartig, glamourös und allzeit voller Leidenschaft, Hingabe, Fürsorglichkeit und all den anderen netten Dingen sein, die man sich gemeinhin davon verspricht. Aber so paradox Ihnen das jetzt noch vorkommen mag: Das ist gerade das Tolle daran. Oder wie eine 67-Jährige, die seit drei Monaten Witwe war, bei einer Umfrage der Zeitschrift »Woman« zum Thema »Woran erkennt man die große Liebe?« über die ihre zu Protokoll gab: »Er war nett, höflich und er hat mir immer zugehört.«

Klingt etwas anders, als man sich das vorstellt. Banaler, unspektakulärer – nach Spaßbremse und emotionaler Nullrunde. Aber es ist so viel mehr, als die meisten in ihrem gemeinsamen Leben erreichen. Vielleicht weil sie zu viel wollen, den anderen und damit auch sich selbst in seiner Normalgröße nicht ertragen können und es nicht aushalten, sich manchmal auch zu hassen, sich zu fragen, warum man damals nicht Karl-Heinz aus der Buchhaltung geheiratet hat. Aber auch das gehört dazu, wenn es gut laufen soll. Dann ist das Leben mit einem Fisch die vollkommene Unvollkommenheit – also etwas ganz Besonderes und gleichzeitig etwas ziemlich Naheliegendes. So wie der Fisch an Ihrer Seite.

Kapitel 2
Der Fisch im Nest

Die erste gemeinsame Wohnung stellt den Härtetest für jede Beziehung dar. Findet die Anglerin. Denn selbstredend lebt der Fisch in für sie unzumutbaren Verhältnissen – aus einer kulturell höheren Perspektive, also der weiblichen betrachtet. Seine 3000 Bierdeckel? Die sind auch im Keller bestens aufgehoben, und dann die drei Töpfe, mit denen er sein kulinarisches Leben fristet – indiskutabel. Ins Schlafzimmer gehören mindestens eine hübsche Spitzen-Tagesdecke und ihre Teddy-Sammlung. Und wenn er glaubt, sie begnüge sich mit seinem alten Sofa, dann hat er sich geschnitten. Wie ein Dübel spreizt sich die Anglerin in den neuen vier Wänden und glaubt, sie habe an alles gedacht. Dabei ist die wichtigste Seinsfrage: Wie schafft man es, trotz gemeinsamer Wohnung zusammenzubleiben?

Leben mit Beilage

Es ist so weit. Sie wollen es wagen, sich gemeinsam eine Wohnung zu teilen. Herrlich, Ihre Zahnbürste wird wieder wissen, wo sie hingehört, und Sie haben das Objekt der Begierde, Ihren Liebsten, zu jeder Tages- und Nachtzeit griffbereit. Vorbei die Zeiten, in denen das, was man gerade wirklich am nötigsten braucht, Tampons oder der schöne schwarze Push-Up, der Nagellackentferner und die frische Unterwäsche, der angelesene Krimi und der Epilady, leider immer in der falschen Wohnung lagen. Es wird kein Pendeln mehr geben, keine Hetzjagden heim an den eigenen Kleiderschrank, keine doppelte Miete mehr, keine doppelten Einkäufe, doppelten Telefonrechungen oder doppelten Umlagen. Sie werden nie mehr wie ein Vagabund mit Rucksack oder Reisetäschchen durch die Stadt ziehen. Stattdessen eine gemeinsame Adresse. Hurra! Welch wunderbare Aussichten. Ganz zu schweigen von dem emotionalen Benefit. Schließlich ist der Wille, fortan unter einer Postanschrift zu residieren, ein ganz klares Statement dafür, dass Sie und er zusammengehören und gewillt sind, das auch nach außen zu zeigen.

So ist, was früher die Verlobung war, heute das Zusammenziehen. Ein kleiner Schritt für die Menschheit, aber ein ziemlich großes Entgegenkommen für einen Fisch. Denn der, das weiß die Anglerin aus Erfahrung, gründelt am liebsten im eigenen Sud und gibt nur ungern eines jener Privilegien auf, das er bislang als Hauptmieter einer eigenen Wohnung genoss: Töpfe in der Spüle so lange stehen zu lassen, bis man darin eine neue Lebensform züchten könnte; die Klobrille *nicht* hochzuklappen; dabei zuzuschauen, wie die Bücher im Regal so einstauben, dass sie aussehen, als würden sie kleine niedliche Pelzmützchen tragen, und dabei ganz genüsslich Wurst essen, die zwar schon seit einer Woche abgelaufen ist, aber noch prima aussieht, ohne dass gleich jemand den Notarzt alarmiert.

Umgekehrt hat natürlich auch die Anglerin einiges, was sie vermutlich vermissen wird: Abende, die sie mit mindestens fünf verschiedenen Kosmetikprodukten auf dem Gesicht und einem Großraumzelt, das mal eine Jogginghose war, auf der Couch verbringt; das Glück, drei Stunden das Telefon blockieren zu können, ohne einen Mann im Nacken, der ausgerechnet dann seine Mutter anrufen will; ungeniertes Ausbreiten der Neuanschaffungen, ohne vorher heimlich die Preisschilder zu entfernen.

Egal, was man in Zukunft tut – in einer gemeinsamen Wohnung wird meistens einer zugucken. Seine Zahnbürste wird neben der eigenen stehen; der Kühlschrank wird wie ein Getränkeabhollager aussehen, und ihre Yoghurts, Salate und Quarkschachteln werden den etwa 1 Million Kalorien in Form von Salami, Schinken oder Leberkäse Platz machen, die er mindestens braucht, um wenigstens drei Tage lang sein Überleben zu sichern. Kurz: Es gibt 1001 Gründe, sich darauf zu freuen, mit dem Fisch in einem gemeinsamen Aquarium heimisch zu werden. Allerdings auch einen, der Sache weniger euphorisch als gefasst ins Auge zu sehen: Die Frage, welches Aquarium, respektive welche Wohnung es denn eigentlich sein soll. Seine? Ihre? Eine ganz neue? Oder vielleicht die niedliche Einliegerwohnung im Haus seiner Eltern?

Nehmen wir Bernd und Sybille. Bernds Wohnung ist, bei nüchterner Betrachtung, ganz eindeutig die schönere. Altbau, Flügeltüren und ein hübscher Balkon zur Südseite. Da kann Sybille mit ihrer Drei-Zimmer-Wohnung in einem spießigen Mehrfamilienhaus kaum mithalten. Deshalb ist für Bernd völlig klar, wo zusammengewohnt wird. Bei ihm natürlich. Wäre doch zu blöd, seine schöne und noch dazu relativ günstige Wohnung aufzugeben, um im Halbdunkel von Sybilles Souterrain-Butze dahinzuvegetieren. Klingt logisch. Ist es aber nicht. Schließlich hat Bernd in seiner so adretten und schicken Altbaubleibe vor Sybille schon vier Jahre lang mit Jasmin gewohnt. Und das stört Sybille. »Aber Jasmin ist doch weg«, sieht es Bernd pragmatisch und kann Sybilles Einwand nicht verstehen. »Wir haben zwei Wohnungen, brauchen nur eine und meine ist die schönere. Also wo ist das Problem?« Sybille zögert. Jasmin ist zwar weg, aber dass sie mal da war, kann Bernds Wohnung nicht verleugnen. Die Indizien sind allgegenwärtig. Jasmin hat die Wohnung eingerichtet und fast jedes Möbelstück, jede Tüllgardine flüstert ihren Namen. Ein blödes Gefühl. »Aber der Kram gefällt dir doch, du hast doch schon am Anfang gesagt, meine Wohnung wäre so hübsch«, versteht Bernd die Vorbehalte nicht. Dass es darum nicht geht, will Bernd einfach nicht kapieren. Er findet Sybilles Gezicke nervig und die Aussicht, die Wohnung wechseln zu müssen, stressig. Erstens müsste er dann putzen und endgültig klären, ob das, was seit zehn Jahren hinter seinem Kühlschrank liegt, mal gelebt hat. Und zweitens hält er seine Argumente für überaus logisch. Sybille hingegen findet ihren zauberhaften wundervollen Bernd auf einmal gar nicht mehr so zauberhaft und wunderbar. Wie kann dieser Mann nur so unsensibel und uneinsichtig sein?

Das Problem mit den emotionalen Altlasten ist weit verbreitet. Ausgenommen, Fisch und Anglerin ziehen direkt von Mutti in eine gemeinsame Wohnung (was auch so seine Tücken hat – etwa wenn man ihm erst mal schonend beibringen muss, dass das selbstreinigende Haus leider noch nicht erfunden ist). Haben aber beide bereits mit anderen Partnern zusammengewohnt, bleibt ein ungutes Gefühl. Wer weiß schon, welche Erinnerungen er mit seinem Wohnzimmerteppich verbindet? Woran sie gerade denkt, wenn sie so versonnen auf den Küchentisch blickt? Schwierig, solche Erinnerungen und vor allem die Befürchtung zu entsorgen, dass in allem noch der Geist der Vorgänger lebt (von diversen Körpersäften ganz zu schweigen).

Dabei sind Männer allerdings weniger empfindlich. Den meisten müsste man schon eine detailgetreue Plastik des besten Stücks ihres Vorgängers auf den Kaminsims stellen, um so etwas wie einen Abwehrreflex hervorzurufen. Egal, wer im Bettchen ihrer Liebsten schon geschlafen hat, jetzt sind Sie es, und das ist es, was zählt. Frauen tun sich da schwerer. Bettwäsche, in denen sich eine Jasmin, Kerstin oder Hannah schon geräkelt hat, macht ihnen den unbefangenen Sex nicht gerade leichter. Was tun?

Ideal wäre natürlich, sich eine ganz neue, sozusagen jungfräuliche Wohnung zu nehmen. Allerdings wissen wir selbst aus Erfahrung, dass das in den Städten nicht leicht ist und ein Mietvertrag, der schon einige Jahre währt, den Vorteil hat, dass die Miete meistens günstiger ist als bei einem Neuanfang. Nachteil: Meist muss man auf einen gemeinsamen Mietvertrag, also auch den schriftlichen Nachweis einer gleichberechtigten Mietpartnerschaft verzichten, weil eine Vertragsänderung eine so genannte Änderungskündigung voraussetzt. Das birgt erstens die Gefahr, dass der Vermieter daheim schon mal eine Flasche Champagner köpft, weil er schon lange vorhatte, Ihren Liebsten auf die Straße zu setzen, aber leider nicht an dem zehnjährigen Mietvertrag vorbeikam. Zweitens besteht die Möglichkeit, dass er die Miete – und zwar empfindlich – heraufsetzt. Das hat auch Sybille eingesehen. Nicht aber, dass bei Bernd alles so bleibt, wie es ist.

Wie so oft heißt auch beim Zusammenziehen das Zauberwort: Kompromiss. Weg mit dem Bett, in dem Bernd schon … Sybille will eigentlich gar nicht daran denken. Dafür darf Bernd seine alte Ledercouch – vorläufig – behalten. In diesem Stil geht es durch die ganze Wohnung. Nach der Devise: Behalte du deinen Fernsehsessel, dafür bringe ich meinen Couchtisch; wir nehmen deinen Schrank, aber meine Teppiche. Und Vorsicht bei anfänglicher Großzügigkeit. Eines muss klar sein: Beiden ist nicht zuzumuten, mit Gegenständen zu leben, die auf Dauer von Magentee abhängig machen. Es bringt wenig zu denken: »Gut, soll er doch dieses grässliche Regal behalten, irgendwann bringe ich ihn schon dazu, es wegzuschmeißen.« So was funktioniert fast nie. Was einmal steht, steht. Und bleibt. Hartnäckig. »Irgendwann« wird meist zu »nie«. Denn natürlich fragt er sich zu Recht, weshalb sie Tante Gerdas Wandteppich, den sie ihrem Liebling Weihnachten vor 14 Jahren geschenkt hat, oder den senffarbenen Clubsessel, den er Mutti verdankt, am Anfang gut fand und jetzt nicht mehr. Und er wird Widerstand leisten.

Gleiches Recht für beide – auch wenn es schwer fällt. Wir wissen zwar, was passiert, wenn man einem Mann in einem Möbelladen freie Auswahl gewährt: Er kommt mit einem Fernsehsessel für 5000 Euro nach Hause, der aussieht wie das Papa-Mobil, eine integrierte Hi-Fi-Anlage besitzt und selbsttätig Bierdosen öffnet. Trotzdem: Wenn Sie einen kompletten Einbauschrank von der Größe eines Flugzeughangars für Ihre Schuhsammlung brauchen, dann darf auch er Platz für seine Kakteenzucht beanspruchen. Sein Harley-Poster hat dieselbe Daseinsberechtigung wie Ihr Keith-Hearing-Druck. Das ist leider so. Jemandem sein ästhetisches Empfinden madig zu machen, indem man ihm deutlich vermittelt, dass man das auch als Brechmittel anbieten könnte, ist erstens nicht nett und führt zweitens frühzeitig zu beziehungstechnischer Unterkühlung. Natürlich sieht er nicht ein, weshalb sie für sich in Anspruch nimmt, einzig gültiger Maßstab fürs schönere Wohnen zu sein. Auch wenn die männlichen Ansprüche da oft ziemlich übersichtlich sind und sich im Prinzip seit der Einrichtung seines Jugendzimmers von 1978 nicht wesentlich verändert haben – reißen Sie nicht alle Einrichtungsgewalt eigenmächtig an sich. Sie wären auch nicht erfreut, wenn Sie abends nach Hause kommen und sich fragen müssen, ob das eigentlich noch Ihre Wohnung ist oder schon die von Brigitte von Boch.

Empfindlichkeiten

Im Spiel »Wer darf welche Möbel behalten?« punktet oft derjenige, in dessen Wohnung das gemeinsame Leben stattfinden wird. Wenn eine Schrankwand seit 13 Jahren so steht, dann ist es schwer, sie zu verrücken. Nicht nur, weil man sich ein bisschen vor dem fürchtet, was dahinter zum Vorschein kommt. Auch der Aufwand schreckt ab – »und sie passt halt nur in diese Ecke«.

Oft wird dieser »Heimvorteil« auch auf Detail-Fragen ausgedehnt. »Hör mal, Hase, den Tisch darf man nur feucht wischen, die Stereoanlage ist ein bisschen kompliziert, die bediene nur ich, die Bücher sind alphabetisch geordnet und bitte, der Brieföffner muss immer nach Osten zeigen ....« Schnell fühlt man sich in einem solchen Fall wie ein Gast mit eingeschränktem Nutzungsrecht und ist froh, wenn man abends mal ohne Erlaubnis die Fernbedienung halten darf. Es ist schwer, sich ohne eigene Befugnisse heimisch zu fühlen. Das sollten Sie im Überschwang des Ereignisses »Zusammenziehen« immer bedenken. Und selbst auf die Gefahr hin, als Erbsenzähler zu gelten: Bestehen Sie auch im Kleinen auf Gegenständen, die Ihnen wirklich wichtig sind. Was nicht bedeutet, dass man um jeden Kochtopf kämpfen muss. Ein Toaster kann genügen.

Bei Dingen, die Ihnen nicht so wichtig sind, können Sie ruhig großherzig sein. Kaum ein Paar braucht 30 Sektgläser. Also trennen Sie sich ruhig. Auszumisten und zu überlegen, welche Dinge Ihnen am Herzen liegen, ist auch eine Chance. Die Chance, ein bisschen Wohlstandsballast abzuwerfen. Beglücken Sie Flohmärkte, Ebay oder wenn Sie es sich leisten können, ein Frauenhaus in Ihrer Nähe mit dem überschüssigen Krempel.

Aber, denken Sie daran, ein Komplettverzicht setzt eindeutige Zeichen. Alles zu tun, nur damit man nicht gleich Ärger bekommt, ist dumm. Männer merken so was und nutzen es aus. Und vor allem schreiben Sie sich selbst eine ziemlich unerfreuliche Rolle ins Drehbuch: die der Dulderin, der man einen Verzicht gern zumutet. Deshalb auch Vorsicht bei Vorschlägen wie: »Schatz, wir haben schon ein Arbeitszimmer, und das gehört mir. Falls du deinen Computer auch aufstellen möchtest, ich könnte dir da noch eine Arbeitsplatte in der Küche installieren.« Für gerechte Raumaufteilung sollte selbst in der kleinsten Hütte Platz sein. Und vergessen Sie nicht: Die Zeiten, in denen die Küche großzügig zum so genannten Reich der Hausfrau erklärt wurde und somit jeder Anspruch auf einen eigenen Platz zur freien Entfaltung entfiel, sind längst vorbei.

Eine praktische Lösung, allerdings nur bei großen Wohnungen machbar: Jeder bekommt sein eigenes Zimmer. Dann darf und soll er seinen Ramsch und seine geschmacklichen Entgleisungen gerne aufstellen. Sie kann nach dem Krach des Jahrhunderts ostentativ türenschlagend ganze Nächte in ihrem Reich verschwinden und braucht sich nicht neben den zu legen, der an allem Schuld hat. Rückzugsmöglichkeiten sind wichtig. Gerade in einer gemeinsamen Wohnung. Denken Sie daran: Die Zeiten, in denen Sie mit viel Pathos die Haustür zuschmeißen können und schreien: »Ich geh heim. Mich siehst du nie wieder!!!«, sind passé. Sie sind leider schon zu Hause.

Apropos Schlafen. Auch so ein Thema. Denken wir nur ans Schnarchen. In der ersten Euphorie der Liebe mögen sich die großen Gefühle praktischerweise noch wie Oropax auf den Gehörgang legen. Aber lassen Sie ihn mal jahrelang sägen, da fällt selbst die Geduld der stärksten Frau. Bis zu 90 Dezibel erreicht so ein trainierter Schnarcher. Das heißt: Sie könnten genauso gut auf dem Nürburgring übernachten, und zwar während eines Rennens. Nicht zu vergessen andere Malaisen wie

Zähneknirschen, Muskelzucken oder notorische Deckenraubzüge. Dann die Einschlafrituale. Viele lesen gern noch ein Weilchen, einige stört das Umblättern von Buchseiten. Oder die Raumgestaltung. Manche brauchen für einen ruhigen Schlaf Komplettverdunkelung, andere fühlen sich dabei wie lebendig begraben. Weitere Entscheidungs- und damit Streitfragen: Decken, die so dick sind, dass man sich genauso gut einen Medizinball auf den Bauch legen kann, oder lieber ein dünnes Nichts? Soll der Raum tropisch warm sein oder unbeheizt, auch wenn es draußen minus zehn Grad sind? Stört der Fernseher im Schlafzimmer oder ist er irre praktisch, wie er findet, weil er dann die nächtlichen Boxkampf-Übertragungen sehen kann? Es gibt Frühaufsteher und Langschläfer, Menschen, die im Schlaf die Monologe führen, die sie tagsüber nicht loswerden, und solche, deren Füße so eiskalt sind wie ein Dreisternekühlfach. Manche hassen Krümel im Bett, andere lieben es, abends noch Chips oder Kekse dort zu essen oder wollen sogar hier von ihren Zigaretten nicht lassen. Es gibt also gute Gründe, diesen Krisenherd durch getrennte Schlafstätten zu befrieden. Oder wenigstens darüber nachzudenken, und zwar ohne diese Gedanken als Misstrauensvotum fehlzudeuten. Mit Gefühlen hat das nichts zu tun, eher schon ist es für viele Paare sogar eine Beziehungs-Überlebenshilfe. Wieso sich gegenseitig quälen, wenn die Lösung doch so einfach ist. Und übrigens: Es kann durchaus seinen Reiz haben, für Sex etwas mehr Aufwand betreiben zu müssen, als bloß auf die andere Seite des Bettes zu greifen.

Zusammen leben – getrennt denken

Sie sind jetzt mehr als nur ein Liebespaar, Sie sind jetzt auch eine Wohngemeinschaft. Und wie reibungslos das klappt, hängt entscheidend davon ab, wie gut Sie das eine vom anderen unterscheiden, rein organisatorische Fragen von gefühlsmäßiger Belastung trennen können. Beispiel: Haare im Waschbecken oder ungespültes Geschirr. Würden Sie – sagen wir mal – mit einer Freundin zusammenleben, fänden Sie solche Begleiterscheinungen vermutlich zwar auch eklig, aber würden sich sicherlich nicht das Hirn darüber zermartern, was der Urheber Ihnen damit sagen will – außer dass er eine alte Schlampe ist, die unter Haarausfall leidet. Sie würden nicht anfangen, über »grob fahrlässige Ignoranz« zu philosophieren, oder den kleinen Anlass als sicheres Zeichen für eine groß angelegte Verschwörung gegen Sie interpretieren. Sie würden sich – zu Recht – ärgern, den Sachverhalt ansprechen und ganz nüchtern darauf drängen, dass Abhilfe geschaffen wird.

Trennen Sie Ihre Liebe fein säuberlich von dem ganzen organisatorischen Kram, der nun ansteht. Das bedeutet – Sie können ihn ruhig anzicken, weshalb er den Herd nach dem Kochen in einem Zustand zurücklässt, bei dem »klebrig« noch geprahlt wäre. Das würden Sie ja auch mit jedem anderen machen, mit dem Sie eine Wohnung teilen. Aber kommen Sie ihm nicht mit jener Gefühlsmelange, mit der die meisten Frauen – leider – solche Auseinandersetzungen anreichern. Eine ziemlich ungute Mischung aus: »Du machst nie!«, »Du tust immer« und »Ich hätte dich nicht heiraten sollen.« Beschimpfen Sie ihn ruhig, aber lassen Sie Ihre Beziehung aus dem Spiel. Es geht nur um den Herd und nicht um einen Liebesbeweis. Das ist ein feiner Unterschied. Wenn Sie auf dieser – sehr distanzierten – Ebene argumentieren, macht das Sinn. Gerade mit dem Mann, den Sie lieben.

Und noch etwas: Es gibt durchaus Paare, für die es besser sein kann, getrennte Wohnungen zu behalten. Niemand schreibt vor, dass zwei, die sich lieben, unbedingt auch zusammenleben müssen. Es gibt Charaktere, die, in eine Wohnung zusammengepackt, zu einer explosiven Mischung werden. Haben Sie ein komisches Gefühl beim Zusammenziehen, dann lassen Sie es. Und denken Sie daran – nichts ist unabänderlich. Man kann eine gemeinsame Wohnung auch wieder verlassen. Es ist keine Entscheidung, die nicht rückgängig gemacht werden kann. Sich dieser Tatsache bewusst zu sein, kann sehr entspannend wirken. Zumal es Sie dann wirklich nicht zu interessieren braucht, wo eigentlich der Hamster geblieben ist, den er seit fünf Jahren vermisst.

Kapitel 3
Heiraten – das Jein zum »Ja«

Der Fisch ist an der Angel, und da soll er auch bleiben. Und um eine gewisse Übersichtlichkeit in die Fischhaltung zu bringen und nicht allen Frauen dieser Welt immer wieder aufs Neue erklären zu müssen: »Das ist meiner!!« – hat der Mensch die Heirat erfunden. Sie soll ein Paar zusammenschweißen, öffentliches Bekenntnis sein, dass man nicht nur Gegenwart, sondern auch Zukunft und also Rente zu teilen gedenkt. Ganz zu schweigen von den romantischen Qualitäten, die so eine Hochzeit besitzt – und zwar in Mengen, mit denen man locker über die nächsten zwanzig Beziehungsjahre kommt. In der Theorie jedenfalls. In der Praxis jedoch sollte man sich gerade übers Heiraten ein paar mehr Gedanken machen als bloß »ja« oder »nein«.

Warum tun Sie das eigentlich?

Erst stellt man ein paar Sachen in seiner Wohnung ab, dann fragt man sich, wieso man eigentlich doppelte Miete zahlt, und zieht zusammen. Und dann? Dann überlegt man sich eines Tages, dass irgendetwas fehlt. Etwas ganz Besonderes, Ausgefallenes, sozusagen der letzte Kick einer Liebe – ja, genau: der Heiratsantrag. Sicher, moderne Frauen brauchen keinen Versorger oder Aufpasser mehr. Wir müssen nicht mehr heiraten – weder aus gesellschaftlichen, wirtschaftlichen, politischen noch religiösen Gründen. Trotzdem: Wer will bloß «Lebensabschnittspartner« oder – noch schlimmer – «eine Freundin« sein. Das klingt nach Leasinggeschäft oder als wären wir dem Fisch zufällig zugelaufen. Wir wollen einmal Gewissheiten, Bekenntnisse, eine Liebe ohne Umtauschrecht. Kurz: Wir wünschen uns, geheiratet zu werden. Wir wollen ein sündteures Kleid, drei Eierkocher auf einmal geschenkt bekommen und ein zehnteiliges Service, bei dem schon eine Kaffeetasse so viel kostet wie ein Küchenschrank von Ikea.

Und es gibt noch ein paar sehr gute Gründe, die Frauen auffahren, um zu erklären, weshalb sie etwa 20 000 Euro ausgeben wollen, bloß um endlich mal die gesamte Mischpoke ihres Liebsten nicht nur kennen zu lernen, sondern auch einen ganzen Tag lang durchzufüttern:

1. Jeder soll wissen, dass wir zusammengehören.
2. Unsere Liebe soll besiegelt werden.
3. Solange es ein Ehegattensplitting gibt, wollen wir es nutzen (bevor wir uns wieder splitten jedenfalls). Und Steuern wollen wir auch sparen (spricht man deshalb von Aus-Steuer??).
4. Mir steht Weiß so gut.
5. Ich will wissen, wo ich hingehöre.
6. Er soll wissen, wo er hingehört.
7. Ich will einmal im Leben Kutsche fahren.
8. Er hat so einen wundervollen Nachnamen.
9. Heiraten ist der Inbegriff von Romantik.
10. Wenn meine Mutter mich noch einmal fragt, wann wir heiraten, muss ich sie umbringen, und das will ich nicht.
11. Heiraten erst macht die Liebe haltbar.

Natürlich sind das ziemlich einleuchtende Argumente. Aber es gibt auch einige, die sie entkräften:

1. Auch als Paar gehört man zusammen, und falls Sie Zweifel haben: Ein Ehering macht aus einem Mann keinen Kettenhund und ist sicher kein Garant für Treue. Und das wird auch so bleiben, solange wir nicht wie die Kualame-Menschen in Polynesien den schönen Brauch einführen, verheirateten Männern ein Gesichts-Tattoo zu verpassen.
2. Ein Siegel für die Liebe? Wer hat Ihnen denn diesen Quatsch erzählt? Gefühle lassen sich leider nicht notariell beglaubigen.
3. Ehegattensplitting – das Zauberwort hat noch viele Heiratsmuffel zum Umdenken gebracht. Aber mal Hand aufs Herz: Wer von Ihnen beiden wird im Zweifelsfall die günstigere Steuerklasse haben?
4. Sie sehen in Weiß toll aus? Dann kaufen Sie sich einen weißen Hosenanzug, ein duftiges Sommerkleid in Crème. Helmut Dietl, der Regisseur, ist jahrelang weiß gekleidet durchs Leben gerannt und musste dafür nicht jedes Mal vors Standesamt treten. Also: Falls es Ihnen noch niemand gesagt hat: Man kann die Farbe wechseln, ohne gleich die gesamte Lebenssituation zu verändern.
5. Eine Hochzeit vermittelt einem nicht automatisch eine Mitgliedschaft in der Riege der großen Liebespaare der Weltgeschichte. Und wo wir gerade dabei sind: Ist Ihnen eigentlich schon mal aufgefallen, dass die prominentesten Liebenden gar nicht verheiratet waren? Wenn Sie also manchmal nicht wissen, wo sie hingehören, fragen Sie bei der Lufthansa nach einer dieser gelben Hüllen zum Umhängen, in

die man seinen Reisepass stecken kann und die allein reisende Kinder um den Hals bekommen! Allerdings denken Sie daran: Mit dem Heiraten ist es ähnlich wie mit den Umhängepässen – nach der Landung muss man den Identitätsnachweis leider oft wieder abgeben.

6. Männer festzuhalten ist ein zähes Geschäft. Wer bleiben will, bleibt, wer nicht will, geht, ganz egal, wie rührend die Trauungszeremonie war und wie innig er Ihnen dabei in die Augen geblickt hat. So einfach und so desillusionierend ist das.
7. Wenn Ihnen so viel an einer Kutschfahrt liegt, machen Sie einen Ausflug nach Wien oder nach St. Moritz.
8. Wenn Ihnen ihr Name partout nicht gefällt, suchen Sie sich einen Künstlernamen. Da haben Sie dann ganz freie Wahl.
9. Sie träumen von einer Trauung in einer kleinen romantischen Kirche in einer idyllischen Landschaft, in der gut gelaunte Menschen bei strahlendem Sonnenschein eine umwerfend schöne Braut und einen hinreißend attraktiven Mann feiern? In Wahrheit hat das Standesamt nur noch einen Termin um acht frei. Das Kind einer angeheirateten Kusine, die man wegen der Schwiegermutter unbedingt einladen musste, übergibt sich über dem sündteuren Kleid; es gießt in Strömen und man hat einen elend langen Tag nicht nur die eigene, sondern auch die Mischpoke des Gatten am Hacken, und Menschen, die man in seinem ganzen Leben noch nie gesehen hat, futtern sich für 100 Euro pro Gedeck auf unsere Kosten durch. Also: Romantik ist etwas, das Sie sich im Zu-

sammenhang mit Hochzeit ganz schnell abschminken sollten.

10. Mal ehrlich: Wenn Ihre Mutter jetzt schon so herumnörgelt, wird das mit der Hochzeit längst nicht vorbei sein. Dann kommt nämlich die Kinderfrage, danach die Überlegung, ob Ihr Mann Ihnen nicht endlich mal ein Haus bauen sollte – am besten mit einer Einliegerwohnung für die Schwiegermama. Kurz: Ihre Mutter wird nie zufrieden sein – aber das ist ihr Problem und das sollte es auch bleiben.
11. Jede Konserve hat ein Verfallsdatum. Das hat nichts mit der Qualität des Fisches oder der Konserve an sich zu tun. Nur sollte man wissen, dass in dem Moment, in dem man den Wunsch hat, den Liebsten zu konservieren – und mit ihm auch gleich die Liebe – alles zukünftige Tun mit dem Risiko eines Verfallsdatums behaftet sein wird. Wenn Sie wollen, dass alles bleibt, wie es ist, dann lassen Sie es, wie es ist.

Der schönste Tag im Leben

O.k. – das war vielleicht etwas nüchtern und ziemlich illusionslos, was wir Ihnen bislang zum Thema Heiraten geboten haben. Und irgendwie haben wir damit – so glauben Sie sicherlich – den Kern der Sache sowieso nicht getroffen. Schließlich geht es bei der Hochzeit und all ihren Begleiterscheinungen vor allem um Liebe und also auch darum, der Vernunft ein Schnippchen zu schlagen. Besonders die Frauen sehen deshalb in der Heirat eine Art Etappensieg, die Krönung der Liebe. Was beim Monopoly die punktgenaue Landung auf

LOS ist, ist für sie der Tag der Hochzeit. Frauen meinen, die Frage: »Willst du mich heiraten« sei die schönste Liebeserklärung der Welt. Und das ist sicher richtig. Denn immerhin steckt in dieser Frage die Bestätigung, dass es wenigstens einen Menschen gibt, der nicht nur die Gegenwart, sondern auch die Zukunft mit uns verbringen will und der uns nebenbei für eine solche Trophäe hält, dass er sich uns vorsichtshalber schon mal für die nächsten Jahrzehnte reservieren will. Sex wollen Männer schließlich mit vielen Frauen, geheiratet wird aber noch lange nicht jede. Insofern ist so ein Antrag mit Sicherheit ein Mega-Kompliment und der Tag, an dem er gemacht wird, der eigentlich schönste, von dem immer die Rede ist, wenn es um die Hochzeit geht. (Vorausgesetzt, er legt dazu die Zeitung beiseite und zieht sich etwas anderes als seinen Jogginganzug an.)

Die Zeiten der großen Unverbindlichkeit sind passé. Es ist geschafft – man läuft nicht mehr Gefahr, als »Christmas Cake« zu enden (so nennt man in Japan Frauen, die nicht rechtzeitig unter die Haube gekommen sind – sich also in einem ähnlich nutzlosen Zustand befinden wie ein Weihnachtskuchen *nach* dem 24. Dezember). So weit, so herrlich. Bleibt nur die Frage: Soll man es jetzt auch wirklich tun? Genügt es nicht, geheiratet werden zu wollen? Auch weil Vorfreude gerade in puncto Hochzeit vielleicht die schönste ist? Was kann sich jetzt noch großartig ändern, wo doch eigentlich die wichtigste Willensbekundung – ich liebe dich so sehr, dass ich mein Leben mit dir verbringen möchte – schon mit dem Heiratsantrag erledigt ist?

Betreiben wir ein bisschen Motivforschung: Ist es die

sensationelle Möglichkeit, dem Zeitschriftenvertreter mit strengem Blick zu sagen: »Mein Mann will das nicht«? (kann man übrigens auch unverheiratet sagen, der Zeitschriftenvertreter verlangt selten die Heiratsurkunde!) Oder ist es der Zwang, sich irgendwann mal endgültig und definitiv zu entscheiden? Möglicherweise macht man es ja nur, um endlich nicht mehr auf die Figur achten zu müssen? Vielleicht aber auch, weil die Ehe ein neues Zugehörigkeitsgefühl erzeugt? Schließlich klingt es anders, wenn man sagt: »Das ist mein Mann« und nicht: »Das ist mein Lebensgefährte« oder: »Der lag gestern vor meiner Tür!« Außerdem regelt so ein Ring ja wunderbar die Besitzverhältnisse, bedeutet für andere Anglerinnen: Finger weg, Köder eingepackt, der gehört mir! Jedenfalls bis er mit einer 23-Jährigen mit riesigen Silikonbrüsten und ebensolchen Lippen durchbrennt.

Kurz: Wenn zwei Erwachsene freiwillig beschließen, irgendwann ihre Rente zu teilen und in guten wie in schlechten Zeiten Seite an Seite durchs Leben zu gehen, ist das per se nichts Schlechtes. Im Gegenteil. Eine schöne und romantische Idee. Der Gedanke, sich freiwillig in eine Aufgabe zu stürzen, die von den Statistikern als ein äußerst fragwürdiges Unternehmen gewertet wird, ist außerdem sogar noch ziemlich mutig. Schließlich ist bekannt, dass mehr als ein Drittel aller Ehen geschieden werden. In Großstädten sogar beinahe die Hälfte. Das macht aus der Ehe eines der vielleicht letzten Abenteuer – denn immerhin beträgt die Wahrscheinlichkeit, dass sie hält, was man sich gegenseitig versprochen hat, gerade mal 60 Prozent. Das ist ziemlich wenig, wenn man diese Zahl mal mit anderen

Unternehmungen vergleicht. Etwa mit dem Fliegen. Kein Mensch würde bei diesen grandiosen Chancen zu scheitern, also abzustürzen, mehr ein Flugzeug besteigen. Und: Würden Sie sich bei einer Überlebenschance von knapp 50/50 die Nase richten lassen? Niemals! Warum erscheint dann ausgerechnet die Ehe bei den relativ miesen Erfolgsaussichten, dennoch für viele Frauen so verlockend? Was bietet eine Ehe?

Eine Ehe ist eine Art Sicherheitsgurt im Orbit. Ein mentaler Gurt, der einem das Gefühl gibt, es könne einem selbst im Fall der Fälle nicht so schnell etwas Grausiges passieren. Im Grunde genommen ist die Ehe eine Art Vergessensmaschine. Da man nicht bewusst vergessen kann, was man vergessen will – beispielsweise wie riskant die Liebe an sich ist –, verschafft man sich eine Beruhigung, die einen im Laufe der Zeit vergesslich macht.

Katharina, 33, seit einem halben Jahr verheiratet, bringt es auf den Punkt: »Wenn man wie ich verheiratet ist, denkt man nicht mehr bei jeder Kleinigkeit an Trennung. Das wäre ja dann eine Scheidung und der Ehering ist da schon eine Hürde. Man geht nicht mehr so leichtfertig mit der Beziehung um. Schließlich hat man ja mal beschlossen zusammenzubleiben. Außerdem ist sone Scheidung ja um einiges schwieriger als eine Trennung ohne Trauschein.«

Genau das ist für Julia, 31, die kurz vor der Hochzeit steht, der große Nachteil: »Wenn ich einen nicht mehr will, will ich auch schnell ein Ende setzen können. Da ist eine Scheidung nicht nur teurer, sondern auch irgendwie aufwendiger. Und dann wäre ich geschieden, was auch nicht gerade prickelnd klingt.« Warum sie trotzdem heiraten will? »Weil ich eine hoffnungslose Romantikerin bin. Rein rational habe ich keine Gründe. Ich will einfach dieses andere Zusammengehörigkeitsgefühl. Ich will ›mein Mann‹ sagen. Ich will eine Ehefrau sein. Beziehungen hatte ich genug, eine Ehe, meine Ehe ist – hoffentlich – etwas Einmaliges.«

Für Verena ist die Romantik nicht das Hauptargument: »Ich will Kinder. Bernd auch. Und wir sind uns schon jetzt einig, dass ich zu Hause bleibe und mich um unseren Nachwuchs kümmere. Wenn der mich dann nach ein paar Jahren sitzen lässt – man muss ja schließlich mit allem rechnen –, werde ich mit Sicherheit keinen Job mehr finden. Dann möchte ich wenigstens finanziell abgesichert sein. Ohne Ehe geht da bei mir nix. Da wäre ich ja total bekloppt.«

Lisa sieht das ähnlich: »Eine Ehe ist eine Form von Sicherheit. Auf der einen Seite finanziell, auf der anderen Seite aber auch emotional. Roger hat, aus welchen Gründen auch immer, ewig 'rumgebaggert. Egal wo. Der hat sogar der Supermarktkassiererin schöne Augen gemacht. Und immer hatte ich so Angstattacken. Dass der doch mal Ernst macht mit einer seiner kleinen Flirtpartnerinnen. Seit wir verheiratet sind, sehe ich das entspannter. Er hat sich ja entschieden. Jetzt kann ich sein Gebalze als das sehen, was es wahrscheinlich auch ist: Ego-Politur. Schlichte Fellpflege. Schließlich bin ich seine Frau und stehe über diesen Dingen.«

Karoline bringt es auf einen Nenner: »Heiraten mag auf dem Papier wenig Charme haben, aber es gehört für mich einfach dazu. Da bin ich gerne traditionell.«

All das sind verständliche Gründe. Allerdings gibt es da eine böse Theorie, die besagt, Heiraten sei nichts weiter als ein Misstrauensvotum. Nur Menschen, die sich nicht zutrauen, auch ohne Trauschein den Partner an sich zu binden, benötigten das rührselige »Ja«. Für alle anderen gelte, was der französische Schriftsteller Tristan Bernard unkte: Die Ehe sei ein Bankett, das mit dem Dessert beginnt.

Vorspeise des Liebens

Eine zynische Theorie? Jein. Aus eingesackt wird leicht eingesargt. Heutzutage muss niemand mehr heiraten, um in eine gemeinsame Wohnung zu ziehen, es gibt weder religiöse noch gesellschaftliche Gründe, und das sündige unverheiratete Zusammenleben gilt längst nicht mehr als Schande. Auch wirtschaftliche Gründe spielen keine Rolle mehr. Außer Sie sind zarte 22, gehen lieber zur Fußpflege als zur Arbeit und haben Ihre Angel nach einem 67-jährigen Multimillionär ausgeworfen.

Oder glauben Sie tatsächlich noch, durch eine Ehe lebenslang finanziell versorgt zu sein? Eine gefährliche Hoffnung. Und eine trügerische dazu. Regelmäßige Leserinnen der »Bunten« wissen, wie raffiniert sich einige Kerle vor Unterhaltszahlungen drücken. Außerdem greifen inzwischen viele Männer vor dem entscheidenden »Ja« zu ausgeklügelten Eheverträgen, und man steht hinterher mit weniger da als je zuvor oder – auch gar nicht mehr so selten in Zeiten, in denen Frauen Karriere machen – zahlt sogar noch Unterhalt.

Schon deshalb gibt es mittlerweile eine Menge Frauen, denen es langt, dass ihr Liebster sie heiraten würde. Konjunktiv. Die reine Absichtserklärung ist Beruhigung genug. Und Bestätigung. Auch das kann romantisch sein: Wenn die Möglichkeit Konjunktur hat. Er hat ja gefragt, er würde also, rein theoretisch – und das entspannt enorm. So ein Heiratsantrag gibt ein gutes Gefühl, ohne das ganze Tamtam rundherum und ohne dass Oma und Opa erfahren, dass man bereits 1987 aus der Kirche ausgetreten ist und deshalb leider auch nicht in Weiß vor dem Traualtar heiraten kann.

Entwicklungshilfe

Im Grunde genügt also schon der Antrag – wenn man ihn denn erst mal hat –, und genau das ist das Problem. Denn der Mann an Ihrer Seite zeigt nicht den Hauch von Interesse. Wirkt, als wäre ihm eine Prostatauntersuchung um einiges sympathischer als der Gedanke an eine Ehe. Zum Thema Heirat zitiert er zwar gern mal vor seinen Freunden Mario Adorf: »Es ist immer dasselbe: Zuerst hat man eine Frau im Herzen, dann auf den Knien, dann im Arm und zuletzt auf dem Hals«, aber ansonsten ist alles, was nur entfernt an das böse Wort mit »H« erinnert, tabu.

Das sollten Sie nicht persönlich nehmen. Denn wie auf all die anderen guten Ideen – Blumensträuße in XXL, Mäntel von Armani auf dem Gabentisch oder lange Wochenenden in Mailand – kommen sie selten von sich aus aufs Thema »Heiraten«. Vermutlich wissen sie nicht, dass verheiratete Männer, rein statistisch gesehen, länger und gesünder leben und die besseren Jobs bekommen? (Frauen übrigens nicht! Denn die –

auch das sollte Ihnen zu denken geben – machen nach der Hochzeit eher seltener Karriere.) Möglicherweise liegt es aber auch daran, dass Männer – was den Heiratsantrag anbelangt – alle vom Sternzeichen Schnecke sind. Sie planen einfach nicht gern länger, als man braucht, um einen Sixpack zu leeren. Ihnen ist es völlig wurscht, dass wir von Kavalieren träumen, die aus Hubschraubern Rosenblätter regnen lassen, Diamantringe von mindestens einem Karat in Pralinen verstecken und mir nichts, dir nichts Flüge nach Las Vegas buchen, um ihre Liebste so schnell wie möglich für »immer« an sich zu binden. Solch »sentimentales Verhalten« haken Männer schnell unter »Hollywood-Scheiß« oder »Show« oder schlicht als eine Form hormongesteuerter Dummheit ab und schieben es ganz weit von sich. Was hat das schon mit ihrem Leben zu tun? Schließlich sind sie ja nicht Michael Douglas – und unter uns gesagt, wir ja auch nicht Jennifer Lopez. Grämen Sie sich also nicht, wenn er Sie auf den entscheidenden Satz warten lässt. Das heißt wenig. Laut einer Studie haben angeblich zwei Drittel aller Männer nur geheiratet, weil ihre Frauen es wollten.

Wenn Sie einen Antrag möchten, dann müssen Sie ihn schon etwas unterstützen in Ihren Ambitionen – nämlich:

Ihm die Vorteile schmackhaft machen

Eigentlich wurde die Ehe für Männer erfunden. Laut einer amerikanischen Studie sind verheiratete Männer doppelt so häufig zufrieden mit ihrem Sexleben wie unverheiratete. Sie arbeiten effizienter, weil sie alles, was sie an Mühe und Elan früher auf der Balz verpulvert haben, jetzt in ihren Job stecken können. Deutsche Ehemänner sind ausgeglichener, zufriedener und träumen besser, sagt jedenfalls der Hamburger Diplompsychologe Vollmar. Davon abgesehen leben sie länger und sind im Schnitt gesünder als ihre Single-Artgenossen. Sie reichen seltener die Scheidung ein und wenn, dann heiraten sie danach schneller wieder. Laut Gary Brooks, Psychologe am Texas Health Science Center, ist die vordergründige Ablehnung der Ehe deshalb auch nur ein Versuch, sich nicht einzugestehen, wie nötig sie die Ehe eigentlich haben.

Sein Begehren wecken

»Ein Drittel aller Frauen verliert den Mann, weil sie zu zickig sind. Zwei Drittel aller Frauen dagegen, weil sie einfach zu viel Entgegenkommen zeigen«, so die amerikanische Ehemuffel-Expertin Margaret Kent in ihrem Buch »How to marry the man of your choice«.

Was will uns Frau Kent damit sagen? Warum sollte ein Mann, der komplett verwöhnt wird, heiraten? Es kann ja gar nicht besser werden: Sie räumt doch schon jetzt auf, kauft ein, kocht, putzt, trägt dabei noch Strapse und hängt wie hypnotisiert an seinen Lippen, egal was er von sich gibt. Natürlich führt auch der Umkehrschluss – also Wasser, Brot und Peitsche – nicht zu wirklich befriedigenden Ergebnissen. Aber: Er darf nicht das Gefühl haben, schon jetzt der alleinige Nabel unserer Welt zu sein. Sonst verfällt sein Eroberungsdrang schnell in komatösen Tiefschlaf und er wird bestimmt nichts tun, was seinen angenehmen Schlaraffenlandzustand verändern könnte. Nicht die komplette Metamorphose bringt also den Erfolg, nicht der Wahn, sich so zu geben, wie man glaubt, dass er uns gerne hätte, sondern eine Mischkalkulation. Verwöhnen ja, aber durchaus auch mal zickig sein. Nicht immer springen, wenn er ruft. Sie sind kein domestiziertes Haustier, nicht devot ohne Not oder entsprechendes Honorar, sondern eine eigenständige Person. Sie haben auch Bedürfnisse, sollten sie sogar äußern, laut und deutlich, und Ihr Leben niemals völlig seinem unterordnen. Kurz: Ein kleines Restrisiko sollte schon bleiben – er soll sich ruhig etwas anstrengen müssen, um sich die Exklusivrechte an Ihnen zu sichern.

Abenteuer versprechen

Männer lieben Abenteuer. Oder wenigstens das Gefühl, etwas Abenteuerliches zu tun. Riskante Unternehmungen finden sie besonders verlockend. Sie tun auch Dinge, die auf den ersten Blick wenig vernünftig wirken. Das Guinness-Buch der Rekorde ist voll mit Beweisen für diese Theorie – für Weitspucker, Pfahlsitzer und Männer, die 30 Stunden duschen, nur weil es vor ihnen noch keiner gemacht hat. Wenn man die schon erwähnten Heiratsstatistiken genauer anschaut, ist die Ehe ein wirklich riskantes Unterfangen. Machen Sie ihm klar, dass es für den modernen Mann im Dschungel der Großstadt nur noch ein echtes kerniges Abenteuer gibt: die Heirat. Stellen Sie ihm verschlüsselt die Frage, an der er sich selber von nun an messen wird, wenn er morgens in den Spiegel schaut: Könnte es ein Mann wie er schaffen, dieses letzte Abenteuer der Zivilisation zu meistern? Locken Sie ihn mit der herrlichen Aussicht, der letzte Mohikaner der Liebe zu sein.

Zögerlich sein
Wenn Sie ausreichend übers Thema Heiraten geredet haben, betonen Sie immer wieder, dass es dann aber wirklich der ultimative Mann sein muss. Ein echt toller Kerl. Sie heiraten ja nicht jeden. So etwas will gut überlegt sein. Da muss Frau schon genau hinschauen. Männer lieben Herausforderungen. Und jeder von ihnen ist gerne ein einzigartig lohnendes Exemplar. Tickt er so, wird er alles tun, um Sie zu überzeugen, dass er – und nur er – der ist, den Sie heiraten sollten.

Allianzen schmieden
Gewinnen Sie seine Mutter für sich. Das bedeutet nicht, dass Sie ständig gemeinsam shoppen müssen oder jedes Wochenende auf der Terrasse Ihrer potenziellen Schwiegereltern verbringen und gemeinsam Sauerkirschen entsteinen. Aber ein gutes Verhältnis nutzt. Immerhin ist sie die erste Frau seines Lebens, und die meisten Mütter haben noch Jahrzehnte später einen nicht zu unterschätzenden Einfluss auf ihren Sprössling. Und sie hat mit Ihnen wenigstens einen Wunsch gemeinsam: ihren Sohn endlich unter der Haube und in den ruhigen Fahrwassern der Ehe zu sehen, statt in den Wildbächen des Single-Lebens.

Er will einfach nicht. Nicht, wenn sein Leben davon abhinge und er nicht nur Sie, sondern noch einen Ferrari dazubekäme. Trösten Sie sich: Wahrscheinlich sind Sie zu schlau. Oder beruflich zu erfolgreich. Ein hoher IQ bei Frauen scheint bei der Eheanbahnung eher hinderlich zu sein.

Für Männer rangieren eine gute Figur, Treue und Häuslichkeit auf den vorderen Plätzen (jawohl, wir befinden uns im 21. Jahrhundert). Die Intelligenz als ausschlaggebender Faktor landete bei einer weltweiten Untersuchung, welche Eigenschaften bei einer potenziellen Ehepartnerin wichtig wären, abgeschlagen auf einem unteren Tabellenplatz – ungefähr auf gleicher Höhe wie der Damenbart. Entsprechend erscheint ein überdurchschnittlicher IQ umgekehrt proportional auf das Heiratsverlangen der Männer zu wirken. Ledige Frauen sind angeblich mit einem höheren IQ ausgestattet als ihre verheirateten Geschlechtsgenossinnen. Und die Heiratschancen von Karrierefrauen mit hohem Einkommen sind immerhin 15 Prozent schlechter als die ihrer weniger verdienenden Kolleginnen. Das bedeutet im Umkehrschluss nicht, dass alle verheirateten Frauen dümmer sind als die Ledigen. Es meint vielmehr, dass Ehemänner sich wenigstens kurzfristig einreden konnten, schlauer zu sein als ihre Frauen – wir schätzen mal, so ungefähr bis zu den Flitterwochen.

Verheiratet – und weiter?

Nun ja, wir wollen nicht verleugnen, dass eine Hochzeit – schon wegen der Geschenke und weil man endlich mal haltlos kitschig sein darf – durchaus auch eine feine Sache sein mag, wenn man von Anfang an klare Grenzen zieht – also klar macht, dass nicht alle Großtanten erster Klasse durch die Republik reisen können und man auch nicht vorhat, sich, bloß damit die Nachbarn beeindruckt sind, bis ans Ende seiner Tage zu verschulden.

Das ist das eine. Das andere: dass man sich keinen Quantensprung von der Ehe erwartet. Viele hoffen nämlich, die Hochzeit könnte das für die Liebe sein, was die Erfindung von Penicillin für die Medizin ist: ein Meilenstein. Das ist sie nicht. Im Gegenteil. Mit der Hochzeit verhält es sich nämlich genau so, wie schon Hölderlin vermutete: »Dadurch haben sich die Menschen die Ehe zur Hölle gemacht, dass sie sie zu ihrem Himmel machen wollten.« Je mehr man sich also davon verspricht, desto eher läuft man Gefahr, zu scheitern. Nicht umsonst läuft in so ziemlich allen Hollywood-Filmen schon der Abspann, wenn geheiratet wird, erscheint die Heirat als das Ende aller romantischen Komödien. Über das »Danach« gibt es keine anrührenden, schmalztriefenden Filme – es sei denn, er oder sie verlieben sich neu in Teil zwei.

Gibt Ihnen das zu denken? Ausgerechnet Hollywood stellt die Kameras ab, wenn's am schönsten wird? Komisch, warum wohl? Ganz einfach: Mit dem Heiraten ist es ein bisschen wie mit dem Urlaub. Man sehnt sich danach. Freut sich ein Loch in den Bauch. Kann es kaum abwarten. Die Vorbereitungen sind wundervoll. Man kauft Reiseführer, bringt das kleine Geblümte nochmal in die Reinigung und hortet größere Vorräte Sonnencreme. Dann geht es endlich los. Die Reise ist anstrengend, aber der Strand herrlich. Sie genießen es. Liegen im Sand, lassen die Beine ins Meer hängen und wollen eigentlich nur noch für immer hier sitzen. So geht das eine ganze Weile. Bis das tolle Abendbüfett in die Wiederholungswoche geht, der Sand ihnen in jeder Pore hängt, und irgendwann kommt der Tag, an dem Sie gerne mal wieder einen ordentlichen Regen oder einen ganz normalen Tag im Büro hätten. Der Sand nervt, der Zauber verfliegt, alle Ecken des kleinen Fischerdorfes sind durchschritten. Langweile macht sich wie ein schleichender Virus breit. So ähnlich ist es mit dem Heiraten. Das ist nicht schlimm, aber man muss es wissen.

Romantik ist kein Dauerzustand. Nur durchs Heiraten allein gelangt man nicht in einen immer währenden Zustand der Herrlichkeit. Verheiratet sein ist keine Garantie für dauerhafte Glückshormonausschüttung. Die amerikanische Schriftstellerin Jean Kerr meinte: »Einen Mann zu heiraten ist, wie etwas zu kaufen, das man schon lange im Schaufenster bewundert hat. Man ist überglücklich, wenn man es schließlich zu Hause hat, aber nicht immer passt es zu allem.«

Nicht alles, was man lange haben wollte, macht einen glücklich, wenn man es hat. Manchmal ist das Habenwollen schöner als das Haben. Warum? Weil man in der Zeit, in der man noch Sehnsucht empfindet und zwischen Hoffnung und Angst schwankt, intensiver lebt. Die Zeiten, in denen eine Heirat für Frauen alles in ihrem Leben veränderte, sind definitiv vorbei. Ausgenommen vielleicht im Haushalt. Da – das belegen Statistiken – reduzieren Männer ihre ohnehin eher dürftigen Anstrengungen noch einmal um ein paar Prozentpunkte, wenn sie verheiratet sind.

Fazit:

- Es stimmt nicht, dass die Ehe alles verändert. Klaus Heinrich bleibt leider latent geizig, schnarcht, nicht nur wenn er erkältet ist, und sein Witzrepertoire wird mit Trauschein auch nicht abwechslungsreicher.
- Mit geklärten Besitzverhältnissen nimmt oft auch die Begierde ab. Was man hat, muss man nicht mehr so emsig umwerben.
- Wenn man denn nun unbedingt heiraten will, scheint es das Schlaueste zu sein, möglichst wenig Veränderungen zu erwarten. Sich einen flotten Ehering auszusuchen und es zu genießen, »mein Mann« zu sagen. Nicht mehr, aber auch nicht weniger.
- Und immer daran denken, was Claudia Cardinale gesagt hat: »Die Ehe funktioniert am besten, wenn beide Partner ein bisschen unverheiratet bleiben.«

Kapitel 4
Monetäres

Geld ist eigentlich kein Thema, meint die Anglerin. Schließlich verdient sie selbst welches. Außerdem hat der schnöde Mammon doch nun wirklich nichts mit Gefühlen zu tun. Deshalb braucht sie darüber kein Wort zu verlieren. So lange jedenfalls, bis der Fisch angesichts der Kosten für ihr letztes Paar Schuhe reanimiert werden muss. Spätestens dann ist Geld ein Thema. *Das* Thema, das vor allen anderen vorausschauend, grundsätzlich und vor allem unter Berücksichtigung der persönlichen Konsumbedürfnisse der Anglerin final geklärt werden muss.

Pekuniäre Paranoia

Vor einiger Zeit hastete eine verschwitzte Brünette für einen Elektronikhändler durch die Werbepausen im Fernsehen und behauptete: »Geiz ist geil!« Genauso gut hätte sie uns erklären können, dass wir alle mit Brad Pitt verheiratet sind. Was soll schon erregend daran sein, beispielsweise mit jemandem Sex zu haben, der die Heizung im Schlafzimmer aus Kostengründen dermaßen niedrig hält, dass nicht mal Pinguine sich dort paaren würden? Kann man sich ernsthaft jemandem hingeben, der bei Ansicht einer Restaurant-Rechnung zuerst ein Nahtod-Erlebnis simuliert, um dem entnervten Kellner dann bei einer Rechnung von 19,76 die fehlenden 24 Cent bis zur runden Summe mit einer Grandezza zu erlassen, als hätte er gerade sein gesamtes Vermögen überschrieben? Der grundsätzlich alle seine Geschenke bei Tchibo kauft und schuld daran ist, dass die Nachbarn einem schon Lebensmittel zustecken, weil er seine Teebeutel zur Wiederverwertung auf dem Balkon zum Trocknen aufhängt?

Geiz, das muss hier mal klar gesagt werden, rangiert nicht umsonst auf der weiblichen Beliebtheitsskala gleich neben einer Bikinizonen-Wachsenthaarung. Denn Kniebigkeit unterscheidet sich in einem wesentlich von der Sparsamkeit: Sie hat kein Ziel, außer dem, anderen Menschen das Leben zu versauern. Ein Unterschied, der erst mal schwer zu erkennen ist. Denn natürlich könnte man einen Mann, der 2000 Kilometer in einem gewöhnlichen Linienbus durch Indien reist statt – wie er es sich leisten könnte – erster Klasse im Zug, für einen ziemlich interessanten Charakter halten. Auch dass er in einer Pension übernachten will, die anscheinend alle Statisten des Films »Angriff der Killer-Kakerlaken« gestellt hat, wäre mit viel gutem Willen noch als Abenteuergeist abzubuchen. Einmal. Auf Dauer nämlich macht es einen ziemlich mürbe, sein Leben auf einer Art Resterampe zu fristen, mit einem Menschen, der knickert, dass es nur so kracht. Sicher kann man beispielsweise am Klopapier in einem Leben so viel sparen, dass es nach Jahren für einen Gucci-Mantel reicht. Aber was nützt der einem, wenn man 80 ist?

Verstehen Sie uns nicht falsch. Natürlich ist Sparsamkeit heutzutage sozusagen überlebenswichtig, und auch wir finden, dass beispielsweise ein Friseur noch andere Finanzierungsmöglichkeiten für seine mallorquinische Finca nutzen sollte als unseren Kopf. Aber wir sprechen hier auch nicht von denen, die einfach vernünftig mit Geld umgehen, sondern von jenen, die eigentlich genug haben und die trotzdem unter »pekuniärer Paranoia« leiden. So wie Dieter Bohlen. Die könnten, aber nicht wollen und ihre Frauen Freixenet trinken lassen, obwohl beim zweistelligen Millionenvermögen und im Hinblick auf die Zumutungen einer Lebensgemeinschaft mit einem notorischen Geizkragen eigentlich mindestens Krug drin sein sollte. Kurz: Wir meinen jene Form von Geiz, die so groß ist, dass man sie sogar vom Weltall aus sehen kann und die in der Psychologie als Ausdruck von Minderwertigkeitsgefühlen beschrieben wird.

Also: Wer Vergnügen daran findet, anderen Leuten die Lebensfreude vom Mund abzusparen, der hat nicht unbedingt zu wenig Geld, sondern oft eher zu viele Komplexe. Das nur zur Erklärung, nicht als Entschuldigung. Denn bei Männern wie Stefan, 45, von Beruf Banker, sollte man mit Verständnis ruhig so knausrig sein wie die mit den Ausgaben.

»Die ersten Jahre dachte ich noch, na ja, es ist ihm halt nicht gegeben, großzügig zu sein«, erzählt seine Frau Charlotte, 42, von Beruf Sozialarbeiterin, seit fünf Jahren Mutter und Hausfrau. »Die Entschuldigungen lagen ja auch so nahe: Sein Elternhaus etwa. Da wird rein gar nichts weggeschmissen. Seine Mutter hat beispielsweise die wohl größte Sammlung von Einweckgläsern in ganz Deutschland. Die könnte ganz Hessen mit Marmelade versorgen – obwohl sie die letzten Jahre gar nichts mehr eingekocht hat. Auch Plastiktüten oder dieses Papier, in dem der Aufschnitt eingeschlagen wird – alles wird aufgehoben. Die haben Konserven im Keller, die schon vor dem Mauerfall abgelaufen waren. Aber sie hatten einfach auch wirklich ihr Leben lang wenig Geld. Das habe ich Stefan lange zugute gehalten, wenn er mir beispielsweise zum Geburtstag bloß einen Blumenstrauß schenkte oder nur in die günstigsten Restaurants mit mir essen ging, wenn überhaupt. Aber irgendwann stimmte halt einfach die Relation zwischen seinem Einkommen und seinem Verhalten nicht mehr. Stefan verdient bei seiner Bank gut. Trotzdem muss ich wegen jedem Euro mit ihm langwierige Diskussionen führen. Und er kontrolliert ständig meine Einkäufe. Würde meine Mutter nicht öfter mal mit mir shoppen gehen, ich hätte überhaupt nichts Schönes zum Anziehen. Wir leben, als seien wir Sozialhilfeempfänger, und das finde ich nicht nur ziemlich peinlich denen gegenüber, die wirklich nicht das Geld haben. Ich finde es auch demütigend. Aber das Schlimmste ist – auch bei unserem Sohn Daniel wird total geknapst. Als ich Stefan kürzlich sagte, dass ich für Daniels Geburtstag kleine Geschenke für die Gäste kaufen will, da ist er total ausgeflippt.« Für Charlotte war das der Anlass, erst mal wieder zu ihren Eltern zu ziehen. Nicht ohne vorher von Stefans Gehaltszetteln und seinen Bankunterlagen Kopien zu machen und dabei festzustellen, dass er sich ein doch sehr beträchtliches Vermögen von ihrem und dem Mund ihres Sohnes abgespart hatte.

Auch wenn Sie trotz allem glauben, dass Geld und Liebe nun wirklich nichts miteinander zu tun hätten: Sie irren sich. Geld ist ein Symbol für Macht. Es bedeutet Unabhängigkeit, es bedeutet Entscheidungsfreiheit. Geld entscheidet darüber, ob Sie im Fall einer Trennung die nächsten 20 Jahre Ihres Lebens in einer Einzimmerbutze damit verbringen, Anträge auf Wohngeld, Kleidergeld und Heizzulagen zu stellen oder ob Sie es sich ein paar Monate im Jahr irgendwo im Süden so richtig hübsch machen können. Nach der Devise »Wer zahlt, bestimmt« entscheidet der von Frauen so notorisch unterschätzte Mammon außerdem darüber, ob Ihr Mann Ihnen vorschreiben kann, was Sie essen, wie Sie sich anziehen, wie Sie Ihre Freizeit verbringen, ob Sie als Bittstellerin behandelt werden oder ob Sie ihm eines Tages einfach den Stuhl vor die Tür setzen können, ohne befürchten zu müssen, vor dem Nichts zu stehen.

Deshalb ist es grundsätzlich gut, eigenes Geld zu haben. Und nicht etwa das so genannte Schmugeld, das unsere Mütter noch heimlich und mühsam Pfennig für Pfennig von der Haushaltskasse abzweigten, um die Differenz zwischen dem tatsächlichen Preis eines neuen Kleides und dem, was ein Mann dafür und letztlich für seine Frau bezahlen würde, auf ein für ihn erträgliches Maß bringen zu können. Nein, es muss selbst verdientes oder – falls man gerade in der fälschlicherweise als Erziehungs*urlaub* bezeichneten Mutter- und Haushaltsfron weilt –, ausbezahltes Geld sein. Auf einem eigenen Konto, versteht sich. Und nicht etwa in Höhe eines Taschengeldes, über das selbst ein Zehnjähriger in Tränen ausbrechen würde. Die Hälfte seines Einkommens – das nach Abzug aller fixen Kosten übrig bleibt – sollte es schon sein. So lange, bis Sie wieder Ihr eigenes Geld verdienen, das selbstredend auch auf Ihr eigenes Konto eingeht.

Ach, das finden Sie irgendwie egoistisch? Wo man Gefühle teilt, da will man auch das Geld in einem Topf sehen? Verstehen Männer nicht sowieso mehr davon? Hat es nicht auch etwas total Liebes, wenn ein Mann seiner Frau die Sorge um den schnöden Mammon erspart? Ist nicht auch immer dein, was mein ist? Also sein, was uns gehört? Ja, ist es nicht gerade ein Zeichen von großen Gefühlen, dass er sie nicht mit der trockenen Rechnerei behelligt und also ganz eigenständig ihr Geld dazu benutzt, sich endlich den Mercedes SL zu kaufen? Leider ist dann kein Geld mehr für den Urlaub drin, so für die nächsten zehn Jahre. Aber das macht Ihnen doch sicher nichts aus? Solange Ihr Mann zufrieden ist, sitzen Sie seine Schulden gern auf Balkonien ab. Wenigstens das erste Jahr. Im zweiten spätestens werden Sie sich fragen, wieso Sie eigentlich seine Hobbys finanzieren sollen, während er nicht mal bereit ist, Ihnen ein einfaches Essen im Restaurant zu bezahlen. Im dritten Jahr werden Sie dann auf die Idee kommen, dass seine Großzügigkeit ziemlich einseitig ist. Zumal wenn einer offenbar immer nur an seine eigenen Konsumbedürfnisse denkt.

Zur Erinnerung: Es waren nicht die Frauen, die große deutsche Unternehmensschiffe wie Vulcan, Kirch oder Holzmann versenkt haben – und außerdem: Wollen wir einem Geschlecht, das intellektuelle Highlights wie: »Ich hab gleich gemerkt, das ist ein Druckschmerz, wenn man drauf drückt« (Lothar Matthäus) von sich gibt oder verzwickte mathematische Aufgaben so löst wie der Fußballer Fritz Langner: »Ihr fünf spielt jetzt vier gegen drei« wirklich unser Geld anvertrauen?

Trennen wir also, was nicht zusammengehört: seine und unsere Börse. Auch weil sie bestimmt nicht wegen jeder Ausgabe, die ihm nicht in den Kram passt, streiten wollen. Immerhin gehört der Zank um den Zaster neben der Kindererziehung zu den häufigsten Problemzonen bei deutschen Paaren. Und wäre es da nicht schön, wenigstens diesen Krisenherd ausklammern zu können? Separieren Sie Ihr Geld also wirklich und gründlich fein säuberlich von Ihren Gefühlen und tun Sie es auf getrennte Konten. Sie werden es noch brauchen. Für all die nützlichen Dinge, die zur weiblichen Grundausstattung gehören, für das Selbstbewusstsein und um nicht wie kürzlich eine Frau in einer Nobelboutique die sündhaft teure Bluse in einer Aldi-Tüte verschwinden lassen zu müssen: »Mein Mann braucht davon nichts zu wissen«, sagte die Dame verschämt. »Er regt sich immer so auf.« Soll er doch. Frauen wie diese sind schuld daran, dass Männer immer noch glauben, eine Escada-Bluse sei locker unter 50 Euro zu haben und die Preise für Lebensmittel bewegten sich auf dem gleichen Niveau wie vor der Währungsreform, und zwar der von 1948.

Abgesehen davon: Wenn es Ihr Geld ist, geht es ihn gar nichts an. Sie könnten sich damit auch Ihre Zigaretten anzünden. Egal. Genauso verhält es sich allerdings auch für die Ausgaben, die er mit seinem Geld bestreitet. Könnte allerdings sein, dass es argumentativ eng wird, wenn er beispielsweise nur das Beste für sie beide will: also einen Bausparvertrag, die Altersvorsorge und eine Lebensversicherung. Ist ja nur vernünftig, jedenfalls im Vergleich zum Wahlspruch mancher Frauen: »Und wenn morgen die Rentenbeiträge erhöht werden, würde ich heute noch ein Paar Prada-Schuhe kaufen.« Hier sollten Sie einfach sehen, dass Sie ein gesundes Mittelmaß zwischen Vernunft und Genuss finden. Aber bedenken Sie, dass Ihnen bei aller Vorsorge für die Zukunft nicht der Spaß an der Gegenwart ausgeht.

Anbei noch ein paar weitere Tipps, mit denen Sie das ökonomische Überleben Ihrer Beziehung und sich nebenbei noch ein paar herrliche Konsumfreuden sichern:

1. Auf jeden Fall das eigene Konto behalten und sich nicht etwa mit Hinweisen auf die doppelte Kontoführungsgebühr aus dem Konzept bringen lassen. Sicher, manchmal geht's auch zu zweit mit einem gut. Aber das ist so selten wie der Satz von einem Mann: »Sicher, ich mag es, Kondome zu tragen!«
2. Es gibt Männer, die würden lieber Selbstmord begehen, als über ihr Gehalt zu sprechen. Trotzdem: Es ist wichtig zu wissen, was der andere verdient, auch um einschätzen zu können, ob er wirklich Konkurs anmelden muss, wenn Sie mehr als einen Raum in Ihrer gemeinsamen Wohnung beheizen.
3. Leider immer noch die Regel: Dass Frauen weniger verdienen – sogar, wenn sie die gleiche Arbeit machen. Bei einem Gefälle sollten die gemeinsamen Kosten anteilig verrechnet werden.
4. Keine Bürgschaften übernehmen. Eine exakte Statistik, wie oft Frauen Leasing-Verträge für ihre Männer abschließen, für Kredite und Existenzgründungen von Partnern bürgen oder selbst Scheinunternehmungen gründen, existiert nicht. Doch etwa 10 000 Schuldnerinnen bundesweit baden die Fol-

gen aus – weil ihre Männer sie mit den Schulden bis in Millionenhöhe einfach sitzen ließen. Einschlägige Beratungsstellen warnen nicht umsonst: Wer seine Frau liebt, lässt sie nicht für sich bürgen!

5. Großausgaben gemeinsam entscheiden. Das muss man den meisten Frauen nicht sagen, wohl aber, dass sie ihre Männer dazu anhalten, vor der Anschaffung einer Eigentumswohnung, einer Hi-Fi-Anlage im Gegenwert einer Hochseeyacht mit ihnen zu sprechen, weil sie das Zeug sonst leider zurückgeben müssen. Sie jedenfalls werden ihn nicht für ein Ding durchfüttern, das man weder anziehen noch zum Eincremen benutzen kann.
6. Es muss nicht auf den Pfennig abgerechnet werden – aber eine gewisse Transparenz bei den allgemeinen Ausgaben lässt das unschöne Gefühl, irgendwie mehr zu geben, als zu bekommen, gar nicht erst aufkommen.
7. O.k., wir haben auch schon mal ein brandneues und ziemlich teures Kleidungsstück mit der Behauptung »Typisch, das habe ich schon mindestens zehn Mal getragen und du merkst erst jetzt, wie gut ich darin aussehe!« an misstrauischen Männern vorbeigeschmuggelt. Aber machen Sie das nicht zur Regel. Ein Geschlecht, das nichts dabei findet, einen Rasentraktor zum Preis von knapp 3000 Euro für etwa zwei Quadratmeter Vorgarten anzuschaffen, braucht auch vor 150 Euro für eine Jacke nicht verschont zu werden.
8. Einen von Natur aus geizigen Mann werden Sie nicht dadurch bekehren, dass Sie mit gutem Beispiel vorangehen und Geld für ihn ausgeben, damit Sie

endlich auch mal am öffentlichen Leben in Form von Restaurantbesuchen, Reisen oder Einkäufen teilnehmen können. Nein, den müssen Sie schon deutlich auffordern, sich gelegentlich von seinem Liebsten zu trennen und auch das mit zu finanzieren, woran er sich gern beteiligt, wenn Sie es bezahlen. Und tun Sie eines auf keinen Fall: Freude über Gaben heucheln, mit denen er sich billig aus der Affäre ziehen will. Wenn er Ihnen nach drei Jahren Gaben-Abstinenz doch endlich mal zwei Blumen aus dem Vorgarten ihrer Nachbarin bringt, dann ist das nicht niedlich, sondern unverschämt.

9. O.k., er will keine Spülmaschine. Er findet: Wozu hat seine Frau zwei gesunde Hände? Sie meint: Das Leben ist auch ohne Spülen schon hart genug. Wie sieht die Lösung aus? Eine typisch weibliche geht so: Sie bezahlt das Gerät von ihrem eigenen Geld und räumt seine Sachen großmütig mit ein und aus. Falsch! Was beiden dient, wird auch gemeinsam bezahlt und natürlich gemeinsam ein- oder ausgeräumt.
10. Wer wem auch immer was bezahlt: Es ist ein Gebot der Höflichkeit, sich auch dann zu bedanken, wenn es sich der andere locker leisten kann. Großzügigkeit erlahmt ziemlich schnell, wenn sie entweder nicht zur Kenntnis genommen oder dadurch entwertet wird, dass man sie für viel zu selbstverständlich hält. Bedanken Sie sich ruhig, wenn er Ihnen ein 50-ml-Döschen La Mer für 200 Euro finanziert. Seien Sie dabei aber nicht zu überschwänglich. Sonst könnte er auf die Idee kommen, dass Sie auch mit weniger zufrieden wären.

Kapitel 5
In öden wie in faden Tagen

Da haben Sie sich aber einen wirklich schönen Fisch gefangen. Elegant gleitet er durchs Aquarium. Taucht hinter kleinen Wasserpflanzen auf und versteckt sich zwischen dekorativen Steinchen. Und jedes Mal, wenn er an der Scheibe vorbeischwimmt, sind Sie aufs Neue fasziniert von seinen kräftigen Flossen, seinen schillernden Schuppen und seiner herrlichen Geschmeidigkeit. Dass dieser Prachtkerl ausgerechnet Ihnen ins Netz gegangen ist, können Sie kaum fassen. So kann die Anglerin ein paar Wochen oder Monate damit zubringen, ihren Fisch mit glühendem Besitzerstolz zu betrachten.

Doch früher oder später naht der Tag, an dem ihr der Fang ähnlich aufregend erscheint wie die eigene Tapete. Selbst das Testbild im Fernsehen wirkt wie ein Thriller gegen den Blick auf die einstmals so faszinierende Beute. Beute? Eigentlich ist das doch mittlerweile höchstens ein Trostpreis! Was bedeutet das? War's das jetzt mit der Liebe? Der Begeisterung, der Leidenschaft und allem, was so dazugehört? Wird das jetzt so öde weitergehen, bis Sie eines Tages samt Fisch in einem kleinen Seniorenwohnheim aufwachen und feststellen, was schon Tucholsky über die Liebe reimte: Sie sei zum »größten Teile verbrannte Milch und Langeweile«?

Vom Aufputsch- zum Narkosemittel

Egal wie fantastisch jemand ist, irgendwann wird alles Routine. Gewohnheit. Es gibt keinen Mann, wir haben jedenfalls noch nie von einem gehört, der uns ein Leben lang nur durch seinen Anblick in Wallung versetzt. Jedenfalls keinen, mit dem Sie zusammenleben, Schlafzimmer, Bad und den Großteil Ihres Lebens teilen. Das mag bedauerlich sein, ist aber, und das ist noch bedauerlicher, wahr. Mit der Zeit schwindet das Begeisterungspotenzial. Was am Anfang einer Beziehung zur Verzückung treibt, wird irgendwann banal. Und wenn noch mehr Zeit ins Land geht, kann einen ebendieses Verhalten sogar nerven. Das klingt traurig, ist aber letztlich nicht weiter tragisch. Sogar eine Ex von George Clooney, die, man mag es kaum glauben, ihn verlassen haben soll, war nach einigen Monaten ziemlich desillusioniert. Sie soll doch glatt gesagt haben: »Er ist halt auch nur ein Mann. Zwar ein ausgesprochen hübscher, aber ansonsten völlig normal.« Also scheint die Ernüchterung nach einer gewissen Zeit, die je nach Anspruch und Mann ein wenig variiert, völlig üblich. Wenn nicht mal George Clooney dagegen gefeit ist, vom Superstar zum Alltagsmann degradiert zu werden ... »Ja aber«, sagen Sie jetzt, »als wir uns kennen lernten, hat er das Unmögliche möglich gemacht.« So ist er, der Fisch: Am Anfang der Beziehung zieht er alle Register. Der Fang ist nun mal eine heikle Angelegenheit und da weiß der Fisch instinktiv, dass die Anglerin Argumente braucht, um ausgerechnet ihn aus dem großen Becken zu ziehen. Danach, so glauben Fische und übrigens auch Männer, ist die Sache für sie eingetütet.

Meint: Sind Fisch und Anglerin sich erst mal darüber einig geworden, dass sie zusammengehören, gibt es für den Fisch eigentlich keinen Grund mehr, sich durch leidenschaftliche Ausbrüche, hinreißende Liebesgeständnisse und Romantiküberstunden zu verausgaben. Für ihn ist alles klar – und der Moment da, sich auf dem Sofa zu entspannen und langsam mit dem Bezug eins zu werden. So kommt es der Anglerin jedenfalls vor. Entgeistert betrachtet sie die Metamorphose des Fisches, hilflos sieht sie zu, wie er vor ihren Augen vom Aufputsch- zum Narkosemittel mutiert.

Claudia, 37, aus Idstein, beschreibt das Problem so: »In den ersten Monaten konnte ich gar nicht genug von Georg bekommen. Wenn er von der Arbeit kam und erzählt hat, was in der Firma so los war, habe ich wie ein gedopter Hase neben im auf der Couch gesessen und gelauscht. Ein Tatort war Dreck dagegen, Georg sozusagen die lebende Ecstasy-Pille, ein begnadeter Erzähler. Heute bin ich froh, wenn ich nicht zum 7500sten Mal die Story über seinen depperten Chef hören muss und dass Georg eigentlich selbst auf den Chefsessel gehört, weil er natürlich alles besser kann. Wieso ist mir das nicht früher aufgefallen? Erst jetzt merke ich, dass er nicht nur latent larmoyant, sondern auch noch angeberisch ist.«

Ein gutes Beispiel, denn man sieht, wie ein- und dasselbe Verhalten nur dadurch, dass Zeit vergeht, ganz unterschiedlich bewertet werden kann. Was eben noch Ekstase hervorrief, ist jetzt nach der zigsten Wiederholung bloß noch fade. Es ist ein bisschen wie mit neuen Schuhen. Direkt nach dem Kauf denkt man: »Wie konnte ich jemals ohne diese Schuhe sein?« Man trägt sie ständig und ist begeistert. Aber dann merkt man, dass der Schuh eigentlich doch nicht zu allem passt. Im Gegenteil. Je länger man ihn trägt, umso unscheinbarer kommt er einem vor. Und ein Schuh wird vom Tragen auch nicht unbedingt besser: Die Sohle verliert an Profil und der Absatz latscht sich ab. Kurzum: Es gibt ihn eben nicht, den ewig haltbaren Universalschuh. Genauso wenig wie den Universalmann. Einen, der immer Freude bereitet und dessen Witze sich nie abnutzen. Und überlegen Sie mal: Sind Sie eigentlich noch so wie zu Beginn Ihrer Beziehung? Gibt es bei Ihnen nicht auch Tage, an denen Sie lieber »Wer wird Millionär« sehen, als sich hingebungsvoll in seine Arme zu kuscheln? »Ja, aber das ist doch was anderes«, denken Sie. Nein. Auch Sie werden, ehrlich gesagt, nicht von Tag zu Tag aufregender. Sprechen Sie nicht auch ständig über das Gleiche? Über Ihre zu dicken Oberschenkel, über die Macken Ihrer Mutter? Fragen viermal am Tag, ob Ihre Haare gut liegen und was Sie am Sonntag kochen sollen? Kurz: Sie glauben, dass Ihr Alltagsmüll der Stoff ist, aus dem die ganz großen packenden Romane gemacht werden, während Sie Ihrem Mann allenfalls den Unterhaltungswert eines Rollenkoffers zugestehen? Da irren Sie sich leider. Die weiblichen Themen sind nämlich wahrlich nicht immer die packendsten und es ist manchmal ganz schön frech, wie manche von uns gerade hier mit zweierlei Maß messen.

So auch Gesine, 42. Seit knapp einem Jahr ist die Grafikerin mit einem Taxifahrer liiert. Ein überaus gut aussehender Mann, wie sie stolz im Freundinnenkreis verkündet. Und soooo gebildet. Denn er liest nicht nur, er schreibt sogar, und zwar die wunderbarsten Liebesbriefe. Bloß ein Problem hat Gesine mit ihm. Sie vermisst ein tiefes Verständnis für ihr Steckenpferd, die Kunst, wie sie bei jedem Freundinnentreffen aufs Neue beklagt. »Das ist ziemlich schlimm für mich. Irgendwie bleibt ihm doch so ein wichtiger Teil meiner Persönlichkeit verborgen. Gut, er kommt manchmal mit zu Ausstellungseröffnungen. Aber ein richtiges Gespräch kann man mit ihm nicht darüber führen.« Dazu muss man wissen, dass Gesines langatmige und ausschweifende Ausführungen über zeitgenössische Malerei schon ganze Partyrunden ins Koma gebracht haben. Aber egal. Gesine erwartet vom Kerl ihrer Wahl, dass er gefälligst Interesse, Anteilnahme und höchste Aufmerksamkeit zeigt. »Schließlich liegt mir dieses Thema am Herzen und also sollte es ihm doch auch etwas bedeuten!«

Schlimm findet sie das. Schlimmer finden wir, dass sie, gefragt, was eigentlich ihr Freund so macht und wie es mit dem Taxifahren in diesen schlechten Zeiten so läuft, im gleichen Atemzug und ganz selbstverständlich antwortet: »Keine Ahnung. Das interessiert mich nun wirklich nicht. Das sind doch eh immer die gleichen langweiligen Geschichten!«

Lange und kurze Weilen

Langeweile und Gewohnheit sind enge Verwandte. Gewohnheit klingt nur besser. »Aneinander gewöhnt sein« hat schließlich auch einen sehr positiven Aspekt. Man weiß, wie der andere tickt, muss nicht mehr alles toll finden und ist sich der Beziehung doch relativ sicher. Man ist vertraut miteinander. Muss nicht Tag für Tag eine Superwoman-Show abziehen, sondern kann sich so geben, wie Gott einen gedacht hat und nicht wie die Kosmetikindustrie uns will.

»Gewohnheit ist doch etwas Herrliches: Ich kann sein, wie ich eben bin. Mal zickig, mal launisch, mein Peter liebt mich, so oder so«, beschreibt Heike die Vorteile einer langen Beziehung. »Klar lausche ich nicht mehr bei jedem seiner häuslichen Vorträge so gebannt, als würde er eine Rede vor den Vereinten Nationen halten. Aber das ist doch normal.« Ist es auch. Trotzdem gilt es gerade diese Form der Normalität vorsichtig zu dosieren. Denn wenn man nicht aufpasst, verhält es sich mit Gewohnheit und Langeweile wie mit schwarzen Socken, die sich irrtümlich in die Buntwäsche schleichen: Alles – auch das einstmals schönste Rosarot wirkt plötzlich ziemlich grau. Bevor die Beziehung aber wirkt, als hätte man damit die Treppe geputzt, sollte man die Bremse ziehen. Denn es ist durchaus in Ordnung, dass einem der Partner auf den Keks geht oder bisweilen so leblos wirkt, dass man vorsichtshalber schon mal seinen Puls fühlt. Aber nur, wenn er einem ab und an auch noch ordentlich Freude bereitet. Die Dosierung muss stimmen, das Verhältnis von Spannung und Entspannung. Und die Erwartungshaltung.

Wer einen Mann kennt, weiß, welche Möglichkeiten er hat. Wer ihn besser kennt, weiß auch, welche nicht. Klar: Der Mann wächst mit den Ansprüchen. Man sollte durchaus Dinge einfordern und nicht genügsam wie Aschenputtel nur aufs Prinzip Hoffnung vertrauen. Denn zum Wunder taugt der Mann nicht. Eher ist ihm ein starker Hang angeboren, es sich möglichst bequem und gemütlich zu machen. Das ist einerseits fein, weil es wesentlich zum guten Gefühl beiträgt, dass er sich bei uns wohl und aufgehoben fühlt. Außerdem wird ein Mann, der im Jogginganzug auf der Couch liegt, kaum anderen Frauen den Kopf verdrehen, was durchaus für den Jogginganzug und für das Sofa spricht. Andererseits: Ein entspannter Mann legt sich eben auch bei der eigenen Frau nicht mehr so ins Zeug. Wieso sollte er auch. In seinen Augen ist seine Beute doch längst nicht nur erlegt, sondern auch ganz nach seinem Geschmack zubereitet. Wieso sollte er dann noch so tun, als wäre die Frau nicht erobert, würde nicht Bett und Kühlschrank mit ihm teilen und er hätte auch noch nie gesehen, wie sie sich abends die Bikinizone enthaart? Das wäre wirklich ein zu hoher Anspruch an die männliche Vorstellungskraft, findet auch Ludger.

»Miriam weiß, dass ich sie liebe, das habe ich ihr doch gesagt«, versteht er die Kritteleien seiner Lebensgefährtin nicht. Dass er ihr zuletzt vor etwa dreieinhalb Jahren eine Liebeserklärung gemacht hat und dass er auch mit freiwilligen Komplimenten eher sparsam ist, fällt ihm gar nicht auf. Ludger ist der Typ Mann, der ab und an einen gezielten verbalen Tritt braucht. Nicht dass ihn dieser dann wirklich zur Einsicht bringt, aber er fügt sich. Um des lieben Friedens willen. Ludgers Ansprüche an eine Beziehung unterscheiden sich eben von denen Miriams. Für ihn ist die so genannte Langeweile Gewohnheit und das leicht Fade gerade das, was er besonders schätzt. »Nirgends kann ich so sehr ich sein. Mich hängen lassen. Bei Miri muss ich nicht schauspielern, mich verstellen, keinen Affenzirkus veranstalten. Das ist für mich Vertrauen.

Ich muss abends daheim keinen Limbo mehr tanzen. Das mache ich den ganzen Tag im Büro.« Miriam dagegen hätte nichts einzuwenden, wenn Ludger ihr manchmal den Romeo oder Leonardo DiCaprio geben würde, statt bloß den Ludger. »In jeder Altenwohnanlage ist ja mehr los als bei uns beiden. Manchmal habe ich das Gefühl, dass Ludger mich emotional auf Nulldiät gesetzt hat.«

Langeweile nervt, Langeweile betrübt, Langeweile kränkt das eigene Ego, weil man fürchtet, es dem anderen nicht mehr wert zu sein, dass er einen unterhält und versucht, spannend zu bleiben. Doch Langeweile kann durchaus auch eine feine Sache sein. Weil sie uns zum Innehalten bringt, weil sie uns Denkanstöße gibt und weil sie uns zeigt, dass wir etwas ändern sollten – und damit meinen wir nicht nur den Freizeitwert des Mannes. Der ist nämlich entgegen anderslautenden Gerüchten nicht als hauptamtlicher Animateur an unserer Seite. Auch als unser privater Show-Master oder Pausen-Clown wäre er eine glatte Fehlbesetzung. Denn es gibt nur einen Menschen, der uns wirklich gut unterhalten kann: Das sind wir selbst.

Also: Sie wollen Vergnügen? Dann gehen Sie raus in die Welt und schauen Sie selbst, was da so los ist, anstatt darauf zu warten, dass jemand vorbeikommt, der Sie und Ihrem Mann die Fernbedienung wegamputiert. Sie müssen etwas unternehmen – sonst tut es nämlich keiner, und Sie sollten es spätestens dann tun, wenn Ihr Mann nur noch als rezeptfreies Schlafmittel taugt. Bringen Sie Action in Ihr Leben! Positiver Nebeneffekt: Nicht nur Ihr Leben, auch Sie werden plötzlich interessanter, haben etwas zu erzählen. Eine aktive

Partnerin, die nicht Abend für Abend verfügbar im Sofa hängt, im Bezug festgewachsen scheint und darauf wartet, dass ihr Partner irgendwas unternimmt, um sie aus der Lethargie herauszureißen, wirkt Wunder.

Irgendwann wird er sich fragen, was Sie da so treiben. Und er wird merken, dass Sie Ihren geographischen, aber auch geistigen Radius immens vergrößert haben, während für ihn schon der Gang zum Kühlschrank der größtmögliche denkbare Ausflug ist. Nun wollen wir Ihnen nicht versprechen, dass er sofort seinen Smoking aus dem Schrank holt und den Kartenvorverkauf stürmt. Aber darauf kommt es auch gar nicht an. Überhaupt sollten Sie möglichst wenig aus pädagogischem Ehrgeiz, also deshalb tun, um ihn zu irgendetwas zu bringen, etwa dazu, aktiv zu werden. Das wäre erstens vergeudete Zeit, zweitens apportieren Sie auch kein Stöckchen über eine Wiese, nur damit Ihr Hund es lernt, und drittens ist es nicht der Sinn der Sache. Der liegt darin, dass nur Sie sich selbst glücklich machen können und deshalb auch zunächst mal allein genau darüber nachdenken und dann feststellen können, was Ihnen Spaß macht. »Ja, ja«, denken Sie, »schön und gut, aber ich habe doch keinen Partner, um ständig was allein zu unternehmen. Da könnte ich doch gleich wieder Single werden!« Klingt eigentlich logisch. Trotzdem ist es falsch. Die Ehe ist kein Mitmachspiel und der Mann nicht nur deshalb auf Erden, damit Sie nicht in Langeweile ersticken. Auch wenn Sie noch so gute Gründe anführen, weshalb er genau das mit Ihnen teilen sollte, womit Sie sich so gemeinhin die Zeit vertreiben und den Kampf gegen die tägliche Routine antreten.

Keiner macht alles

Wir brauchen hier nicht die berühmten kleinen Unterschiede und ihre großen Folgen zu zitieren. Nicht nur Männer und Frauen, jeder Mensch hat andere Freizeitbedürfnisse, und was der eine total interessant findet, hat für andere nicht mehr Spannungsniveau als ein stilles Mineralwasser. Trotzdem lässt sich eines feststellen: Frauen gehen gern einkaufen. Männer nicht. Jedenfalls nicht, wenn es um die große Herausforderung geht, an einem einzigen Samstagvormittag sämtliche Kaufhäuser der Frankfurter Zeil nach dem perfekten Rock zu durchforsten. Dann markieren sie gern einen Schwächeanfall, behaupten, unaufschiebbare Dinge wie die gründliche Reinigung ihres Werkzeugkastens würden sie leider vom Einkaufen abhalten, oder sie sperren sich einfach ins Badezimmer ein und drohen, sich im Zahnputzbecher zu ertränken.

Alle? Nicht alle, finden die meisten Frauen und glauben wie Sigrid, 52, aus Karben, mit dem einzigen Mann auf der Welt liiert zu sein, der ihnen standhaft das Menschenrecht auf gemeinsames Shopping verweigert: »Ich bin die Einzige, die ständig allein unterwegs ist. Mein Rudi weigert sich hartnäckig, mit mir Geschäfte zu betreten, die etwas anderes als Alufelgen oder Dübel verkaufen. Der Mann von Gerlinde, meiner besten Freundin hingegen, geht total gern mit in Kaufhäuser oder Boutiquen. Das macht mich mittlerweile richtig wütend.« Dass der Mann ihrer Freundin bloß um des lieben Friedens willen oder weil seine Frau leider keinen Führerschein hat und also den Chauffeur braucht mit zum Einkaufen kommt, das sieht Sigrid nicht. Genau so wenig wie den stoischen Gesichtsausdruck der auf den Hockerchen rund um die Umkleide vor sich hin Vegetierenden, die aussehen, als ginge es demnächst zur eigenen Exekution. Auch die Tatsache, dass die aktive Shopping-Hilfe von Gerlindes Mann vor allem darin besteht, ihr zu Teilen zu raten, die man nicht mal Angela Merkel wünscht, übersieht Sigrid geflissentlich. Sie sieht nur, was sie sehen will. Gerlindes Mann geht mit, ihrer nicht. Fazit für Sigrid: Gerlinde hat einen Mann, der sie liebt, sie nicht.

Männer gehen, zum Großteil jedenfalls, nicht gerne mit zum Einkaufen. So wie die meisten von uns auch ungern einen Nachmittag mit ihm in der Fankurve seines Fußballvereins zubringen würden. Was bringt es Ihnen, wenn ein muffeliges Etwas im Gewühl hinter Ihnen herschleicht? Im besten Fall trägt er Ihre Einkaufstüten, im schlechtesten Fall gibt er zu allem seine Kommentare, greift ständig nach Klamotten, die er gerne an Ihnen sehen, die Sie aber nicht mal bei einer totalen Sonnenfinsternis tragen würden. Natürlich gibt es dann noch jene Männer, die vor allem deshalb gern mit einkaufen gehen, um so erstens die Garderobe ihrer Frauen und zweitens die Ausgaben zu kontrollieren. Und last, but not least seien hier noch jene genannt, die eigentlich alle Wünsche erfüllen: Gern mit einkaufen gehen, viel Geld ausgeben *und* Geschmack haben. Aber die lieben auch Barbra Streisand und finden Elton Johns Lebensgefährten total »süß«!.

Es lohnt sich also, genauer hinzuschauen, statt sich von Männern blenden zu lassen, die vermeintlich einen besseren Service bieten. Zumal es da meistens eher um Handelsbeziehungen als um den Ausdruck hingebungsvoller Leidenschaft geht: Er begleitet Sie zum Einkaufen, dafür erwartet er allerdings, dass sie bei der Jahreshauptversammlung seines Tischtennisclubs – »Begleitung erbeten!« – mit von der Partie ist. Deswegen ist es ziemlich clever, von Anfang an nur das zu verlangen, was man selbst auch bereit ist zu leisten. Gut, gelegentlich kann man eine Ausnahme machen, etwas unternehmen, wozu man an sich keine Lust hat, und das man allein niemals tun würde, nur weil es dem anderen eben wichtig ist. Das ist Liebe. Alles andere ist grauenvoll und absolut kontraproduktiv.

Und noch etwas: Verdammen Sie die Langeweile nicht voreilig. Sie ist bisweilen weitaus besser als ihr Ruf. Immerhin gehört sie zu den fundamentalen menschlichen Fähigkeiten und einem der wenigen Charakteristika, durch die wir uns etwa von einem Goldhamster unterscheiden. So hat Goethe mal gesagt, dass man Affen als Menschen betrachten könnte, wären sie imstande, sich zu langweilen. Um das zu können, braucht man nämlich so etwas wie einen Sinnanspruch: Man muss ein Bewusstsein dafür haben, dass man seine Zeit besser verbringen könnte als etwa damit, die Fransen am Teppich zu kämmen. So bringt einen die Langeweile auch auf Ideen. Etwa die, die Perspektive zu wechseln. Nicht von vorn auf das Aquarium zu gucken, sondern mal von der Seite. Oder von oben. Je nach Blickrichtung kann der Fisch ganz schön anders aussehen.

Tun Sie Dinge, die der Fisch nicht erwartet, dann könnte auch er Dinge tun, die Sie so nicht erwartet haben. Fordern Sie sich, dann fühlt auch er sich vielleicht gefordert. Lassen Sie nicht zu, dass der Nebel der Langeweile Sie komplett lahm legt, und warten Sie vor allem nicht darauf, dass er endlich den ersten Schritt tut. Das könnte verdammt lange dauern. Manchmal sind es kleine Dinge, die durchaus nützlich sein können. Wer sagt eigentlich, dass Sie automatisch jeden Abend vor der Glotze sitzen müssen? Hören Sie zur Abwechslung ein Hörbuch (am besten unseres). Beschließen Sie einmal im Monat ins Kino zu gehen. Jedes Mal wählt einer der Partner den Film (und seien Sie dabei nicht zu gehässig – bloss weil er Ihnen gestern das letzte Stück Schokolade geklaut hat). Sicher: Das ist nichts Spektakuläres. Aber das soll es auch gar nicht sein. Denn meistens ist es ja gerade das Warten auf das Besondere, das uns die allergrößte Langeweile beschert, weil diese Haltung jegliche Initiative lähmt. Legen Sie sich ein neues Hobby zu. Treffen Sie Ihre Freundinnen. Fahren Sie mal ganz woandershin in den Urlaub. Haben Sie mal Sex an einem völlig anderen Wochentag. All das kann helfen, die Langweile wenigstens kurzfristig zu verscheuchen. Ansonsten gilt: Nehmen Sie die Langweile als etwas, das zum Leben dazugehört. Auch zu einer langen Beziehung. Nehmen Sie sie nicht so ernst. Zerbrechen Sie sich nicht ständig den Kopf darüber. Und denken Sie mal über folgendes Zitat des französischen Philosophen und Moralisten Luc de Clapiers nach: »Kein Mensch hat genug Geist, um niemals langweilig zu sein.«

Kapitel 6
Der Fisch-Anhang

Der Fisch kommt nicht aus dem Nichts und er kommt nicht allein. Er hat, und das ist mit Sicherheit nicht immer schön, eine Vergangenheit, also eine Familie. Die hängt nun mal als ungebetene Sonderzugabe mit an der Angel, wenn man seinen Fisch ins Trockene bringt. Daran lässt sich nichts ändern. Denn seine Eltern und die Familie sind dem Fisch angeboren. Sie sind ähnlich wie die Mehrwertsteuer bei der Anschaffung inklusive – mit dem kleinen Unterschied, dass der »Meer-Wert« des Anhangs leicht bis zu 50 Prozent des Gesamtereignisses »Fisch« ausmacht, was zuweilen auf einen deutlichen Wertverlust des Fisches hinausläuft.

Der Erstkontakt

Viele Frauen würden sich lieber fünfmal hintereinander einer Heißwachs-Oberlippenbartentfernung unterziehen als einem Antrittsbesuch bei seinen Eltern. Ein Wettbewerb der unberechenbaren Art steht auf dem Programm und da macht sich bei Frauen schnell mal leise Panik breit. Dabei geht es meist bloß um ein auf den ersten Blick völlig harmloses Mittagessen oder wahlweise eine gepflegte kleine nachmittägliche Kaffeerunde. Trotzdem wissen wir alle: Der erste Eindruck ist entscheidend. Werden Sie seine Eltern mögen, werden vor allem seine Eltern Sie mögen? Schließlich liegt

Ihnen der Sohn dieser Menschen sehr am Herzen und Sie wissen, gegenseitige Sympathie erleichtert vieles. Besonders wenn Sie weitergehende Pläne haben.

Das Gute an der Situation: Eigentlich sind alle gleichermaßen aufgeregt. Ihr Liebster, weil er natürlich, wenn auch insgeheim, hofft, seine Eltern mögen seine Wahl gutheißen. Sie, weil sie gefallen wollen, und die Eltern, weil sie hoffen, dass ihr Sohn endlich die Richtige gefunden hat, die ihnen die lang ersehnten Enkel schenkt und ihn endlich vom Herumstreifen im unberechenbaren Single-Dschungel erlöst.

Viele Frauen führen vor dem Antrittsbesuch eine Umfrage durch, deren Ausmaße auch Noelle-Neumann beeindrucken würde. Fragen ihrem Liebsten Löcher in den Bauch. Was halten deine Eltern eigentlich vom Irak-Konflikt? Bügelt deine Mutter die Unterwäsche? Ist es bei euch üblich, Sahne zum Kuchen zu nehmen? Usw. usw. Eine dermaßen gründliche Erhebung macht wenig Sinn. Zum Ersten, weil viele Söhne gar nicht so genau wissen, was die eigenen Eltern von gewissen Dingen halten. Und es sie auch nicht interessiert. Insofern kann es passieren, dass seine Eltern Sie lieben, nur weil sie durch Sie zum ersten Mal seit Jahren vernünftig mit ihrem Buben geredet haben. Zum zweiten, weil man auch bei potenziell wichtigen Menschen nicht völlig mutieren sollte. Bleiben Sie, wie Sie sind. Sich dauerhaft zu verstellen ist anstrengend und vor allem auch leicht durchschaubar. Ein Leben als Teilzeitschauspielerin geht einem schnell selbst auf den Wecker.

Wenn Sie selbst im Büro nicht im kleinen dunkelblauen Kostümchen auflaufen, tun Sie es auch nicht bei den Schwiegereltern. Vermeiden Sie Extreme. Bauchfrei mit Blick aufs neue Piercing mag sexy sein, kommt aber generell nicht so gut an. Außer beim zukünftigen Schwiegervater vielleicht. Machen Sie sich hübsch, aber denken Sie daran, dass Sie keinen wilden Discoabend vor sich haben, sondern ein nettes Kennenlerndate. Und zwar nicht mit Robbie Williams, sondern mit den Eltern Ihres Liebsten. Ziehen Sie etwas an, in dem Sie sich wohl fühlen und was alltagstauglich ist. Aber keine Panik: Sie müssen nicht spießiger aussehen als die Mutter. Eltern wünschen sich für ihren Sohn durchaus etwas Flottes. Ihr Haupteroberungsziel sollte dann, wenn überhaupt, die Mutter sein. Gefallen Sie ihr, ist auch der Gatte kein Problem. Das gilt umgekehrt allerdings nicht. Kokettes Umbalzen des Schwiegervaters in spe ist also nicht sinnvoll. Auch wenn Schwiegerväter dafür oft äußerst empfänglich sind. Schließlich sind Sie seit Jahren vermutlich die erste Frau unter 60, die mit ihm in Kontakt tritt, ohne blutsverwandt zu sein. Trotzdem: Sparen Sie sich zu viel Geplänkel. Schwiegermütter sehen es meist nicht gern, wenn sich ihr Gatte hormonberauscht wie ein alter Gockel aufführt.

Seien Sie höflich, bieten Sie Hilfe an, aber übertreiben Sie es nicht. Sie müssen sich nicht direkt als dienstbarer Geist präsentieren. Sie sind die Partnerin des Sohnes, nicht die neue Haushälterin. Respekt und Höflichkeit sind die Zauberworte. Behandeln Sie seine Eltern, wie Sie auch andere Menschen behandeln würden, die Sie gerade kennen lernen. Wie neue Kollegen zum Beispiel. Neugierig, aufgeschlossen, aber mit einer gewissen Distanz. Sie sind nicht verpflichtet, diese beiden Erwachsenen gleich ins Herz zu schließen, nur weil Sie zufällig die Eltern Ihres Schatzes sind.

Eine leicht distanzierte, aber in der Grundhaltung freundliche Ausgangsposition ist auch bei eventuellen Konflikten sehr nützlich. Überlegen Sie, wie Sie etwa Streitpunkte mit einer Kollegin klären würden. Genauso tun Sie das auch bei den Schwiegereltern. Sie müssen nicht permanent um Anerkennung buhlen und jegliche Selbstachtung zu den Akten legen. Im Gegenteil. Respekt, und das ist es, worauf es ankommt, wenn man ein möglichst angenehmes Miteinander schaffen will, erhält man eher, wenn man klare Positionen bezieht und sich nicht so schnell die Butter vom Brot nehmen lässt. Das Bedürfnis, gut anzukommen, bis tief in die hinteren Körperregionen der Schwiegerfamilie zu folgen, macht sich auf Dauer nicht so gut. Ohne Not devot zu sein bringt einen bloß in manchen Parteien oder in einem SM-Club voran, in der Familie führt es nur zu unnötigen Missverständnissen, weil man etwas vorgaukelt, was man letztlich nicht so fühlt, meint und will. Natürlich ist es schön, wenn sich alle in dem beseelten Zustand immer währender Harmonie befinden, aber die Schönheit leidet, wenn Sie den typisch weiblichen Denkfehler begehen, Sie seien alleiniger Verantwortungsträger für das Familienwohlgefühl. Falsch: Jeder ist für sein eigenes Wohlergehen selbst verantwortlich. Ihre Schwiegermutter ist eine erwachsene Person, Sie sind nicht dafür da, ihr die Gesellschaftsdame zu geben.

Trotzdem: Auch wenn es oft sehr schwer fällt: Nörgeln Sie nicht an seiner Familie herum. Da gibt es nämlich mindestens so viele Fettnäpfchen wie Empfindlichkeiten. Sie kennen das selbst: Auch wenn Sie durchaus finden, dass Ihre Familie enervierender ist als eine Nachmittags-Talkshow, in dem Moment, in dem die nächsten Angehörigen angegriffen werden, regt sich das verwandtschaftliche Wir-Gefühl. Deshalb beleidigt jeder seine Familie am besten selbst. Zumal die eigene oft auch mehr als genug Anlass gibt, sich zu wünschen, adoptiert worden zu sein. Etwa wenn die Familie glaubt, dass Ihr Fisch, auf den Sie so stolz sind, nicht gut genug für Sie ist, und dabei sofort den Vergleich mit der netten Nachbartochter Gisi anstellt, die immerhin einen Chefarzt an Land gezogen hat. Warum soll sich dann ausgerechnet die eigene Tochter, dieses Prachtstück, das man unter großen persönlichen Einschränkungen hat studieren lassen, mit einem Kfz-Mechaniker zufrieden geben? »Du verkaufst dich unter Wert«, nölen Ihre Eltern vielleicht und sind persönlich enttäuscht über Ihre Partnerwahl. Auch dass Helga, die beste Freundin Ihrer Mutter, schon drei Enkelkinder hat und Sie selbst immer noch kein Foto stolz in der Brieftasche rumtragen können, ist mehr als enttäuschend.

Machen Sie Ihren Eltern klar, dass Sie mit diesem Mann leben wollen. So wie Sie seine Eltern nicht lieben müssen, müssen Ihre Eltern Ihre Wahl auch nicht gutheißen. Aber sie müssen akzeptieren, dass ihre Tochter sich entschieden hat. Wer das den eigenen Eltern deutlich sagt, setzt von vorneherein Grenzen.

Natürlich gibt es Fische, die es geschafft haben, sich erfolgreich abzunabeln und nur noch zweimal im Monat zum Mittagessen an den heimischen Esstisch einkehren. Trotzdem bleibt den meisten Anglerinnen eines nicht erspart, nämlich die Frage: Was tun an Feiertagen? Wo verbringen die Anglerin und ihre Beute Weihnachten? Wo Ostern? Und was ist mit Silvester?

Was tun, wenn sich seine Mutter als achtarmiger Krake entpuppt, der noch immer seine Fangarme um seinen kleinen Liebling gelegt hat – wenn auch nur mental? Wie reagieren, wenn Mutti für den Fisch das Symbol für Perfektion ist und er die beiden wichtigsten Frauen in seinem Leben ständig miteinander vergleicht? Muttis Sauerbraten hat die sämigere Sauce, ihr Wohnzimmer blitzt heller und generell sorgt sie sich mehr. Was, wenn Sie auf einmal nicht mehr nur eine Mutter und einen Vater haben, sondern noch eine Elterngarnitur dazubekommen. Was, wenn Sie ihn zwar lieben, aber seine Eltern eigentlich für grauenvolle Geschöpfe halten?

Fragen über Fragen. Die gute Nachricht: Schwiegereltern sind erst mal fremde Menschen und man liebt sie nicht automatisch, muss es auch nicht. Wie bei allem im Leben sollte das natürlich auch für die Gegenseite gelten: Auch Ihre Schwiegermutter muss Sie nicht lieben. Mit Anstand behandeln: ja – lieben: nein. Natürlich erleichtert es die Angelegenheit, wenn Sie mit Ihren Schwiegereltern gut auskommen, aber es ist eben kein Muss. Schließlich sind es seine Eltern. Sie haben selbst welche und somit Ihr eigenes Päckchen zu tragen. Bei einigen ist es sogar ein ausgewachsenes Paket, schaffen es doch manche Eltern, Kinder, die näher an den Wechseljahren als an der Pubertät sind, noch auf Trab zu halten. Eltern bleiben Eltern. Das ist eine Tatsache, die schwer zu ändern ist. Eltern sorgen sich, sie kümmern sich und können das auch nur schwer abstellen. Ihre Erziehungsversuche dauern lebenslang. Denn Loslassen ist eine Tugend, die dummerweise nicht weit verbreitet ist.

Sollte Ihr Fisch also wie fest verschweißt an dem hängen, was man Ursprungsfamilie nennt, haben Sie eventuell ein Problem. Inwieweit Sie es sich aber zu Ihrem Problem machen und wie sehr es Ihre Liebe überschattet, das können Sie selbst regulieren. Wer legt schließlich fest, wie oft Sie zum Kaffeetrinken kommen müssen, ob Onkel Helmuts Silberhochzeit wirklich ein Pflichttermin ist, ob Sie sich Opa Rudis Prostatageschichte wirklich fünfzehnmal anhören und Weihnachten immer bei Schwiegermutti verbracht werden muss? Nur Sie selbst! Sie können »Nein« sagen. Das klingt beruhigend und schreibt sich einfach. Ist es aber in der Realität leider oft nicht. Denn wer schlägt seinem Liebsten schon gern etwas ab? Wer gibt freiwillig den Spielverderber in einer ansonsten doch rundum harmonischen Familie? Neinsagen kostet Mühe, führt zu Diskussionen und oft auch zu Streit.

Kleinigkeiten wie Schwiegermütter, die bei den ersten Minusgraden ständig nachfragen, ob Sie Ihrem 42-jährigen Jörgi-Bubi auch wirklich lange Unterhosen hinlegen, ihn auch ja nicht verhungern lassen und darauf achten, dass er nicht zu viel trinkt, sind nervig. Natürlich. Denn schließlich haben Sie kein vietnamesisches Waisenkind bei sich wohnen, sondern einen ausgewachsenen Mann, der eigentlich selbst in der Lage sein sollte, darauf zu achten, sich witterungsgemäß zu kleiden, ausreichend Nahrung zu sich zu nehmen und nicht zum Alkoholiker zu werden. Ein: »Schwiegermutti, Jörg ist alt genug zu wissen, wann und wo er lange Unterhosen trägt« ist eine klare Ansage, die aber leider oft völlig wirkungslos bleibt. Für diesen Typ Schwiegermutter ist ihr Jörg altersmäßig irgendwo zwischen Säugling und Kindergartenkind stehen geblieben, retardiert eher, als sich weiterzuentwikkeln, und kann allein eigentlich nichts, schon gar nicht die passende Unterwäsche anziehen.

Schwiegermütter dieser Art haben gut zu tun, besonders wenn der eigene Gatte noch da ist, um den sie sich ja mindestens genauso kümmern müssen. »Das kann böse enden«, sagen solche Schwiegermütter gerne. Oder: »Ich will mich ja nicht einmischen, aber …« Sie erwarten von Ihnen mindestens die gleiche Hingabe und Aufopferung, die sie selbst aufbringen. Sie haben einen klar definierten Aufgabenbereich, für den nun mal die Frauen zuständig sind. Das war immer so, und wird auch immer so bleiben. Da ist dieser Schwiegermuttertyp wenig flexibel.

Im Zusammenspiel mit dieser Art Mutti langt es meist, hingebungsvoll zu stöhnen, eine lange Pause einzulegen und dann zu sagen: »Du kennst ihn ja.« Damit signalisieren Sie, dass Sie sich durchaus bemühen, aber letztlich nicht viel weiter kommen als die große Frau vor Ihnen. Die Mutti. Sie ziehen am gleichen Strang, arbeiten an der gleichen guten Sache – also am Sohnemann –, teilen aber eben auch dieselbe Erfahrung: dass es sich bei Männern um Schwererziehbare handelt. Das schweißt zusammen. Auch eine wunderbare Antwort: »Sag es ihm doch selbst. Er hört doch viel eher auf dich.« Und auch wenn Muttis per se dazu neigen, Tupperdosen voll mit Rindsrouladen und Eingekochtem rüberzureichen und sich Tag und Nacht zu sorgen. Beruhigen Sie sich: Frauen, die das seit Jahrzehnten tun, können dieses Verhalten eben schlecht abstellen. Schließlich ist es ihre Lebensaufgabe und die wollen sie sich nicht von einer jungen Frau nehmen lassen. Sagen Sie sich: Männer und ihre Muttis sind eine merkwürdige Verbindung. Mutti ist eben die erste Frau in seinem Leben. Und eine Mutter prägt. Auch seine Einstellung zu Frauen im Allgemeinen. Das Verhältnis von Mutter und Sohn ist da sehr aussagestark. Wie behandelt er seine Mutter? Was denkt er von ihr? Was nervt ihn an ihr?

Mütterthese

Ein gängiger Slogan bei Männern lautet: Schau dir die Mutter deiner Angebeten an und du weißt, was dich in ein paar Jahren erwartet. Sollten wir Frauen also den Vater unseres Liebsten mal gründlich unter die Lupe nehmen? Keineswegs, meinen die Soziologinnen Schlaffer und Benard. Sie haben die These aufgestellt, dass sich Frau lieber seine Mutter sehr genau anschauen sollte. Denn Mutti und sein Verhältnis zu ihr verraten angeblich viel. Hat er eine selbständige Mutter mit eigenen Interessen, die aktiv auch ihr eigenes Leben lebt und aus der Hege und Pflege des Mannes in ihrer

Familie keine Hauptbeschäftigung gemacht hat, dann ist das ein Signal dafür, zuzugreifen. Ein Mann, der mit einer solchen Mutter groß geworden ist, kann noch am ehesten ertragen, mit einer selbständigen Partnerin zu leben.

Männer hingegen, deren Mütter sich aufopfernd nur um den Jungen, seine Bedürfnisse und Wehwehchen gekümmert haben, deren Lebensinhalt ihr Bub war und ist, sind mit Vorsicht zu genießen. Viele Söhne solcher Mütter leiden schon seit Jahren unter schlechtem Gewissen, weil sie ja niemals das zurückgeben können (und wollen), was Mama alles für sie getan hat, weil das auf eine Zweier-WG mit Mutti hinauslaufen würde und bei den Kumpels ganz schlecht ankäme. Also versuchen sie permanent zu entkommen und sich dem Kittelschürzengriff irgendwie zu entziehen. Zum Schutz vor einer weiteren emotionalen Großbaustelle lassen sie zu viel Nähe dann später auch bei jüngeren Modellen gar nicht erst zu. Eine Mutti ist ihnen genug. Ein Klammergriff ausreichend. Also: Seine Mutter wirkt ein wenig befremdlich, hat auf den ersten Blick nichts Mütterliches, ist viel unterwegs und interessiert sich für so ziemlich alles, Hauptsache, es hat nichts mit Küche oder Bügeln zu tun? Das klingt gut. Äußerst viel versprechend. Eine solche Frau wird Ihnen wenig reinreden und ein Sohn einer solchen Frau ist schon einiges gewöhnt. Eine gute Kombination.

Auch wenn es merkwürdig klingt: Erinnern Sie ihn immer wieder daran, dass seine Mutter seine Mutter ist. Und auch bleibt. In lichten Momenten wird er übrigens dankbar sein, dass Sie sich von seiner Mutter unterscheiden und noch etwas anderes zu tun haben, als ihm Stullen zu schmieren, die Socken zu stopfen und ihm morgens, bevor er zur Arbeit geht, noch schnell mit Spucke die Augenbrauen zu richten.

Dennoch passieren in Beziehungen wundersame Dinge, die Sie viel näher zu seiner Mami bringen, als Sie es eigentlich vorhatten. Beispiel: Erst besorgen Sie ausnahmsweise mal das Weihnachtsgeschenk für Schwiegermutti Leonie, dann führen Sie plötzlich seinen ganzen Geburtstagskalender und irgendwann sitzen Sie sogar am Wochenende allein bei den Schwiegereltern, weil er leider wegen des Auswärtsspiels seines Fußballvereins keine Zeit hat. Sie fahren seinen Opa zum Urologen und formen mit seiner Großtante Weihnachtsplätzchen. Eines Morgens wachen Sie auf und haben ratzfatz seine komplette Verwandtschaft an der Backe. Also: Wehret den Anfängen! Übernehmen Sie nicht den gesamten Sozialbereich. Natürlich dürfen Sie mit der Großtante backen, wenn es Ihnen Spaß macht. Aber es gibt keinen Verwandtschaftsbeschäftigungszwang. Sie sind nicht dazu da, in seiner Familie den Pausenclown zu geben, seine Mutter und den Anhang bei Laune zu halten. Sie sind keine hauptberufliche Animateurin der Schwiegerfamilie. Wenn er also darauf besteht, dass Sie mit in den Vogelsberg zu seinen Eltern fahren, um sich einen langen Samstag lang

Ihre Kalorienbilanz mit fettigen Speisen ruinieren zu lassen, dann kann es nicht angehen, dass Sie Konversation mit den Schwiegereltern machen, während er sich mal zwei, drei Stündchen aufs Ohr legt oder im Nebenzimmer den »Weltspiegel« guckt. Solche Dinge sollte man immer schon vorab klären.

Sagen Sie von Anfang an ganz klar: Ich fahre nur unter folgenden Bedingungen mit:

1. Du verlässt das Zimmer nur, um auf die Toilette zu gehen.
2. Auch du sprichst mit deinen Eltern.
3. Wir sind zum »Tatort« wieder daheim.

Hält er sich nicht an die verabredeten Regeln, bleiben Sie das nächste Mal einfach zu Hause. Und wenn er Ihnen dann den Paten gibt, etwas von »La Familia« murmelt und sich über Ihre Weigerung auslässt, sich von seiner Familie adoptieren zu lassen und all das zu tun, was er tunlichst vermeidet, nämlich lange Nachmittage an Kaffeetischen zu verbringen, an denen er der Einzige ist, der den Ersten Weltkrieg nicht miterlebt hat, bleiben Sie konsequent. Haben Sie einfach mal keine Zeit.

Denken Sie immer daran: Sie tun ihm einen Gefallen, verbringen einen Tag bei seinen Eltern, und das bedeutet, dass Sie auch die Spielregeln mit bestimmen dürfen. Es ist keine Selbstverständlichkeit, dass Frauen sich um die Schwiegermütter kümmern. Es ist nett von Ihnen, wenn sie es tun. Aber Sie müssen nicht. Und das muss man seinem Liebsten früh genug klar machen. Auch wenn Sie mehr Zeit als er haben, heißt das nicht, dass Sie sie mit seiner Mutter verbringen. Sie haben schließlich selbst eine Familie.

www.schwierigmutter.de

Das größte Problem im Schwiegermutterbereich ist oft gar nicht die Schwiegermutter, sondern der eigene Mann. Warum steht er nicht zu mir? Wieso verteidigt er mich nicht? Hat er kein Rückgrat? Was ist er bloß für eine Mamakröte, für ein abhängiges Geschöpf? Immerhin 27 Prozent der Männer bekennen bei Konflikten nicht Farbe, versuchen sich vor deutlicher Parteinahme zu drücken.

Warum beziehen Männer nicht einfach klar Position für die eigene Frau oder Freundin und lösen damit alle Schwiegermutterprobleme? Ein einfaches: »Wenn du an Sabine rummeckerst, beleidigst du auch mich. Lehnst du sie ab, lehnst du auch mich ab« reicht doch oft schon. Aber: Männer machen so etwas höchst ungern. Jedenfalls nicht freiwillig. Fordern Sie deshalb ruhig nachdrücklich Bekenntnisse ein, wenn er so tut, als würde er die schwiegermütterlichen Grenzüberschreitungen geflissentlich übersehen. Verlangen Sie ihm Unterstützung ab. Verweigern Sie ansonsten ruhig mal den Kontakt mit seiner Familie. Und vor allem: Ziehen Sie bloß nicht ins Haus der Übermutter. Eine gewisse Distanz – auch räumlich – erleichtert die Situation.

Auch entspannend: Regen Sie sich nicht über jede Kleinigkeit auf. Sie finden, ihre Schwiegermutter verwöhnt nicht nur den inzwischen erwachsenen Sohn, sondern auch Ihr Kind, also das Enkelchen? Selbst wenn bei Ihnen Süßigkeiten tabu sind, ein kleines Stückchen Schokolade wird das Kleine schon nicht umbringen. Bauschen Sie nichts auf. Wenn Ihre Schwiegermutter vier Mal die Woche auf den Kleinen aufpasst, sollte sie in dieser Zeit auch das Gefühl haben, Sie vertrauen ihr. Sonst ist Ihr Kind im Hort besser aufgehoben. Grundsätzliches Ablehnen der elterlichen Vorgaben, ein Coca-Cola-, Hamburger- und Schokoladen-Boykott der Diät, die das von Neurodermitis geplagte Kind vielleicht einhalten muss, sollte allerdings schon Thema sein. Machen Sie aber nicht aus einer Mücke einen Elefanten und setzen Sie sich bei den Dingen durch, die Ihnen wirklich wichtig sind. Das schont vor allem Ihre Nerven.

Über Bande spielen

Ihre Schwiegermutter mischt sich ein. Fängt ungefragt an, in Ihrem Haus rumzuräumen, in die Kochtöpfe zu gucken und die Kinder umzuerziehen. Was machen Sie? Sie gehen zu Ihrem Mann und beschweren sich: »Die soll aufhören damit. Die nervt.« Bequem, aber natürlich völlig verkehrt. Sagen Sie es ihr selbst. Sonst beginnt ein Spiel, das sehr schnell aus dem Ruder läuft. Wenn alle nur über die Bande »Mann« spielen, kommt es nie zu einem offenen Gespräch. »Und wenn schon«, sagen Sie, »umso besser. Ich habe eh keine Lust, mit der alten Krawallschachtel zu reden.« Müssen Sie aber. Wenn Sie eine Kollegin nervt, dann würden Sie ja auch nicht dem Büroboten auftragen, diesen Konflikt zu lösen. Sprechen Sie also Ihre Schwiegermutter direkt auf das Thema an, Sie werden merken, dass dies oft nicht nur der kürzeste, sondern vor allem der erfolgreichste Weg ist, Probleme zu lösen.

Versuchen Sie Dinge positiv zu formulieren. Sagen

Sie nicht: »Es geht mir auf den Wecker, wenn du einfach so vor der Tür stehst, ohne dich vorher anzumelden.« Formulieren Sie es ein wenig anders: Sagen Sie ihr, das es besser wäre, sie würde ihren Besuch vorher ankündigen, damit Sie dann auch wirklich Zeit für sie haben. Kritik ist nett verpackt für jeden angenehmer. Frontale Angriffe provozieren Gegenangriffe und man befindet sich plötzlich mitten im schönsten familiären Kleinkrieg.

Und noch ein kleiner Tipp: Sie sind eine neue Familie. Ein eigenes Gebilde. Das eigene Traditionen entwickeln muss und irgendwann auch haben wird. Aber um eigene Traditionen zu entwickeln, müssen Sie manchmal auch mit alten Traditionen brechen. Mag sein, dass Ihr Klaus-Dieter seit 30 Jahren Weihnachten bei den Eltern verbringt und seit ebenso vielen Jahren nachts in die Christmette geht. Jetzt hat er eine eigene Familie und die muss – auch wenn sich das zunächst negativ anhören mag – im Laufe der Zeit auch »eigen« werden, also ihre Identität finden. Identität findet aber man nur über Abnabelung. Schon Robert Musil hat im »Mann ohne Eigenschaften« gesagt: »Das Leben baut nichts auf, wozu es nicht anderswo die Steine ausbricht.«

Schwiegermutter im Netz:
Es gibt nichts, was es nicht gibt. Jedenfalls im Internet. Das Schwiegermutterstarterkit (www.schwiegermutter.de) mit Friedensfahne ebenso wie Geschenktipps zum Bestechen von Schwiegermüttern (www.geschenktipp.com/schwiegermutter.shtml). Auch auf der Racheseite sind Schwiegermütter natürlich ein beliebtes

Thema. Zum Einstieg eignet sich auch das Schwiegermutterquiz (www.1000tests.com/Detailiert/1745.html) oder die schlichte Witzseite. Sollte es ernsthafte Probleme geben – immerhin sagen sieben Prozent aller Ehefrauen, die sich scheiden lassen, die Schwiegermutter wäre der Anlass gewesen – dann bietet die Seite von Ruth Gall Hilfe (http://home.a-city.de/ruth.gall/) Angeschlossen an diese Ratgeberseite ist ein Forum, auf dem man Rat und Trost suchen kann und mit anderen Schwiegermüttergeplagten ablästern darf.

Das Gute zum Schluss:
Immerhin 74 Prozent aller Frauen sagen, sie kämen prima mit ihrer Schwiegermutter aus. Sogar 87 Prozent halten die Schwiegermutter zwar nicht für die beste Freundin, kommen aber zurecht. Drei Viertel aller Befragten glauben, dass die Ursache für ihr gutes Verhältnis in einer gewissen räumlichen Distanz liegt.

Kapitel 7
Der Fisch-Handel

Egal, wie harmonisch der Anfang war – auf Dauer entwickeln Fisch und Anglerin mehr gegensätzliche Interessen als die USA und Kuba. Da will sie Frühstück, er wünscht Sex. Er träumt von Ferien in den Bergen, sie vom Urlaub an der See. Er will mit seinen Kumpels um die Häuser ziehen, sie am liebsten mit ihm auf dem Sofa kuscheln. An sich Kleinigkeiten, die sich jedoch leicht zu unüberwindlichen Hindernissen auswachsen. Zumal es die Anglerin ziemlich fies findet, wie sich der Fisch so standhaft weigert nachzugeben und zu erkennen, dass das, was sie will, auch das Beste für ihn ist.

Vom Gleichgewicht des Schreckens

»Es ist doch wirklich nicht zu viel verlangt, wenn Martin mal mit mir in ein Musical geht«, klagt Tine, eine 44jährige Mutter zweier Kinder über ihren Mann, einen erklärten Kulturmuffel. »Wieso macht er mir nicht einmal die Freude? Ich verstehe nicht, wie er so herzlos sein kann.« Martin sieht das – natürlich – völlig anders. »Ich mute Tine doch auch nicht zu, mit mir ins Fußballstadion zu gehen, wieso verlangt sie dann von mir, dass ich mich einen ganzen Abend langweilen soll, wo doch ihre Mutter beispielsweise begeistert wäre, wenn Tine sie mitnehmen würde.«

Auch andere Paare können ein Lied von den Gräben

singen, die sich im Laufe der Zeit zwischen Männern und Frauen auftun. Hatte man anfangs nämlich noch großzügig über etwaige Unterschiede in Freizeitverhalten, in Geschmacks-, Organisations- und Meinungsfragen wie: »Ich finde, eine Frau gehört in die Küche!« hinweggesehen oder sie schlicht nicht zur Kenntnis genommen, so verliert sich im Laufe der Jahre irgendwie komplett die Fähigkeit, Gegensätze zu tolerieren. Weil man weniger Angst hat, den anderen zu verlieren, wenn man eigene Wünsche durchdrückt, weil man nach einer langen Phase, in der das »Wir« im Vordergrund stand, wieder das »Ich« entdeckt und mehr schaut, dass eigene Interessen auch ausgelebt werden können. Und weil es immer auch um die Frage geht: Wer bestimmt hier eigentlich? Und: Komme ich nicht ständig viel zu kurz, wenn ich andauernd nachgebe?

Entsprechend wachsen sich selbst kleine Dissonanzen plötzlich zu Seinsfragen in der Beziehung aus, werden Nichtigkeiten zu Kriegsschauplätzen, und selbst die Art, wie einer sein Brötchen isst, muss als Beleg dafür herhalten, dass man grundsätzlich nicht kompatibel ist. Das wird übel genommen. Besonders von Frauen. Sie missverstehen nämlich männliche Eigeninteressen gern als Fahnenflucht, werten Tätigkeiten, die sie nicht teilen mögen oder gar sollen – »Schatz, ich glaube, ich geh lieber allein zum Skat« –, leicht als Affront. Irgendwann geht es dann nicht mehr bloß darum, dass er Formel 1 gucken will und sie spazieren gehen möchte. Dann heißt es »*Nie* gehst du mit mir spazieren!« Oder: »*Immer* denkst du nur an dich!«

Eines Tages fragt man sich: Wer ist eigentlich der

Fremde in meiner Küche? Und: Wieso ist mir nicht gleich aufgefallen, dass wir nicht mehr miteinander gemeinsam haben als die Staatsangehörigkeit? Fand man die Gegensätze in Vorlieben, Geschmack, Bedürfnissen und Stimmungen wirklich einmal reizvoll? Jetzt jedenfalls sind sie untrügliche Indizien für mangelnde Zuneigung. Nachgeben? Hinnehmen? Ignorieren? Tolerieren? Man ist doch nicht blöd! Keiner will einlenken. Die Frauen nicht, die jedes vom gemeinsamen Weg abweichende Verhalten – »Ich verstehe gar nicht, wieso du nicht den gleichen Trainingsanzug tragen willst. Sieht doch süß aus, wir beide im Partnerlook!« – persönlich nehmen. Die Männer nicht, die jedes Einlenken als Teilkastration missverstehen. So verkeilt man sich argumentativ lieber ineinander, rückt keinen Millimeter von seiner Meinung ab und sorgt überhaupt nach Kräften dafür, dass keiner auf seine Kosten kommt. Ein perfektes Gleichgewicht des Schreckens, dessen Fundamente in der festen Überzeugung liegen, dass wer nachgibt, verliert. Natürlich ist der andere schuld und am Ende scheitert das große Projekt »Liebe« nicht etwa daran, dass zu wenig, sondern zu viel Gefühl und zu wenig Vernunft im Spiel war.

Auch wenn über die Ursache des Beziehungssterbens viel spekuliert wird, in einem sind sich Paarforscher mittlerweile einig: Die Erwartung, Liebe sei wie ständig bekifft mit Keanu Reeves in einem Himmelbett liegen, ist ein Irrtum. Beziehungen, so sie gelingen sollen, ähneln idealerweise weniger einer rosaroten Wolke, sondern vielmehr einer Tarifverhandlung in der allerletzten Runde vor dem Streik: Sie bestehen zu 98 Prozent aus beinhartem Handel, ewigem Feilschen um die optimale Balance zwischen Geben und Nehmen und darum, dass beide sich auf der Gewinnerseite fühlen können.

Denn natürlich wäre es beispielsweise toll, wenn er sich freiwillig für Luxushotels begeistern würde, statt immer nur Camping und das am liebsten noch in der Slowakei machen zu wollen. Schließlich sind wir keine Erdhörnchen und wollen unser Essen aufrecht einnehmen statt kauernd. Andererseits: Was bringt es, sich so erbittert darüber zu streiten, dass man am Ende gar nicht mehr in die Ferien kommt, weil man sich nach einer Scheidung nicht mal mehr einen Campingurlaub leisten kann?

Wozu einem Mann ständig die Hölle heiß machen, weil er sich nicht von seiner Schallplattensammlung trennen mag – sie aber leider nicht in das elegante Designerregal passt, mit dem man das Wohnzimmer aufwerten wollte? Man riskiert nur ewige Verletzungen, Bitterkeiten und mehr Vertrauensverluste als die Telekom-Aktie. Da liegt es viel näher, einzusehen, dass die Liebe kein Synchronschwimmen ist, ihn also campen zu lassen und mit einer Freundin einen Städteurlaub zu machen, ihm seine Sammlung von Herzen zu gönnen, auf das Designerregal zu verzichten und dafür vielleicht die Schlafzimmereinrichtung komplett zu erneuern.

»Da kann ich meinen Mann ja gleich gegen einen Taschenrechner eintauschen!«, werden jetzt einige einwenden und sich empört von der Idee abwenden, Gefühle hätten etwas mit Kosten-Nutzen-Kalkulationen zu tun und man könne sie zum Gegenstand von lauwarmen Kompromissen machen. Das ist edel, aber falsch. Partnerschaft ist letztlich auch nichts anderes als die Austragung und Regelung von Interessen- und Machtkonflikten. Entsprechend sind Kompromisse das probate Mittel, einen optimalen Interessenausgleich zu finden und etwaige Konflikte so zu lösen, dass beide Seiten sich als Gewinner fühlen dürfen.

Bringen Sie also Ihre Idee von der kompromisslosen Liebe auf den Dachboden und vergessen Sie sie dort ebenso wie die Plateauschuhe, die sie irgendwann unbedingt haben wollten und an die sie nun keinen einzigen Gedanken mehr verschwenden. Mag sein, dass Kompromisslosigkeit den grandioseren Ruf genießt, weil wir mit ihr Totalität, Stärke und Durchsetzungsvermögen assoziieren. Aber das gilt schließlich auch für einen Zementsack. Außerdem waren es schon immer die Kompromisslosen, die weltweit die größten Schäden anrichteten und für die grausamsten Ereignisse verantwortlich waren. Hören wir also auf, Kompromissbereitschaft mit Menschen zu identifizieren, die nicht mehr Rückrat haben als eine gekochte Garnele.

Nein, man braucht durchaus eine Menge Mut, Verhandlungsgeschick, Zielstrebigkeit und vor allem Grips, auch um zu erkennen, dass es nichts bringt, sich immer wieder an den gleichen Konflikten abzuarbeiten. Ganz einfach weil es zu viel Zeit, Energie und auch Gefühle kostet. Paarforscher haben nämlich herausgefunden, dass sich viele Interessenkonflikte in Beziehungen kaum lösen lassen, weil eben die Bedürfnisse zu unterschiedlich sind. So stellte etwa der Beziehungsexperte John Gottman bei seinen Studien fest, dass sich manche Paare – übrigens die weniger glücklichen – noch nach Jahren über dieselben Konflikte genauso erbittert stritten wie am Anfang. Es war, als hätte eine böse Hexe diese Paare dazu verdammt, immer wieder dieselbe Szene durchzuspielen, ohne je zu einem anderen Ergebnis zu kommen, als dass man es mit einem Charakterschwein zu tun hat. Es hat eben einfach keinen Sinn, mit Männern zu streiten und nicht nur weil sie immer Unrecht haben, wie Zsa Zsa Gabor meint. Bestimmte Probleme sind einfach nicht lösbar. Jedenfalls nicht mit der Überzeugung, dass nur einer gewinnen kann.

Krieg und Frieden

Blinde Verständigung, wortlose Übereinkunft, totale Erfüllung der Bedürfnisse des anderen – das sind wie die sieben Zwerge und die Diät, mit der man in einer Woche zehn Pfund abnimmt, leider Märchen. Und man kann eigentlich froh darüber sein. Ein Mensch, der in allem nachgibt, immer alles prächtig findet, was man tut und was man lässt, würde einem in kürzester Zeit ähnlich viel Freude bereiten wie ein Abend mit Slobodan Milosevic. Vergessen Sie also Ihren Ehrgeiz, jede Unstimmigkeit, jede Dissonanz und jedes Interesse, das Sie wie seine Vorliebe für Heavy Metal lieber nicht teilen mögen, als Angriff auf Ihr Wohlgefühl falsch zu verstehen. Es kommt in einer Beziehung nämlich nicht so sehr darauf an, den anderen auf Linie zu bringen oder ihn für Dinge zu begeistern, die er selbst dann nicht tun würde, wenn man ihm als Alternative eine Wurzelresektion anbietet. Wichtig ist einzig und allein, wie man mit problematischen Themen umgeht, ohne gleich den dritten Weltkrieg anzuzetteln. Und da empfiehlt sich nach Abwägung aller Für und Wider weniger das Entweder-oder, sondern das Sowohl-als-auch.

»Win-Win« nennt sich die Strategie, die statt eines Verlierers gleich zwei Sieger vorsieht und ziemlich viel Ausgleich auch für die größten Folgen des kleinen Unterschieds bietet. Einfach weil beide mit dieser Methode ein gemeinsames Ziel anpeilen: in Glück und Frieden miteinander zu leben.

Dazu braucht es allerdings ein paar Übungseinheiten – so einfach, wie es anfänglich aussieht, ist es nicht mit dem Kompromiss. Besonders wenn man mit Männern welche schließen möchte. Ein Geschlecht, das einem erklärt, man könne in einem Parkplatz, in dem ein Auto kaum hochkant Platz hätte, sogar ein Kreuzfahrtschiff ankern, wenn keine Frau am Steuer säße, hat erfahrungsgemäß nicht nur bei Geometrie Schwierigkeiten. Auch beim Zusammenzählen weiblicher Gefälligkeiten und dem Gegenrechnen eigener Dienstleistungen vertun sich Männer – nach der Devise: Du nimmst drei Wochen die Kinder, wenn ich mit meinen Kumpels zum Surfen fahre, dafür kannst du dann auch mal ein Wochenende lang deine Freundin besuchen – erstaunlich oft zu ihren Gunsten. Deshalb sollte man das Aushandeln niemals ihnen allein überlassen. Und auf gar keinen Fall sollte man darauf vertrauen, dass Männer schon irgendwann spüren, wann es Zeit ist, nachzugeben, zu verzichten oder einzulenken. Beim Finden von Kompromissen, davon können wir ausgehen, sind Männer ungefähr so gut wie im Spitzenklöppeln. Wer anderes erwartet, programmiert seine Liebe nur auf Ärger, so wie Brigitte (37):

»Ich habe gedacht, dass ich jetzt auch endlich mal

dran bin. Zigmal habe ich Gregor gesagt, wie gern ich unsere mickrige Terrasse ausbauen lassen würde. Aber erst brauchte er unbedingt ein neues Auto, und nachdem wir uns davon finanziell einigermaßen erholt hatten, musste es unbedingt eine sündhaft teure Stereoanlage sein.« Brigitte ist maßlos enttäuscht und verärgert über ihren Egomanen daheim. Gregor dagegen versteht die Welt nicht mehr und fühlt sich seinerseits betrogen. »Brigitte war immer mit allem einverstanden. Sie hat mir sogar zugeredet, ich solle mir ein neues Autoradio kaufen, weil das vom Werk nicht gerade erstklassig ist. Woher soll ich wissen, dass sie das gar nicht so meint?«

Unausgesprochene Erwartungen, unerklärte Bedürfnisse und falsche Zurückhaltung sind sozusagen das Gegenteil eines gelungenen Kompromisses. Erschwerend kommt oft noch eine typisch weibliche Reaktion auf Enttäuschungen hinzu: den Mann noch mehr in die falsche Richtung zu drängen, ihn beispielsweise darin zu bestärken, dass er unbedingt drei Abende die Woche ausgehen sollte, ihm womöglich noch die – angewärmten – Pantoffeln zu bringen oder zu sagen: »Klar, Liebling, kauf dir ruhig die neuen Boxen, die Kinder und ich können auch mal zwei Monate Tütensuppe essen!« Damit soll er endlich merken, wie egoistisch er ist und wie sehr sie sich für ihn aufopfert. Doch das Einzige, was Männer – wenn überhaupt – merken, ist, dass ihre Frau nicht meint, was sie sagt.

Übrigens laut einer Untersuchung einer der Hauptgründe, die Männer für das Scheitern ihrer Beziehung angaben: dass Frauen die Karten nicht auf den Tisch legen, sondern drum herumreden, beschönigen, verniedlichen und somit nach Kräften alles dazu tun, Männer gründlich zu verwirren. Die kommen nämlich – und wir finden das durchaus eine schätzenswerte Eigenschaft – am besten damit zurecht, wenn man klipp und klar sagt, was man will. Auch wenn es vielleicht nicht immer ihren eigenen Bedürfnissen entspricht. Aber der Satz: »Ich möchte italienisch essen gehen« bietet doch eine ganz andere Verhandlungsbasis als der folgende Dialog:

Sie: »Wir könnten doch mal wieder italienisch essen gehen.«
Er: »Ja, wenn du willst!«
Sie: »Da hat ein tolles Restaurant aufgemacht, habe ich gehört. Total elegant und trotzdem gar nicht so teuer.«
Er: »Mhhhm«
Sie: »Dir haben doch immer diese Kalbsröllchen so gut geschmeckt.«
Er: »Geht so … eigentlich ist mir ein Wiener Schnitzel lieber.«
Sie: »Typisch, alles, was ein bisschen feiner ist, geht dir gegen den Strich.«
Er: »Hast du was?«
Sie: »Natürlich hab ich was: Einen Mann, den man nur für eines begeistern kann – fette deutsche Küche und das möglichst immer so wie bei Muttern. Kein bisschen Stil, keine Raffinesse. Wie im Bett.«
Er: »Ich habe doch bloß gesagt, dass ich mir gar nicht so viel aus Kalbsröllchen mache.«
Sie: »Typisch, immer nur ich, ich, ich, was anderes höre ich gar nicht mehr von dir. Aber meine Mutter hatte mich ja gleich gewarnt …«

Er: »Erst geht es ums Essen und jetzt um deine Mutter, was ist denn bloß los?«
Sie: »Siehst du, du hörst doch gar nicht mehr zu, wenn ich mit dir spreche. Ich versuche hier mein Bestes, damit wir überhaupt noch irgendwelche Gemeinsamkeiten finden, und du blockst ständig ab.«
Er: »Was willst du eigentlich?«
Sie: »Eigentlich wollte ich mit dir schön italienisch essen gehen. Aber das war wohl zu viel verlangt« (fängt an zu weinen).

Hätte sie bloß gesagt: »Wir gehen heute abend italienisch essen. Du hast 20 Minuten Zeit, dich anzuziehen, und vergiss deine Kreditkarte nicht« – die beiden hätten sicher einen herrlichen Abend verbracht. Und hätte er gesagt, dass er lieber japanisch, libanesisch oder gutbürgerlich essen würde, dann hätte man einen hübschen Deal gemacht, ohne einen Gedanken daran zu verschwenden, was die Wahl des Restaurants mit Gefühlen zu tun hat. Stattdessen gab es ein Fünf-Gang-Desaster aus Breitseiten, Missverständnissen, Enttäuschungen, Gegenschlägen und Frust.

Deshalb: Klar sagen, was man will, zuhören, was der andere möchte, dann in die Verhandlungen einsteigen und bei aller Kompromissbereitschaft möglichst kompromisslos bleiben. Denn ein gelungener Kompromiss ist keiner, der beiden jeweils nur die Hälfte des Vergnügens gönnt. Es geht darum, dass beide möglichst voll auf ihre Kosten kommen. Ein großer Unterschied, wie folgendes Beispiel zeigt:

»Meine Frau begreift nicht, dass ich einfach auch mal alleine mit meinen neuen Kollegen um die Häuser ziehen möchte«, beklagt sich Peter (47). Seine Frau Gerlinde (43) findet zwar nichts dabei, dass ihr Mann auch eigene Bekanntschaften pflegt, möchte die aber – wie möglichst alles – mit ihm teilen. So hat Peter nach einem ziemlich peinlichen Abend, an dem Gerlinde einfach in der Kneipe auftauchte, in der er mit seinen Kollegen noch auf ein Bier saß, erst mal alle weiteren Verabredungen eingestellt oder vorsichtshalber auf den Abend verlegt, den Gerlinde traditionell bei ihrer Mutter verbringt. Zähneknirschend, wie sie meint. »Eigentlich fände ich es auch schöner, wenn Peter mitkäme, schließlich begleite ich ihn ja auch so oft ich kann. Da finde ich es nur fair, wenn er sich revanchiert.« Aber das wäre dann keine Harmonie, wie Gerlinde irrtümlich glaubt, sondern erfüllt glasklar den Tatbestand der gegenseitigen Lebenslustbehinderung.

Den Kompromiss auf die Spitze treiben, indem man aus dem ganzen gemeinsamen Leben lauter Teilmengen macht, läuft auf eine Verlustrechnung hinaus. Jeder braucht in seinem Leben schließlich auch Bereiche, in denen er mal keine Rücksichten nimmt, hemmungslos das tun kann, wozu er und nur er Lust hat. Die Kunst besteht darin, eine optimale Balance zwischen vernünftiger Distanz und erwünschter Nähe, zwischen gesundem Egoismus und gebotener Rücksichtnahme, zwischen Lustprinzip und Verbindlichkeit zu finden. Natürlich kann Ihr Mann beispielsweise ruhig mal mit zum 80sten Geburtstag Ihres Onkels kommen. Und er sollte sich dann auch gefälligst gebührlich benehmen, statt ungeduldig mit den Füßen zu scharren oder so auszusehen, als müsste er sich auf der Stelle auf die Schwarzwälder Kirschtorte übergeben. Umgekehrt ist es ja auch ziemlich nett von Ihnen, wenn Sie ihm seine Hemden bügeln, obwohl Sie sich genauso gut Namen für die Zehen zwischen dem kleinen und dem großen ausdenken könnten. So lange jedenfalls, wie er diese Leistung als Entgegenkommen Ihrerseits anerkennt und nicht so tut, als hätten Sie sich selbst einen Gefallen getan, wenn Sie etwas für ihn erledigen dürfen.

Um überhaupt in Sachen Kompromiss das richtige Feeling für die optimalen Proportionen zu gewinnen, anbei ein kleiner Maßnahmenkatalog:

1. Entscheiden Sie, was wirklich wichtig für Sie ist, wie viel Sie bereit wären nachzugeben, ohne sich allzu weit von Ihrem eigentlichen Ziel zu entfernen. Wenn Sie beispielsweise von einem weiträumigen Loft in der City träumen, er aber von einem Reihenhaus in einem Vorort, wäre die Einliegerwohnung bei seinen Eltern, die zwar auch in der Stadt liegt, aber eben bei seinen Eltern, nicht der geeignete Kompromiss.
2. Vertrauen investieren. Sicher will der andere auf seine Kosten kommen, darin liegt ja auch der Sinn der Sache. Aber wer sagt denn, dass er Sie bloß über den Tisch ziehen, sich einen unlauteren Vorteil verschaffen will? Kompromissbereitschaft setzt voraus, dass man dem anderen grundsätzlich erst mal Wohlwollen unterstellt. Entsprechend formuliert er eigene Bedürfnisse nicht, um Sie zu kränken, sondern um sich mit Ihnen wohl fühlen zu können.
3. Sachbezogen bleiben. Egal, wie albern es Ihnen erscheint, dass er mehr Werkzeug hortet, als man brauchte, um den Eiffelturm zu bauen, es ist sein Hobby. Und wenn er Ihnen im Gegenzug keine Vor-

haltungen macht, wenn Sie für ein angemessenes Outfit für Ihren Bauchtanzkurs auch ein bisschen viel Geld ausgeben, kann man von einem gelungenen Kompromiss sprechen.

4. Flexibel sein. Wie alles im Leben, ist eine einmal gefundene Übereinkunft nicht für die Ewigkeit gedacht. Auch beim Kompromiss sollte die Praxis vor die Theorie gestellt werden. Vielleicht merken Sie ja beispielsweise nach zwei Jahren allein daheim mit einem Kleinkind im so genannten Erziehungsurlaub, dass Sie noch ein weiteres Jahr vermutlich nicht ohne größere Schäden an Psyche und Sprachvermögen überstehen. Dann sollten Sie neue Verhandlungen anberaumen. Bis dahin gilt allerdings unbedingt Punkt 5:
5. Abmachungen einhalten. Haben Sie sich bereit erklärt, ihn klaglos seine Sportschau gucken zu lassen, dann tun Sie das auch und stellen Sie *nicht* den Staubsauger an, ganz egal wie viel besser sich das Geräusch anhört – jedenfalls im Vergleich zu den Kommentaren von Moderator Waldemar Hartmann. Nörgeln, Jammern, Klagen sind verboten – ebenso wie ständige Hinweise auf größere Verzichtleistungen.
6. Auf Gleichmäßigkeit im Wertgefüge achten. Mag sein, dass Sie Alufelgen so spannend finden wie die Relativitätstheorie. Aber wenn sein Herz so dran hängt wie Ihres an einem neuen Paar Schuhe, stimmt die Relation. Und lassen Sie sich nichts anderes erzählen. Etwa bei Haushaltsfragen. Bloß weil Sie aus einem Abwasch keine olympische Disziplin machen, bedeutet das nicht, dass er Ihnen leichter

von der Hand geht und Sie ihn deshalb doppelt so oft machen müssen.

7. Überzeugen. Um mehr lukrative Angebote zu erhalten als Franz Beckenbauer während seiner ganzen Laufbahn, sollte man sein Anliegen – »Jetzt bleibst Du mal daheim beim Kind und ich geh arbeiten!« – überzeugend, klar und deutlich vorbringen und nicht etwa mit windelweichen Floskeln wie »könntest du mal« oder »würdest du vielleicht«. Nur so verdirbt man nicht die Preise, kommt wirklich auch auf seine Kosten.
8. Kompromisslos sein. Wo extreme seelische Verletzungen mit im Spiel sind, kann es keinen Kompromiss geben. Die Devise: »Wenn du deine Sekretärin flach gelegt hast, nehme ich den Gärtner« funktioniert nicht. Ein Übel kann niemals gegen das andere aufgewogen werden.

Kapitel 8
Sex und andere mehr oder weniger scharfe Sachen

Es läßt sich nicht vermeiden: Früher oder später erscheint einem selbst der kernigste Fisch plötzlich seltsam salz- und reizlos. Es ist, als würden die Kerle im Laufe der gemeinsamen Jahre empfindlich unter Testosteronschwund leiden. Statt der aufregend gefährlichen Aura eines Raubtiers, umgibt sie irgendwann allenfalls noch Perwollaroma. Und irgendwann stellt man fest, dass selbst ein Rollenkoffer mehr Sexappeal besitzt als der eigene Mann. Eine Metamorphose, die die Anglerin gewöhnlich jener bösen Macht ankreidet, der wir auch Krähenfüße und Menopause verdanken: der Zeit. Aber die hat mit der Verwandlung des sexiest man alive in eine Art erotischen Seniorenteller diesmal nichts zu tun.

Kein Märchen: Die 1001 Nacht

Irgendwann wird auch die aktivste Libido bequem. Kein Problem. Schließlich hat es auch Vorteile, ganz unzeremoniell zur Sache zu kommen: Endlich keine umständlichen Vorbereitungen mehr, kein Premieren-Lampenfieber, keine Umwege über Restaurantbesuche oder stundenlanges Abspielen diverser Kuschelrock-CDs. Ein paar Handgriffe genügen und schon ist die Sache zur beiderseitig vollsten Zufriedenheit erledigt. Beziehungsweise: Sie wäre es, wenn er oder sie oder eben beide ihr in langen gemeinsamen Jahren lustvoll erworbenes Know-how anwenden würden. Aber das tun sie nicht. Schon lange nicht mehr, zu lange. Sind es vier Wochen? Drei Monate? Ein halbes Jahr?

Erotisch frühpensioniert fühlt man tief nach, was die amerikanische Autorin Ema Bombeck einmal sagte: »Der einzige Grund, warum ich mit dem Joggen anfangen würde, ist, um mich mal wieder keuchen zu hören.« Braucht man nicht dringend Hilfe? Verzweifelt greift man nach jedem Rettungsring, der sich einem bietet, und ist ziemlich froh, dass die Auswahl so groß ist. Denn mit Anregungen zum superscharfen Leben verhält es sich wie mit den Rezepten gegen Schluckauf: Jeder kennt eines, das garantiert funktioniert. Beckenbodengymnastik, Swingerclubs, Sextoys, Spitzendessous, Piercing, Latex, Peitschen, eine komplette Intimrasur oder raffinierte Schamhaarfrisuren, selbstredend vom Profi onduliert, Sex im Fahrstuhl, auf der Flugzeugtoilette, unter dem Wohnzimmertisch oder im Büro. Und wüsste man, dass der Kronleuchter hält, so soll man sich auch von dort herabschwingen können.

Anal, oral und wenn vaginal, dann mindestens mit G-Punkt – es gibt beinahe mehr Kopulationsvarianten als Guido Westerwelle SPD-Beschimpfungen kennt. Fast wirkt es, als sei das Reich der Sinne eine Art Abenteuerspielplatz. Alles ist erlaubt und das Wort »geht nicht« gibt's nicht. Das stresst. Schon weil man sich im Vergleich zu den angeblich so eifrigen Nutzern all dieser herrlichen Optionen ziemlich schuldig fühlt; weil selbst Nackenrollen ein aktiveres Sexleben haben; weil man anscheinend zu verklemmt ist, um Gefallen an einer schnellen Nummer auf einem öffentlichen Klo zu finden; weil man seine Erdbeeren lieber mit Schlagsahne vom Teller als von einer behaarten Männerbrust isst und weil man beim Anblick eines im Schritt offenen Dessous sofort an Blasenentzündung und nicht etwa an saftelnde Kerle denkt.

Man kann eben nicht aus seiner Haut. Auch wenn die in Leder steckt. Und allzu große Abweichungen vom eigenen Selbst wirken oft so authentisch wie Angela Merkel im Minirock. Malt man sich beispielsweise die Brustwarzen rot an – was ernsthaft in einem Ratgeber empfohlen wurde –, könnte ein mit solcherlei Veränderungen nicht vertrauter Mann den Schock seines Lebens erleiden, weil er denkt, dass Sie bei seinem Anblick anfangen, spontan aus beiden Brüsten zu bluten. Auch die Intimrasur ist nicht jedermanns Freude. Schließlich hat man schon genug damit zu tun, die Beine glatt zu halten. Und dann die Sache mit den Liebeskugeln, die – in die Vagina eingeführt – den Beckenbodenmuskel so schön fit halten. Manche haben kein Problem, mit solcherlei Füllstoff zur Arbeit oder in die Disko zu gehen. Andere werden an den Rat ihrer Mütter denken: »Zieh dir bloß ordentliche Unterwäsche an. Es kann immer mal was passieren!« Und wer will schon einem jungen Assistenzarzt erklären, dass es sich bei den Dingern in Ihrer Vagina um harmlose Sportgeräte handelt?

Dann der Besuch eines Swingerclubs oder Partnertausch. Einige finden das rattenscharf. Andere – beispielsweise wir – haben vom Rausch der Sinne eine andere Vorstellung, als die, Sex ähnlich wie Bowling oder Makramee als eine Art Hobby oder Zeitvertreib zu betreiben und in einem holzgetäfelten Partykeller mit wildfremden Menschen Körpersäfte auszutauschen. Schließlich heißt es nicht umsonst: Wenn Gott gewollt hätte, dass wir Gruppensex haben, hätte er uns mehr einschlägige Körperteile gegeben. Zumal wir in Gesprächen mit Paaren, die dieser Freizeitbeschäftigung frönen, die erstaunliche Entdeckung gemacht haben, dass es immer die Männer waren, die auf die wunderbare Idee gekommen sind, den Samstagabend mit Gleichgesinnten bei Sex und Nudelsalat zu verbringen. Die Frauen sagten dann etwas in der Art wie: »Aber ich fand es dann auch ganz toll!« oder: »Ich bin so froh, dass er mich dazu überredet hat!«, und sahen so aus, als hätten sie nicht allzu viel in ihrem Leben vermisst, wenn der Sex in den eigenen vier Wänden geblieben wäre.

Schön, der Eindruck kann trügen und vielleicht macht es ja wirklich irre viel Spaß, den Schulzes von nebenan beim Sex zuzuschauen oder an der Bar ein Bier mit einem halbnackten Ehepaar Müller zu trinken und nebenbei die Frage zu diskutieren, ob Herr Müller Ihnen seine Finger, die er gerade noch im Knabberzeug hatte, Sie wissen schon wohin stecken darf. Vielleicht möchte man es aber lieber doch nicht erleben und dann sollte man sehr vorsichtig mit solchen Grenzüberschreitungen sein. Man sieht und erfährt Dinge, die sich so leicht nicht verarbeiten lassen: Etwa den eigenen Mann beim Sex mit einer anderen oder Kerle, mit denen man nicht mal reden würde, selbst wenn sie angezogen wären, und die man jetzt sogar nackt und beim Intimsten ertragen soll. Das muss man aushalten können. Ebenso wie die Erfahrung, dass aus etwas ganz Einmaligen, aus Intimität und Nähe in der weltweit einzigartigen Kombination zweier ganz bestimmter Menschen, leicht etwas vollkommen Beliebiges, Banales und damit Austauschbares wird.

Also: Vorsicht bei den ganz großen Veränderungen, den Hauruck-Maßnahmen, mit denen man sich nicht wohl fühlt und die einem im wahrsten Sinne des Wortes den Geschmack an der Lust mit dem eigenen Mann verderben. Meistens bringen Detailveränderungen sowieso mehr. Schließlich waren Sie ja mal im Großen und Ganzen mit ihrem Sexleben einverstanden. Jetzt fehlt bloß noch ein bisschen Feinschliff, etwas neuer Glanz. Aber eben so, dass Sie sich und Ihre Bedürfnisse darin wieder erkennen, anstatt – pardon – bloß die üblichen betrüblichen Nullachtfünfzehn-Wichsvorlagen der Sexindustrie.

Trotzdem: wenn Sie Ihren letzten Sex vor der Euroumstellung hatten, dann ist es Zeit für Ursachenforschung. Glücklicherweise brauchen Sie nicht lange zu suchen. Denn ein Urheber für akute Verkehrsberuhigung liegt ja praktisch gleich neben Ihnen: Ihr Mann. Der könnte, finden Sie, ruhig auch mal die Initiative ergreifen und Sie nach Strich und Faden verführen. Tut er aber nicht. Im Gegenteil. Irgendwie wirkt er sogar scheußlich zufrieden, wie er da in seinem Jersey-Pyjama im Bett sitzt und im Katalog nach neuen Scheibenwischern für die Familienkutsche blättert. Ihm fehlt wohl gar nichts. Muss sie ihn erst anbetteln, damit er sich mal wieder dazu herablässt, mit ihr zu schlafen? Das geht entschieden gegen ihre Würde als Sexobjekt. Und so könnte man prima aus einer Mücke einen Scheidungstermin machen. Andererseits spricht auch nichts dagegen, die Ruhe zu bewahren und die

Sache mit Vernunft anzugehen. Damit meinen wir nicht, dass Sie Ihre Libido am besten gleich neben den Fischstäbchen im Dreisternekühlfach deponieren sollen. Nein, wir meinen nur, dass so viel Emotionsballast beim Abheben in Richtung Gipfel der Lust nur bremst. Zumal es auch ein paar gute Gründe gibt, die Lust zu verlieren, für die Ihr Fisch nun wirklich nichts kann:

1. Der Fleisch-Gau

Stellen Sie sich mal vor, Sie bestellen im Restaurant ein Wiener Schnitzel. Eine halbe Stunde später serviert Ihnen der Kellner eine ganze Schlachtplatte: Blutwurst, Leberwurst, Weißwurst, Schweinebauch, Schnitzel, Kotelett, Lendchen, Kutteln – alles, was Sie eigentlich nicht essen wollten, ist da fetttriefend und dampfend drauf. Kein Wunder, wenn Ihnen angesichts der Fleischmassen der Appetit vergeht. So ähnlich ist es mit dem Sex. Seit die Medien ihren Bildungsauftrag vor allem unterhalb der Gürtellinie sehen, werden wir dermaßen mit nackter Haut, mit Unterleibsgesprächen und einschlägigen Themen – »Hilfe! Mein Mann betrügt mich mit unserem Staubsauger!« – bombardiert, dass man sich schon satt fühlt, bevor man überhaupt gegessen hat. Wo das Geheimnis fehlt, sich jeder öffentlich entblößen und entblöden kann, da verflüchtigt sich auch das Kribbeln, der Reiz, Neuland entdecken zu wollen. Gegenmittel: Medienfasten. Lassen Sie den Fernseher ruhig mal ein paar Tage ausgeschaltet. Es hat durchaus sein Gutes, einmal nicht mit Boxenludern und anderer Leute Liebesleben belästigt zu werden.

2. Die Konkurrenz-Falle

«Tut mir Leid, dass ich zu spät komme«, entschuldigt sich Marion beim Freundinnentreffen. «Klaus und ich konnten einfach nicht warten, bis ich wieder nach Hause komme ... Ihr wisst schon, womit!« Ja, aber wir hätten es lieber nicht schon wieder gehört, weil wir uns am frühen Abend und auf nüchternen Magen den anorektischen Klaus mit seinem Mundgeruch eigentlich nicht nackt auf Marion oder irgendeiner anderen Frau vorstellen wollen und wir es dank Marions täglicher Mitteilungen ohnehin längst wissen: dass Klaus und Marion es andauernd, ständig und überall tun. Ob von hinten oder vorn, in Klamotten oder ohne, unter der Dusche, auf dem Teppich oder dem Schreibtisch. Kaum ein Möbelstück in Marions Wohnung, das man noch betrachten kann, ohne sich Klaus dabei in Aktion vorzustellen. Ausgenommen vielleicht das Katzenklo. Aber sicher kann man sich bei den beiden auch da nicht sein.

Natürlich drängt sich bei so viel vorbildlicher Leidenschaft der Verdacht auf, dass weniger Sex als fünfmal die Woche ungefähr so normal ist wie das Gewicht von Doris Schröder-Köpf. Schnell glaubt man, ein Mann, der morgens Kaffee will statt einer nackten Frau, könne nicht sehr verliebt sein. Aber: Lassen Sie sich nicht zu solch unschmeichelhaften Vergleichen hinreißen. Die Antwort auf die Frage, was guter Sex ist und wie oft er stattfindet, findet sich exklusiv nur im eigenen Bett und nicht im Liebesleben anderer Leute. (Und: Manchmal lohnt es sich auch darüber nachzudenken, wieso es manche anscheinend so nötig haben, dass möglichst viele an ihrem ach so aufregenden Liebesleben teilnehmen.)

3. Das Preis-Poppen

»Warst du auch brav?« Manche Männer finden es ziemlich befriedigend, diese Frage gestellt zu bekommen. Allerdings nur, wenn die Frau, die sie stellt, bis zum Hals in Latex oder Leder steckt. Ansonsten ist es ziemlich lästig, wenn Frauen versuchen, aus dem Sex eine Art Bonussystem zu machen: Sie sind erst bereit abzuheben, wenn der Mann artig war und sich wunschgemäß verhalten hat. Nein, nicht erst im Bett, sondern mindestens schon ungefähr eine Woche davor. Wenn er beispielsweise den Müll runtergebracht, sie zum Essen eingeladen hat, wenn die »Atmo« stimmt, also Kerzen flackern, Musik leise spielt und er auf »ran« verzichtet, damit sie Lindenstraße gucken kann. Und natürlich muss tiefste Harmonie und totale Verständnisinnigkeit zwischen den Partnern herrschen. Denn Sex nach einem Streit? Einen Mann, der einem das Verständnis verweigert, auch noch belohnen? Niemals! Erst wenn er wirklich brav war, etwaige Fehler erkannt und öffentlich bereut hat, lässt sie sich gnädig dazu herab, mit ihm ins Bett zu gehen.

Eine Haltung, die nicht gerade anregend wirkt, sondern im Gegenteil bei manchen Paaren dazu führt, dass eine totale Sonnenfinsternis häufiger vorkommt als ehelicher Sex. Denn: Wann ist ein Mann schon mal 100-prozentig mängelfrei? Und: Es ist nicht besonders anregend, wenn einem die eigene Frau suggeriert, dass Sex für sie eher eine lästige Pflicht ist, der Preis, den sie für sein Wohlverhalten zahlt. Kein Wunder, dass ihm sein Liebesleben irgendwann zu aufreibend erscheint und er sich – typisch Mann – leichterer Beute zuwendet. Das würden wir auch tun, würde unser Partner erst dann mit uns schlafen wollen, wenn wir seine Hemden auch ordentlich gebügelt hätten.

4. Die Kuschelbär-Kastration

Haben Sie schon mal einen Mann gesehen, der sich einen Bademantel mit Teddybären drauf kauft? Der freiwillig sagt: »Ach Schatz, nenn mich doch bitte ›Urmelchen‹!« Oder »Wuschelbär« oder »Hasi-Mausi«. Merken Sie was? Es wird jetzt leider unangenehm, und zwar für Sie. Denn auch Sie haben Ihren Anteil daran, dass sich die Anziehungskräfte auf für das gewöhnliche Auge nicht mehr erkennbare Spurenelemente reduzieren. Vielleicht fürchten Sie die weibliche Konkurrenz und tun alles dafür, dass andere Frauen Ihren Mann nicht mehr als solchen erkennen, sondern glauben, es handele sich um Kunst im öffentlichen Raum. Möglicherweise liegt es auch daran, dass Sexualität und Leidenschaft, Erotik und Lust, immer auch etwas Unkontrollierbares und damit Beängstigendes haben. Und das macht so manche Frau anscheinend nicht nur im positiven Sinne nervös. Jedenfalls ist es doch seltsam, dass Männer, die vor der Beziehung noch als solche kenntlich waren, im Laufe der gemeinsamen Jahre optisch zunehmend zu Teletubbies mutieren. Stück für Stück werden sie von ihrer Dompteuse daheim ihrer sekundären Geschlechtsmerkmale wie engen Jeans und Lederjacke beraubt und stattdessen in grellbunt gemusterten Anoraks, in Socken mit Mickeymaus-Motiven, Schlafanzügen mit Teddybären, Krawatten mit Christbaumkugeln, Boxershorts mit purzelbaumschlagenden Nikoläusen und selbst gestrickten Pullovern mit putzigen Bommeln drauf hinaus ins feindliche Leben geschickt. Und so laufen an sich erwachsene Kerle irgendwann mit Klamotten rum, für die jeder Teenager auf dem Schulhof von seinen Altersgenossen zu Recht Haue beziehen würde. Am liebsten würde man den Trägern solcher Kindlichkeiten ein Eis oder ein Bonbon schenken, statt sie zum Hauptakteur von sexuellen Phantasien zu befördern. Und auch umgekehrt fühlt sich der Träger solcher Kindereien eher als Tanzbär denn als Erotikon und also verkehrstechnisch ziemlich lahm gelegt.

5. Hübsch-hässliche Geilheit

In ihrem Wissenschaftsreport »Sex on the Brain« schreibt die amerikanische Journalistin Debora Blum, dass auch für die Frau im dritten Jahrtausend nach wie vor gelte, »dass es gute Mädchen einfach nicht tun«. Jedenfalls nicht hemmungslos, nicht leidenschaftlich und nicht ohne sich auch im Bett viel zu viele Gedanken darüber zu machen, wie die Performance beim Partner ankommt und ob der Busen vielleicht zu sehr hängt, wenn man oben sitzt, statt unten zu liegen.

Immerhin 42 Prozent aller Frauen finden es laut einer Umfrage der Zeitschrift »Freundin« wichtig, beim Sex gut auszusehen. Das heißt, fast jede zweite ist im Bett mehr damit beschäftigt, an ihre Frisur zu denken, daran, ob das Deo hält, was die Werbung behauptet, und ob ihm vielleicht der kleine Bauchansatz auffällt, den sie für eine fulminante Wampe hält, als damit, auf ihre Kosten zu kommen. Der Grund: Der Mann soll sie begehren, damit er bei ihr bleibt und ihr weiterhin zeigt, dass sie begehrenswert ist. Dafür möchte sie das Bild der perfekten, heißblütigen, allzeit genussfähigen Liebhaberin erfüllen, gerade so viel, wie es braucht, dass er sich als begnadeter Lover vorkommt und nicht als der erotische Laie, der er vielleicht ist. Das, so glauben nicht wenige Frauen, verschafft ihnen einen kleinen Vorsprung vor der Angst, entbehrlich und ersetzbar zu sein.

Kein Wunder, wenn bei so viel erotischer Bescheidenheit oft wirklich nicht mehr als der weibliche Narzissmus befriedigt wird. Denn solange Sie sich darauf konzentrieren, möglichst gut anzukommen, statt möglichst intensiv zu kommen, liegt das ganze schöne sexuelle Potenzial brach. Und irgendwann auch der Sex in der Beziehung. Denn wenn Frauen vor allem deshalb mit Männern ins Bett gehen, um sich dort Bestätigung zu holen, dann wird die Sache ziemlich schnell uninteressant. Es sei denn, man lernt den Sex um seiner selbst willen zu lieben. Und da lohnt es sich durchaus, sich mal an den Männern ein Beispiel zu nehmen. Denen ist es schließlich auch egal, ob sie beim Orgasmus schielen oder so transpirieren, dass sie jedem Feuchtbiotop Konkurrenz machen. Hauptsache das Ergebnis stimmt: schöner geiler Sex.

6. Das Trägheitsmoment

Mit Sex verhält es sich ganz ähnlich wie mit einer Mitgliedschaft im Fitnessstudio. Am Anfang betätigt man sich noch fleißig und fühlt sich wunderbar aktiv. Dann kommt einem immer etwas dazwischen. Nicht schlimm. Es ist doch einfach gut zu wissen, dass man ja könnte, wenn man nur wollte. Aber eben gerade jetzt, nee, das muss nicht sein. So vergehen erst Tage, dann Wochen, schließlich Monate. Je länger man wartet, desto schwerer wird es, einen Neuanfang zu finden. Zeit, Gelegenheit, die ideale Raumtemperatur und die perfekte Planetenkonstellation – wenn nicht alle Koordinaten stimmen, braucht man gar nicht erst wieder zu beginnen. Für das erste Mal seit Wochen oder Monaten muss es eben etwas ganz Besonderes sein: Erotik, leidenschaftliche Hingabe, totale Befriedigung, perfekte Inszenierung. Nicht die kleine Nummer zwischendurch, kein Laientheater und auch kein sexueller Schnellimbiss.

Hier hilft nur eines: es einfach mal wieder zu tun. Und dann noch einmal und noch einmal, bloß um wieder in Schwung zu kommen. Denn je weniger Sex man hat, desto geringer wird das Bedürfnis danach. Und wer will schon ganz darauf verzichten?

Das alles gilt es zu bedenken, bevor Sie Ihren Mann dafür zur Rechenschaft ziehen, dass er Ihnen angeblich das Menschenrecht auf regelmäßigen Sex verweigert. Andererseits – vielleicht ist es Ihnen ja auch ganz recht, dass er noch andere Hobbys hat. Schon weil es einen angesichts der Liebhaberqualitäten mancher Männer nicht gerade nach Wiederholung drängt.

Von Männern und Kartoffelreiben

So viel vorneweg: Kein Mann kommt ganz allein auf die Idee, den weiblichen Körper mit einem modernen Waffensystem zu verwechseln – ein Knopfdruck genügt und die Welt explodiert. Dazu braucht es wenigstens eine Frau, die ihn in dieser irrigen Ansicht bestärkt.

Meistens ist es die eigene. Die hatte zwar die Gelegenheit, das Ruder gleich am Anfang herumzureißen und ihm schonend beizubringen, dass sie beispielsweise sein Ohrgepuste so erregend findet wie Ulrich Wickert im Tanga. Doch erstens hat am Anfang der Rausch der Gefühle so manche Mängel ausgeglichen und zweitens war man – ehrlich gesagt – auch ein bisschen zu feige, ihm die Wahrheit: »Schatz, das ist meine Klitoris und keine Kartoffelreibe« einfach so ins Gesicht zu sagen. Jetzt leidet man darunter, ihn voreilig beklatscht zu haben. Denn nun hat man den Salat. Betrachten wir uns einmal die fünf Liebhabertypen, deren Erotikprogramm so vorhersehbar ist wie ein Auftritt von Karl Moik im Musikantenstadl. Aber das muss nicht so bleiben – es gibt für alles ein Gegenmittel. Sogar für Einbahnstraßen im Bett.

1. Der Dauerbrenner

Fragt man ihn, wie oft er Sex hat, sagt er: »Fast nie – bloß fünfmal die Woche.« Seine Frau traut sich nicht mal mehr, nackt unter die Dusche zu gehen. Denn so wie er drauf ist, könnte er sogar den Satz: «Nimm dir einen Schirm mit, es regnet!« als Ausdruck höchsten Begehrens missverstehen. Er kann nämlich immer, ständig, überall. Sagt er und braucht den Beweis niemals anzutreten. Denn leider gibt es – außer im BILD-Zeitungs-Kosmos – leider nur sehr wenige Frauen, die da mithalten wollen. So braucht der Akkord-König des Sex glücklicherweise auch nie den Nachweis zu erbringen, dass er tatsächlich immer könnte, wenn er vorgibt zu wollen. Kleine Notwehr: begeisterte Hingabe bei der kleinsten Andeutung von ihm heucheln. Das reduziert seine Avancen garantiert um mindestens 60 Prozent.

2. Der Sprinter

Gut, es gibt Schlimmeres. Etwa das Pavianmännchen. Das braucht nur zehn bis 20 Sekunden, um sich zu paaren. Trotzdem könnte er sich ruhig etwas mehr Zeit lassen, als Boris Becker benötigte, um zum dritten Mal Vater zu werden. Natürlich gibt es für diese Hetze eine plausible Erklärung. Etwa die Theorie vom biologischen Erbe des Mannes. Demnach hat die Natur mit der «schnellen Nummer« das Überleben der Spezies gesichert. Hätte der Steinzeitmann – so die Theorie – nämlich länger gebraucht, wäre er womöglich Angriffen von wilden Tieren hilflos ausgeliefert gewesen. Bleibt nur die Frage, weshalb Männer so viel Zeit mit der Zeitung auf dem WC verbringen, ohne sich vom Säbelzahntiger hetzen zu lassen? Gab es in der Steinzeit vielleicht einen Pakt zwischen Urgetier und Neandertaler, der die Toilettenpausen regelte, nicht aber die Fortpflanzung? Hat der Säbelzahntiger gesagt: »Stuhlgang geht in Ordnung, aber beim Sex können wir leider kein Auge zudrücken«? Gut, wir wissen natürlich auch, dass ein Mann eher leicht und vor allem schnell zu begeistern ist – aber das bedeutet nicht, dass er nicht in der Lage wäre, sich etwas zu bremsen. Es geht alles, wenn man will und ihn bei seinem Sprint mal eben mit einer kleinen Frage: «Kommt deine Mutter eigentlich am Wochenende?« wieder zurück an den Start schickt.

3. Der Marathonmann
Immerhin weiß er, dass Frauen etwas länger brauchen als Männer. Allerdings dehnt sich dieses «etwas« auf eine ziemlich ermüdende Ewigkeit aus. Natürlich könnte man die Gelegenheit nutzen und über letzte Fragen wie «Warum gibt es ein Universum, aber keine reißfesten Nylons?« sinnieren oder in Gedanken die Wohnung neu einrichten. Aber das ist schließlich nicht der Sinn der Sache. Auch nicht, dass er den Sex dazu benutzt, seinen sportlichen Ehrgeiz zu befriedigen. Denn es hat schon verdammt etwas von Dauerlauf oder Bodenturnen, was der ausdauerndste unter den Liebhabern da veranstaltet. Wie der Indianer den Skalp scheint der Marathonmann die – selbstredend multiplen – Orgasmen zu sammeln, die er seiner Partnerin verschafft. Dass er streng genommen die Hälfte abziehen müsste, weil die ihm in der Hoffnung auf ein früheres Ende der Turnstunde vorgetäuscht wurden, wird er nie erfahren.

4. Der Kuschler
Irgendwo hat er mal gelesen, dass Frauen auf Streicheleinheiten stehen. Und nun streichelt er, was das Zeug hält. Das ist nett, aber kein Sex, sondern Wellness. Denn um von einem Mann durchgeknetet zu werden, geht man nicht ins Bett, sondern zum Masseur. Ein kleiner Unterschied, den man ihm ruhig mal erklären sollte, bevor man ihn gegen ein Haustier eintauscht, dass weniger frisst und schmutzt, aber mindestens ebenso kuschelig ist. Mag sein, dass der Kuschler vordergründig als der freundlichste aller Liebhaber erscheint. Andererseits ist es auch eine Form von Be-

quemlichkeit, sozusagen in vorauseilendem Gehorsam vermeintliche Erwartungen zu erfüllen, um nur ja nicht mit Programmänderungen oder gar Kritik belästigt zu werden. Reißen Sie ihm also ruhig mal umstandslos die Klamotten vom Leibe (außer er trägt gerade sein teuerstes Boss-Hemd) und zeigen Sie ihm den Unterschied zwischen einer Frau und einem Streichelzoo.

5. Der Profi
Er hält die Klitoris nicht für eine Geranie. Im Gegenteil. Er kennt alle erogenen Zonen der Frau und natürlich auch den G-Punkt. Das hat Folgen. Denn er behandelt seine Frau wie einen Schaltplan, bei dem man nur die richtigen Knöpfe zu finden braucht, um zu den gewünschten Ergebnissen zu kommen. Gewissenhaft arbeitet er sich dabei von Planquadrat «A« wie Achseln bis zu Planquadrat «Z« wie Zehen durch; pustet hier, drückt dort, während seine Partnerin sich zunehmend wie ein defekter Toaster fühlt, den es zu reparieren gilt. Ein Tipp: Jemand, der sich so krampfhaft an der Technik festhält, fürchtet sich oft einfach, etwas falsch zu machen, wenn er mal ganz planlos vorgeht. Das wird vermutlich auch in anderen Bereichen ein Problem für ihn sein. Wecken Sie deshalb seinen Spieltrieb. Wetten Sie doch mal mit ihm, wer schneller spült – er oder die Maschine.

Es gibt also vielerlei Arten aneinander vorbeizulieben. Und dabei müssen es nicht mal die großen Mängel sein. Denn auch die perfekteste Technik nutzt sich irgendwann ab, wenn sie öfter wiederholt wird als »Cats« und man jeden seiner Handgriffe besser kennt als er seine Sockenschublade. Vermutlich wäre es ohnehin beinahe leichter, Edmund Stoiber zu einer Mitgliedschaft in der PDS zu überreden, als den Sex dauerhaft leidenschaftlich, lustvoll, hinreißend und vor allem frei von jeglicher Unzufriedenheit zu halten. Das ist nun mal so, und zwar mit jedem Mann. Jedenfalls mit jedem, mit dem Sie offiziell zusammen sind.

Bei Liebhabern ist das natürlich was anderes. Da muss man den Reiz der Heimlichkeit, den Kitzel, jeden Moment entdeckt werden zu können, und das Abenteuer dazu zählen, heute nicht zu wissen, wo und ob man sich morgen trifft, addieren und bekommt ein ganz hübsches Sümmchen an orgiastischen Erlebnissen. Einerseits. Andererseits gibt es in diesem Fall zwei Alternativen: Sie behalten Ihr süßes Geheimnis für sich und betrügen Ihren Mann nach Strich und Faden, oder Sie versuchen Ihrem Gatten die Freuden einer so genannten offenen Beziehung nahe zu bringen. Die erste Variante hat den Nachteil, dass wir sie ziemlich fies finden. Für die zweite wünschen wir Ihnen viel Glück und empfehlen jetzt schon mal einen guten Anwalt. Aber meist hat die sich ja ohnehin in dem Moment erledigt, wo der andere sagt: »Toll, endlich kann ich mit meiner Sekretärin ins Bett gehen und mit deiner Freundin und mit unserer Nachbarin.«

So oder so: Es gibt keinen Königsweg, der Ihnen sozusagen ein Erotik-Abo verschafft. Was guter Sex ist, das muss jeder für sich entscheiden. Und das Einzige, was man tun kann, um die Qualität zu verbessern, ist letztlich, nicht ständig in andere Betten zu schielen, möglichst respektvoll und aufmerksam zu bleiben und sich eine gesunde Portion Pragmatismus zu bewahren. Denn der taugt oft weitaus besser als Startrampe für den Gipfel der Lust als jedes noch so fesche Latex-Teil. Und auch wenn manche so tun, als hätten sie erotisch gesehen gerade die Relativitätstheorie erfunden – letztlich hat sich bei dem eigentlichen Akt in den letzten 6000 Jahren nichts Neues ergeben – ausgenommen die Zigarette danach.

Kapitel 9
Die härtesten Wochen des Jahres

Während der Fisch die schönsten Wochen des Jahres nur mit einer Badehose, einer Jeans und einem eisgekühlten Bier schon zum Mittagessen bestreitet, darf es für die Anglerin ruhig ein bisschen mehr sein: mehr Sex, mehr Entspannung, Sightseeing, Romantik, Nähe, Abenteuer, Sport, Spiel, Spannung und noch ein paar andere Kleinigkeiten wie Leidenschaft, Begeisterung, prächtige Laune und verständnisinnige Harmonie. Der Urlaub ist schließlich die ideale Gelegenheit, viel Zeit miteinander zu verbringen, sich nahe zu sein, sich besser kennen zu lernen. Findet die Anglerin und leidet an ihrem Fisch, der unter »Ferien« etwas versteht, das man vor Gericht eigentlich als Scheidungsgrund geltend machen können müsste.

Sandkörner im Liebesgetriebe

Männer und Frauen sind verschieden. Besonders im Urlaub. Schließlich tut man in den Ferien ja auch etwas, das man daheim schon aus Gründen der Selbsterhaltung niemals wagen würde: Man verbringt 24 Stunden mit einem Mann, und das im Schnitt 14 Tage lang. Das sind 336 Stunden, 42 gemeinsame Mahlzeiten, 14 Diskussionen über die Preise an der Hotelbar und drei Tage im verdunkelten Hotelzimmer mit etwas, das aussieht wie eine Tartar-Skulptur und auf den Namen Georg hört. Der meinte nämlich wieder einmal, dass ein Lichtschutzfaktor etwas für Warmduscher, Sitzpinkler und Stützradfahrer sei.

Kein Wunder, wenn Glücksforscher herausgefunden haben, dass der Mensch im Urlaub mit seinem Partner, so ganz ohne Job, Kollegen und Freunde oft unglücklicher ist als während der Arbeitszeit. Und obwohl sich eigentlich schon bei der Planung – »Ich weiß gar nicht, was du gegen Ferien auf dem Bauernhof hast« – zeigt, dass es fast erholsamer wäre, durchzuarbeiten, glauben Frauen jedes Mal, dass es diesmal anders sein könnte. Weshalb das so ist, wissen wir nicht. Wir wissen nur, dass immerhin 33 Prozent aller Scheidungen nach dem Urlaub eingereicht werden, ganz einfach weil es mindestens 33 Prozent mehr Gründe gibt, den Fisch im nächsten Waschbecken auszusetzen, als im Rest des Jahres.

Fisch und Anglerin sind nun mal nicht dazu gemacht, sich auch in den Ferien zu lieben. Weil er drei Stunden nach einem »echt authentischen Restaurant« sucht, in dem man den Gästen dann gekochte Schweinehoden serviert; weil er glaubt, dass eine Strandliege prima für zwei reicht, und weil er doch nicht annähernd so viel Spanisch spricht, wie er behauptet hatte, sondern im Gegenteil an der Rezeption, im Taxi und im Restaurant eine ziemlich traurige Figur abgibt. So geht es in den Ferien von Fisch und Anglerin meistens weniger um Erholung als darum, eine höhere Seins-Ebene zu erreichen, eine, auf der einem all das nichts mehr ausmacht, was der Fisch einem so bietet:

Unlautere Ziele

»Wunderbares Naturschauspiel«, »herrliche Strände«, »ursprüngliche Landschaften«, »in direktem Kontakt mit den Elementen« – auch Männer können schwärmen, vor allem, wenn sie ihre Frauen in Gegenden schleppen wollen, die die freiwillig nie betreten würden. So bringt einen beispielsweise ein Mann mit Surfbrett nicht nur an die zugigsten Strände Europas, sondern auch an den Rand des Wahnsinns. Denn vor Ort gibt es meist nur zwei Alternativen: entweder die ganze Zeit im Auto zu sitzen oder sich am Strand mit ein paar Pflöcken am Boden zu befestigen, um nicht von Windstärke 12 nach Amerika geweht zu werden. Auch ein Taucher macht aus den Ferien gern eine Geduldsprobe. Jedenfalls für alle, die der Meinung sind, wenn Gott gewollt hätte, dass wir 80 Prozent unserer Zeit unter Wasser verbringen, hätte er uns Kiemen geschenkt. Nicht zu vergessen die Radfahrer, deren größtes Vergnügen anscheinend ist, bei 40 Grad im Schatten mehr Steigung zu überwinden als Reinhold Messner in seinen besten Zeiten zu Fuß. Die Liste ließe sich beliebig fortsetzen, weil ausgerechnet in den Ferien ein Mann glaubt tun zu müssen, was ein Mann eben tun muss: der Anglerin den letzten Nerv zu töten.

Anders packen

Während eine Frau den Urlaub sozusagen als den Gipfel der Zivilisationsgeschichte betrachtet und sich vom Abendkleid über die Gucci-Sonnenbrille bis hin zu mindestens 2000 Seiten Weltliteratur für das Zusammensein mit anderen hoch entwickelten Wesen rüstet, packt der Mann, als wolle er die nächsten zwei Wochen im Affenhaus verbringen: Badehose, Jeans, T-Shirts und allenfalls noch ein paar Socken. Aber das nur, weil die ohnehin noch im Koffer lagen. Ungewaschen, versteht sich. Das Ganze ergibt dann ein Bündel von der Größe eines Kindergartentäschchens – das er dann stolz wie Bolle betrachtet. »Willst du vielleicht auswandern?«, fragt er süffisant mit Blick auf ihren XXL-Koffer. Und freut sich, mal wieder die logistische Überlegenheit des starken Geschlechts bewiesen zu haben. Beim ersten Strandgang stellt sich dann heraus, dass seine Badehose längst drei Nummern zu klein ist. Abends lassen sie ihn mit seiner Jeans dann nicht in die Hotelbar und er ist noch eine Woche lang sauer, dass Sie mit dem netten Animateur eben allein ein paar Cocktails genommen haben.

Video ergo Zoom

Schon auf dem Flughafen fängt es an. Leider kann er ihr weder beim Koffertragen noch beim Abwickeln der Reiseformalitäten helfen, weil er diesmal einen wirklich lückenlosen Reisebericht auf Video bannen und nebenbei rechtfertigen will, dass die View-Cam genauso viel kostete, wie die letzten beiden Urlaube zusammen. Angefangen bei den Knien der Stewardess, über das Gepäckband des Flughafens Teneriffa bis hin zum Hotelbuffet (mit einem wirklich packenden Zoom auf die gefüllten Avocados) entgeht ihm kein noch so lapidares Detail der Reise. Und während seine Frau schon befürchtet, dass die Kamera daheim vielleicht in einer aufwendigen Operation von seinem Gesicht amputiert werden muss, träumt er von einem Sonderpreis in der Sparte »Dokumentation« bei den Oberhausener Filmtagen. Das einzig wirklich Aufregende verpasst er so leider. Denn vor lauter Filmerei entgeht ihm, dass seine Frau ihn mit einem anderen Videoten verwechselt und, diesem folgend, statt in das Flugzeug nach Frankfurt in das nach Berlin steigt. Was sie dann – ehrlich gesagt – nicht sonderlich schlimm findet.

Strand-Aktivitäten

Lesen, liegen, sonnenbaden, endlich mal alle viere von sich strecken – das wollen beide. Der Mann allerdings nur maximal fünf Minuten lang. Danach ist ihm langweilig und er behauptet, alle Sandkörner beim Namen zu kennen. Nun überlegt er, wie er die übrigen 13,5 Ferientage sinnvoll nutzt. Je nach Urlaubsort und Strandbreite beginnt er nun, eine Sandburg zu bauen, die es in Umfang und Weiträumigkeit mühelos mit Schloss Schwanstein aufnehmen kann. Oder er fängt an ein Loch zu graben. Einfach so. Nach einem halben Tag ist er bis zur Hüfte verschwunden, nach zwei Tagen werden Kinder vermisst und am dritten Tag könnte er theoretisch schon eine Bergmannausrüstung gebrauchen, wäre sein Auge nicht auf eine Surfschule gefallen. Trockentraining? Braucht er nicht. Er ist schließlich als Kind schon mal Ski gefahren. Er will gleich aufs Brett. Das ist der Moment, in dem sich seine Frau endlich mal locker machen kann. Denn da er sich in typisch männlicher Selbstüberschätzung viel zu früh von seinem Surflehrer abgenabelt hat, befindet er sich spätestens nach zwei Tagen in der gleichen Lage wie Christopher Columbus: auf dem besten Weg nach Amerika – und das kann dauern.

Gute Zeiten – Essens-Zeiten
Ein Mann braucht regelmäßige Mahlzeiten. Egal ob man sich gerade in der Wüste Gobi, in einem afrikanischen Kral oder in der Antarktis befindet – Punkt zwölf muss irgendwas Genießbares auf dem Tisch stehen, sonst sinkt sein Blutzuckerspiegel in jene gefährliche Stimmungstiefen, für die man normalerweise einen Waffenschein braucht. Manche Ehefrauen verdanken ihr Überleben in den Ferien nur dem Frühstücksbuffet. Und wäre die Titanic tagsüber statt nachts untergegangen, hätten die Männer wahrscheinlich nicht an den Rettungsbooten, sondern an der Essensausgabe gestanden und mit den Worten »Erst das Mittagessen, dann die Katastrophe« auf Nachschlag gewartet. Nur für den Mann wurde die Vollpension erfunden und der Schweinsbraten nach Mallorca importiert. Dabei treibt ihn die Angst, länger als drei Stunden ohne Nahrung sein zu müssen, gern in Lokale, wo der Euro noch mindestens 1000 Kalorien wert ist und man mit einem einzigen Hauptgang die Nährwertbilanz eines Drittweltlandes um 100 Prozent verbessern könnte. Dass seine Frau meint, im Ausland ausländisch essen zu müssen, versteht er weder, noch kann er das tolerieren. Für ein paar Nudeln oder Antipasti ist er nun wirklich nicht den langen Weg nach Italien gefahren.

Leider sind solche und andere Risiken nicht durch die Reiserücktrittsversicherung abgedeckt. Und es gibt nur einen Trost: dass Sie Ihre Krisen wenigstens in schöner Umgebung erleben. Das gilt übrigens auch für den Fisch. Denn – das muss mal gesagt werden – auch der leidet bisweilen unter dem, was eine Anglerin unter »Urlaub« versteht. Etwa unter der Erwartungshaltung, dass er in zwei Wochen mehr Traumsex und Romantik abliefern soll als Richard Gere in allen seinen Filmen zusammen; dass er sich plötzlich für Kirchen und Burgen interessieren soll und sie von ihm verlangt, dass er in einem völlig überfüllten Ferienort ein echt lauschiges und landestypisches Restaurant findet, in das noch nie ein Tourist seine Füße setzte. Erschwerend kommt hinzu, dass ihr Nervenkostüm nicht das beste zu sein scheint, weil sie schon in Tränen ausbricht, wenn er sich ein Bier bestellt, wo sie sich doch mit ihm einen »vino casa« teilen wollte. »Typisch, du denkst nur an dich!«, schimpft sie dann. Und: »Da hätte ich ja gleich allein wegfahren können.« Womit sie irgendwie Recht hat. Denn natürlich wäre ein Urlaub allein die vergleichsweise unkomplizierteste Lösung: kein Stress, keine unüberwindlichen Gegensätze und keine Enttäuschung darüber, dass der Fisch nicht im Entferntesten mit den Ferienbedürfnissen der Anglerin kompatibel ist. Andererseits: Hat man sich dafür die Mühe gemacht, den Fisch zu angeln, ihn zu hegen und zu pflegen? Wozu braucht man einen Mann, wenn man mit ihm nicht mal gemeinsam in die Ferien fahren kann? Hat man ihm dafür das ganze Jahr die Hemden gebügelt, dass er nun nicht mal in den Ferien einen Besuch im Edelrestaurant spendiert, sondern erwartet, dass man wie daheim täglich kocht?

Ferien für Fortgeschrittene

Man kann dem Fisch ja viel vorwerfen. Aber sicher nicht einen genetischen Defekt, der ihn daran hindert, sich wenigstens im Urlaub wie ein Mensch zu benehmen. Es liegt nicht an ihm, wenn die Anglerin ihn in eine andere Galaxie wünscht – es liegt an den Umständen und daran, dass wir einfach nicht darauf trainiert sind, stets und ständig beieinander zu sein. Elfeinhalb Monate im Jahr lebt man schließlich fröhlich aneinander vorbei und soll nun plötzlich, nur weil man auf einmal Zeit hat, ganz toll miteinander auskommen? Das kann nicht gut gehen. Erschwerend kommt hinzu, dass sich auch die Psyche berufen fühlt, einmal das Alltags-Korsett abzulegen. Nach der Devise »Du darfst« erlaubt sie sich nun, was ihr im täglichen Stress verwehrt worden ist: sich einmal haltlos schlecht fühlen zu dürfen, bei jeder Kleinigkeit aus der Haut zu fahren oder in Tränen auszubrechen, weil der Zucker für den Kaffee fehlt. So wie man oft gerade in seiner Freizeit grippekrank wird, so wird man eben gerade in den Ferien so empfindlich wie Gerhard Schröder bei der Frage nach seiner natürlichen Haarfarbe. Entsprechend kommen einem gerade die schönsten Wochen des Jahres wie ein einziges PMS-Symptom vor. Und das gilt ausnahmsweise mal für beide Geschlechter.

Addiert man dann zu diesen denkbar schlechten Vorzeichen noch die überzogenen Erwartungen beider Teilnehmer, mixt das Ganze mit den üblichen betrüblichen Urlaubsfrustrationen wie ein Hotel, das entgegen anderslautenden Versprechungen zehn Kilometer vom Strand entfernt liegt, oder zwei Wochen Regenwetter, schon versteht man, wieso manche Männer lieber gleich zur Fremdenlegion gehen. Trotzdem: Es geht auch anders. Gerade in den Ferien und besonders, wenn man mit seinem Fisch unterwegs ist. Wenn man ihn nicht für jede schlechte Stimmung, für jedes Missgeschick oder dafür verantwortlich macht, dass kein Wasser im Hotelpool ist, und wenn man einfach mal davon ausgeht, dass man selbst für seine Erholung verantwortlich ist. Das bedeutet im Detail:

- Wenn Sie berechtigte Zweifel haben, dass der Urlaub einfach so der Himmel auf Erden wird – und diese Zweifel sollten wir alle schon deshalb hegen, weil wir mit Männern wegfahren –, dann überlegen Sie schon bei der Planung, was beide jeweils unbedingt brauchen, um in den Ferien einigermaßen auf ihre Kosten zu kommen. Es hat keinen Zweck, jemanden, der sehr viel Anregungen von außen braucht, gern unterwegs ist und viel Wert auf Action legt, auf eine thailändische Insel zu lotsen, auf der es nur vier Hütten und eine Kochstelle gibt. Umgekehrt stresst es extrem erholungsbedürftige Menschen, zwei Wochen lang durch New York zu hetzen. Aber vielleicht sind vier Tage New York und zehn Tage auf einer der Ferieninseln genau die Mischung, die beide anregend und spannend finden.
- Wenn Sie gerne Shoppen gehen, dann gehen Sie zum Shoppen. Aber erwarten Sie nicht, dass sich Ihr Mann mit der gleichen Begeisterung in einen stundenlangen Sandalenpreisvergleich durch alle Schuhgeschäfte von Palma de Mallorca stürzt. Das Gleiche gilt übrigens für Kirchenbesichtigungen oder Basarbesuche. Rechnen Sie damit, dass Sie, was Sie unbedingt

gern machen möchten, gegebenenfalls auch allein unternehmen. Das bedeutet nicht, dass Ihr Fisch damit von allen gemeinsamen Aktivitäten befreit ist und sich somit in der Strandbar entspannen kann. Natürlich sollte er auch mal mitkommen und gefälligst Begeisterung heucheln. Aber das ist schon ein Gebot der Höflichkeit und gilt übrigens auch umgekehrt.

- Wenn Sie Surfen hassen und es nicht gerade aufregend finden, bei Windstärke zehn hinter einem Auto zu kauern, damit Sie nicht weggeweht werden, dann fahren Sie einfach nicht mit. Alternative – falls es die regionalen Gegebenheiten zulassen, wie etwa am Gardasee: Er geht täglich zum Surfen und Sie besuchen die reizvollen Ortschaften der näheren Umgebung oder die etwas windstilleren Gefilde. Ganz tabu: zähneknirschend stundenlang im Auto auszuharren, weil er jemanden braucht, der ihn am anderen Ende des Sees mit dem Gefährt abholt.
- Wenn er gern am Essen, an Strandliegen oder Sonnenschirmen spart – dann kann er belegte Brote essen, auf dem kochend heißen Sand in der sengenden Sonne liegen und sich somit größeren Sparbeträgen und nebenbei noch einem kleinen malignen Melanom etwas näher bringen. Hegen Sie andere Wünsche, dann nur zu! Sie haben schließlich eigenes Geld (siehe Kapitel »Monetäres«) und wissen außerdem, wie schnell die Haut ohne Sonnenschutz zu altern anfängt.
- Wenn Ihnen die Gegensätze größer erscheinen als der Mount Everest und Sie sich fragen, was Sie überhaupt noch mit Ihrem Fisch gemeinsam haben, dann lautet die Antwort: Sie lieben sich, vielleicht gerade deshalb, weil jeder seinen eigenen Bereich hat. Dass

das durchaus positiv ist und Sie ja gute Gründe hatten, nicht alles teilen zu wollen, zeigt sich spätestens, wenn Sie sich ein oder zwei Tage Auszeit geben – jeder macht, wozu er Lust hat, und man trifft sich angelegentlich, um seine Ferienabenteuer auszutauschen.

Wenn keine Kompromisse möglich sind, er etwa darauf besteht, alles gemeinsam machen zu wollen oder er partout nicht verstehen kann, wie man ein Hotelzimmer braucht, wo es doch so tolle Campingplätze gibt oder man es nicht gerade aufregend findet, dass er jeden Abend in einer Kneipe vor dem Sportfernsehen verbringt – dann fahren Sie getrennt in Urlaub. Vielleicht ist Ihre Beziehung ja eher für Städtereisen gemacht als für einen Strandurlaub. Möglicherweise ergänzen Sie sich ja besser auf der kurzen, aber intensiven Ferienstrecke als auf der langen, eher ereignislosen. Das bedeutet nicht, dass Ihre Beziehung besser oder schlechter ist als andere, die sechs Wochen ohne Fernsehen oder andere Menschen reglos am Strand miteinander verbringen können, ohne einmal an Mord zu denken.

Glücklich gemeinsam Ferien zu machen ist keine Frage der Qualität, sondern der Mentalität. Machen Sie sich das klar und entlasten Sie Ihren Fisch und damit auch sich selbst von überzogenen Erwartungen, aber auch von falscher Bescheidenheit. Denn leider neigen Frauen dazu, aus vorauseilender Zuneigung etwas abzunicken, was sie später dann doch unerträglich finden. Wenn Sie also jetzt schon wissen, dass Ihnen eine Trekkingtour durch Mexiko so gut passt wie ein Lippenherpes, dann sagen Sie das auch und werfen Sie Ihrem Liebsten das miese Essen, die erstaunlich großen

Kakerlaken und die versifften Zimmer nicht erst vor, wenn Sie mitten in der mexikanischen Pampa sind und Ihr Flugschein sagt, dass Sie frühestens in 14 Tagen wieder nach Hause dürfen.

Kapitel 10
Seine Art, Liebe zu zeigen …

Holt er ihr die Sterne vom Himmel? Sagt er auch nur einmal »Du bist mein Lebensmensch« oder wenigstens »Keine bügelt meine Unterhosen so wie du!«? Nein! Was den Aufwand anbelangt, den der Fisch betreibt, um seiner Liebe Ausdruck zu verleihen, der Anglerin zu zeigen, dass er ihr leidenschaftlich verfallen, hemmungslos hingegeben ist, so passt der bequem zwischen Baum und Borke. Kein Wunder, wenn die Anglerin irgendwann anfängt, sich ein paar existenziell wichtige Fragen zu stellen: Liebt er mich noch? Und wenn, woran erkenne ich, dass ich ihm wichtiger bin als sein alter Plattenspieler?

Geständnisse

All das Tändeln, Turteln und Tätscheln, das die Liebesgötter an den Anfang einer jeden Beziehung setzen, scheint für Männer ähnlich verzichtbar zu sein wie »RTL exklusiv«. Wenn sie sich überhaupt jemals dazu aufgerafft haben, dann nur, weil das eben der Preis für eine Beziehung ist, die länger als nur bis zum Frühstück dauert, in der sie den Kaffee macht und auch Sätze wie »Liebling, hol mir doch noch ein Bier!« inklusive sind. Trotzdem lohnt sich die Investition. Jedenfalls aus männlicher Sicht. Schließlich weiß keiner besser als der Mann, dass es weitaus günstiger ist, einer Frau ein paar Wochen lang Komplimente zu machen, als jahrelang selbst beim Kochen, Putzen und natürlich beim Sex Hand anzulegen, selbst dann, wenn Mutti die ersten beiden Tätigkeiten übernimmt.

Hat er jedoch erreicht, was er wollte, scheint er von einer Minute auf die andere von einer Totalamnesie in Sachen Liebesbekundungen befallen zu sein. Er stellt jegliche Aktivitäten ein, ihr nahe zu bringen, dass sie sich nicht nur durch ihren genetischen Code von einem Möbel unterscheidet, und findet, dass es doch ziemlich übertrieben sei, solcherlei emotionale Höchstleistungen von ihm einzufordern. »Sie weiß doch, dass ich sie liebe!«, sagen Männer dann, wenn Frauen nach Jahren der Abstinenz einen kleinen Gefühlsausdruck einfordern. Und behaupten, dass man ihre tiefe Zuneigung schon aus der Tatsache ableiten könne, dass sie wissen, wie wir heißen und ob wir blond oder brünett sind (obwohl sich manche Männer selbst da nicht ganz sicher sind).

Aber das ist nicht die einzige Kuriosität im Hinblick auf die männliche Weigerung, wenigstens einmal in der Woche den Romeo zu geben. Denn so gut Männer sonst auch im Rechnen sein mögen – »Wenn ich die Tomaten die nächsten zehn Jahre bei Aldi kaufe, können wir uns im Jahr 2033 endlich deine Schuhe leisten« –, bei der Ermittlung des optimalen Ausgleichs von romantischem Aufwand und häuslicher Wirkung entpuppen sich ca. 99 Prozent als Mathematik-Frühinvaliden. Keinem scheint klar zu sein, dass Frauen schon für ein einfaches »Du bist die Beste, Schatz!« ähnlich dankbar sein würden wie für ein Schnitzel nach drei Jahren »Brigitte«-Diät. Für ein »Ich werde dich ewig lieben!« würden wir sogar mit dem Schwanz wedeln, wenn wir denn einen hätten, und für ein regelmäßiges »Keine Frau ist so schön wie du« würden wir Dinge tun, die wir hier lieber nicht nennen möchten. Nur so viel: Sie stehen alle im Strafgesetzbuch. Nirgendwo könnten Männer für so wenig Einsatz so viel Aufmerksamkeit, Dienstleistung und Hingabe ernten wie für Spurenelemente von Liebesbekundungen. Aber was tun sie? Sie bleiben stumm wie die Fische. Und nicht mal die heilige Inquisition könnte ihnen folgende Sätze entlocken:

- Kann ich dir was aus der Küche mitbringen?
- Ich habe mich geirrt.
- Sie hat viel zu große Brüste,
- Ich möchte manchmal einfach nur fest umarmt werden.
- Wir sind ja ewig nicht mehr beim Shopping gewesen.
- Kauf dir ruhig beide Kleider – ich bezahle dann gleich.
- Sportschau? Doch nicht, wenn du »Dornenvögel« sehen willst.
- Nimm du die Fernbedienung.
- Es gibt einen neuen Film mit Hugh Grant. Wollen wir den nicht sehen?
- Lass doch den Abwasch, setz dich lieber hin, ruh dich aus, ich erledige das dann schon.
- Was willst du morgen essen?
- Diese 20-Jährige? Also die kann dir wirklich nicht das Wasser reichen!

Natürlich schreiben lang gediente Ehemänner auch keine kleinen Zettelchen, auf denen steht »Wie soll ich nur einen ganzen langen Arbeitstag ohne dich aushalten?«, schicken Blumen ins Büro oder rufen uns dreimal am Tag an, nur um uns zu sagen, was für außerordentlich herrliche Frauen wir sind (außer, sie haben eine Geliebte, unsere Mutter beleidigt oder unseren Kosmetikschrank angezündet). Liebesbriefe? Tja, da können wir froh sein, dass es E-Mail und SMS gibt, weil wir sonst gar nicht wüssten, ob er überhaupt schreiben kann. Allerdings nutzt er die 160 SMS-Zeichen nicht etwa dafür, zehneinhalbmal »Ich liebe dich« zu versenden, sondern bloß um mitzuteilen, dass man seinen Anzug aus der Reinigung holen soll oder seine Mutter zum Essen kommt. Hingabe, Entzücken, Gefühlsüberschwang? Das kennt er doch bloß, wenn ihm im Plattenladen eine besondere Rarität unter die Finger kommt oder er seinen Computer nach vier Wochen Nachtarbeit endlich so programmiert hat, dass er ihn morgens auf Suaheli begrüßt. Das glauben Frauen und suchen das emotionale Defizit, dass ihnen ihre Männer bescheren, mit ganz eigenen Strategien zur Gewinnung des kostbaren Rohstoffs »Gefühl« auszugleichen:

Überschütten

»Er soll wissen, dass ich verrückt nach ihm bin«, erklärt uns Susi, 35, wenn sie an einem unserer Frauenabende zum dritten Mal zum Telefon greift, um ihren Thomas zu besäuseln. Uns fielen für eine solche Fürsorge zwar nur Gründe ein, die alle etwas mit tödlichen Krankheiten, Asteroideneinschlägen oder anderen Katastrophenfällen zu tun haben, aber Susi glaubt eben, wenn sie ihren Mann nur so richtig mit Liebe überschüttet, wird der sich schon irgendwann ein Beispiel nehmen und ihr gleichfalls nach Kräften zeigen, dass er seine »Susimausi« für Gottes größtes Geschenk seit der Erfindung der Bundesliga hält. Leider findet »Thommili« anscheinend, dass Susi mehr als genug Gefühl für zwei produziert, und übt sich in vornehmer Zurückhaltung. Oder anders formuliert: Je mehr Susi ihn mit Gefühlen überschüttet, umso reservierter wird er. Schließlich fehlt doch irgendwie der Ansporn, sich selbst ins Zeug zu legen, zu werben, zu betören, zu erobern, wenn der andere anscheinend schon in Ekstase gerät, nur weil man auf dem gleichen Planeten wandelt. Hier gilt, was schon Supermacho Ernest Hemingway erkannte: Je besser du einen Mann behandelst und je mehr du ihm zeigst, dass du ihn liebst, umso rascher hat er dich satt.

Erklären

O.k., er beansprucht zwar immer den bequemsten Sessel, die beste Aussicht, das letzte Stück Schokolade und fast hätte sie sich kürzlich die Nase gebrochen, bloß weil sie irrtümlich dachte, dass er ihr die Glastür aufhält – kurz: Nichts, aber auch gar nichts deutet darauf hin, dass er für seine Frau mehr empfindet als für Fußpilz. Trotzdem weiß sie, dass ganz tief drinnen, also unter dieser herzlosen, kaltschnäuzigen Schale, ein goldenes Herz schlägt – und zwar für sie. Und um diese äußerst gewagte Behauptung zu belegen, sammelt sie ständig Indizien. Hat er nicht kürzlich so etwas wie »Danke!« gemurmelt, als sie ihm ihr Erspartes für einen neuen DVD-Player in die Hand gedrückt hat? Hat er ihr nicht kürzlich eine Rose aus der Stadt mitgebracht? (Gut, das war ein Werbegeschenk, aber schließlich hat er es nach Hause getragen!) Und wie süß seine Idee war, ihr zum Geburtstag das Geld für die Schuhe zu geben, die sie schon vor vier Wochen gekauft hat. Folge: Siehe oben – wozu soll sich ein Mann noch anstrengen, wenn seine pure Existenz schon als dermaßen beglückend empfunden wird?

Träumen
Vom Blitz getroffen, von Romantik überwältigt, von Leidenschaft hingerissen werden – das ist das Mindeste, was Frederike von ihrer Beziehung erwartet. Unter Liebesbekundungen in der Größenordnung eines Hurrikans oder einer Springflut tut sie es nicht. Sie will nichts Geringeres als Romantik-Spitzensport, Gefühls-Olympiade und Emotions-Rekorde. Gut, erfahrungsgemäß wächst auch der Mann an unseren Ansprüchen – allerdings nur so lange, wie Herzkranzgefäße und Cholesterinspiegel diesen Dauerstress mitmachen. Und leider verschüttet die eingeforderte Lawine an Liebesbeweisen jede eigene männliche Ambition. So bleibt bei ihr immer ein ungutes Gefühl zurück: Würde er das alles auch freiwillig für mich tun? Er dagegen lernt ziemlich schnell, dass er ein wesentlich bequemeres Leben hat, wenn er tut, was sie wünscht, ohne etwa mit einem romantischen Candle-Light-Dinner mehr zu verbinden als mit jedem anderen Geschäftstermin in seinem Kalender. Er spult einfach das erwartete Romantik-Repertoire ab und denkt dabei an etwas, was ihn wirklich emotional total bewegt: den Abstieg seines Fußballvereins in die zweite Liga!

Vergleichen
Konkurrenz belebt das Geschäft, glauben nicht wenige Frauen und reiben ihren Männern stets und ständig vermeintlich leuchtende Beispiele aus Nachbarschaft, Freundeskreis, Hollywood und »Bunte« unter die Nase: »Herbert hat seiner Frau aber einen Kleinwagen geschenkt!«, heißt es, wenn er ihr mit einem schönen Schal kommt. »Klaus lädt Simone auf die Malediven ein«, erklärt sie, wenn er ihr eine Urlaubsreise in die Toskana offeriert. Leider sind Männer ziemlich unempfindlich gegen diese Art von Ansporn. Würden wir ihnen sagen, dass Herr X einen größeren Werkzeugkasten hat oder Herr Y einen Doppel-Carport – ihr Ehrgeiz wäre sicher geweckt. Aber wenn sich ein Geschlechtsgenosse bei seiner Frau zum Idioten macht – und das tut er in Männeraugen, wenn er das eheliche Schlafgemach mit Rosenblättern bedeckt und es auch noch zulässt, dass seine Frau darüber spricht – bitte schön! Er jedenfalls hat nicht vor, zum Gespött der Nachbarschaft zu werden, nur weil seine Frau sich für die Inkarnation von Julia hält. Und noch etwas gilt es zu bedenken, bevor man vor Neid verglüht, wenn man von jenen seltenen Exemplaren hört, die ihrer Frau schon vor dem Frühstück den Don Juan geben: Meistens haben solche Männer in anderen Beziehungsbereichen ziemliche Defizite. Zum Beispiel in der Kategorie »Haushalt« oder in puncto »Geldverdienen«. Auch hier gilt: Kein Mann erreicht überall Bestnoten, und wenn man genau hinschaut, statt immer nur sehen zu wollen, was man für seine Argumentationsketten braucht, fällt einem das auch auf.

Aber: Woran merkt man nun eigentlich, dass man geliebt wird? Einfach so und ohne mit Hungerstreik zu drohen oder ihm die Fernbedienung wegzunehmen, bis er endlich sagt: »Ich liebe dich!«? Gar nicht so einfach. Schon weil das, was jeder unter Liebesbekundungen versteht, so individuell ist wie ein Fingerabdruck. Die einen brauchen viele Worte dafür, um einen Gefühlsausbruch von der Ziehung der Lottozahlen zu unterscheiden. Anderen genügt eine zarte Andeutung, eine Berührung, eine Geste oder einfach auch nur ein Blick. Manche legen Wert auf Symbole wie Essenseinladungen oder Frühstück im Bett. Und dann gibt es solche, die schon hoch zufrieden sind, wenn ihr Liebster bemerkt, dass sie ein neues Kleid oder eine neue Frisur haben.

Das ist das eine. Das andere: dass Männer eine ganz eigene Art haben, ihre Zuneigung auszudrücken, eine, die sich von unserer in einem wesentlichen Punkt unterscheidet: Sie bleiben dabei weitgehend stumm. Und das ist das Problem: Wir finden, dass Gefühle nur echt sind, wenn sie in einer Art Verbal-Durchfall über uns hereinbrechen. Wir glauben, dass man wahre Liebe daran erkennt, dass mehr Worte darum gemacht werden als um die Gesundheitsreform. Wir denken, dass wir sozusagen das Copyright auf die einzige Art, Zuneigung zu zeigen, haben und die tausend anderen Möglichkeiten dagegen nur blasse Kopien, schlechte Nachahmungen sind.

Und wir irren uns. Warum sollte es schlechter sein, Taten statt Worte sprechen zu lassen? Dem anderen zu zeigen, wie sehr man ihn schätzt, indem man ein Regal an die Wand dübelt, den Rasen mäht oder den Wagen in die Werkstatt bringt? Kein Wunder, wenn Männer oft gar nicht wissen, wovon wir eigentlich sprechen, wenn wir sagen: »Nie sagst du mir, dass du mich liebst!« Schließlich tun sie eine ganze Menge, wenn man genau hinguckt und einmal aufhört, seine eigenen Gefühlsmaßstäbe auch auf sie anzulegen. Sie haben ihre eigenen, und die sind mindestens ebenso viel wert wie die unsrigen.

Denn mal ehrlich: Letztlich sagen Taten ja wirklich oft mehr als tausend Worte. Und ein Mann, der uns mit einem Fünf-Gang-Menü überrascht, ohne dass die Küche nachher wie Kabul aussieht und wir die UNO spielen und ganz allein die ganze Wiederaufbauarbeit leisten müssen; der anruft, wenn er es versprochen hat; der sieht, wenn wir Hilfe brauchen oder einfach nur eine Entspannungspause und uns dann einen Kaffee kocht oder ein Bad einlässt, ist doch letztlich jedem versierten Süßholzraspler vorzuziehen, oder?

Hören wir also auf, von Männern zu erwarten, dass sie gefälligst genauso ticken wie wir. Wir bringen uns sonst nämlich nicht nur um die schönsten Liebeserklärungen in Form von Dienstleistungen. Wir müssten auch auf das Gefühl verzichten, wenigstens für *einen* Menschen etwas ganz Besonderes zu sein, wenn wir seine Aktivitäten in Sachen Gefühlsausdruck einfach als Banalitäten missverstehen.

Falls Ihnen diese Vorstellung Probleme bereitet: Denken Sie sich Ihren Fisch einfach als Kater. Der bringt der ihm am nächsten stehenden Person bekanntlich gern mal eine tote Maus oder einen angefressenen Vogel, um seine unbedingte Zuneigung zu beweisen. Und was tun Sie in einem solchen Fall? Werfen Sie ihm etwa vor, dass es wieder mal nicht zu einem Blumenstrauß gereicht hat? Dass er sie wenigstens hätte ins Kino einladen können und dass er Sie – wo wir gerade dabei sind – schon seit Ewigkeiten nicht mehr daran erinnert hat, was genau er an Ihnen eigentlich liebt? Sie sagen: »Braves Kätzchen! Frauchen hat dich auch lieb« und fühlen sich ziemlich geschmeichelt. So ist das auch mit der Liebe: Das Tragen von Koffern, das Begleiten in die Oper, das Schließen von Kleidern, das Töten von Ungeziefer, das Säubern des Katzenklos, das alles sind die toten Mäuse unseres Liebeslebens, eine ganz besondere Gunstbezeugung, über die wir uns gebührend freuen sollten.

Kapitel 11
Die Liebe und ihr Nachwuchs

Fische zeugen schnell mal Kinder. Kein Wunder, denn der Fisch muss ja nicht viel mehr tun, als über die gelegten Eier zu schwimmen und sein wunderbares Sperma darauf zu verteilen. »Viele aquatische Wirbellose setzen ihre Eier und Spermien einfach in das umgebende Milieu frei, und die Befruchtung erfolgt, ohne dass sich die Eltern je körperlich berühren«, so das Spektrum Lehrbuch Biologie. Was die männlichen Fische dann aber tun, davon könnten sich die menschlichen Fische sehr wohl ein Scheibchen abschneiden. Elterliche Fürsorge scheint zwar generell kein Fisch-Steckenpferd zu sein, wenn aber doch, dann kümmert sich in etwa 69 Prozent der Fälle das Männchen um den Nachwuchs. Es gibt sogar Fischarten, da ist das Männchen alleiniger Erzieher. Das ist weder im Tierreich noch in der realen Welt sehr häufig so. Aber bevor es an die Frage der Aufzucht geht, muss natürlich erst mal das große Ganze geklärt werden:

Kinder – ja oder nein?

Das ist eine sehr persönliche Frage, eine Frage, die wir Ihnen nicht abnehmen können und wollen. Die Kinderfrage ist eine, die jedes Paar für sich zu klären hat. Am besten gemeinsam. Sind Kinder tatsächlich die absolute Krönung der Liebe? Geben nur sie dem Leben erst den einzig wahren Sinn oder sind sie nervtötende kleine Ungeheuer und in Zeiten der Überbevölkerung unnötig wie ein Kropf? Das sollten Sie als Paar ganz allein und in aller Ruhe entscheiden, egal wie viele potenzielle Omas ihr Recht auf Enkelkinder einklagen und egal wie sehr ihre biologische Uhr tickt. Überlegen Sie gründlich, denn Sie sind es schließlich auch, die mit dieser Entscheidung dann leben müssen.

Wir werden uns in diesem Kapitel lediglich recht nüchtern mit der Frage beschäftigen, was mit einem Paar passiert oder passieren kann, wenn es Kinder hat. Nur so viel vorab: Es ändert sich eine Menge, nicht nur, aber auch, weil Sie vom Paar zur Familie werden.

Wer Kinder hat, taucht ein in eine neue, auf den ersten Blick oft bizarre und skurrile Welt. Die Welt der schlaflosen Nächte, der Elternabende, der Windpocken, Teletubbies, Pekipkurse und der verschmierten Sofas.

Na und, da können Sie nur müde lächeln, schließlich haben Sie ein Survival-Training in Nepal hinter sich, waren auf der Love Parade, haben Jahre auf dem Kiez gelebt und sind Bungee gesprungen? Ihr Kerl schmutzt auch nicht weniger als ein Kleinkind, Sie meistern täglich souverän berufliche Herausforderungen in Fragen der Hochhausstatik und schaffen es sogar mit Ihrer Schwiegermutter zurechtzukommen? Sie können ein Soufflé backen und wissen alles über moderne Kunst? Was soll da ein klitzekleiner Säugling Ihrem feinen, perfekt ausbalancierten Leben antun?

Es ist wirklich verwunderlich, aber diese zarten, unschuldig wirkenden Wesen, die unter uns gesagt grässlich schreien können, verändern mit ihrer Ankunft so einiges. Und bei diesen Veränderungen nützt Ihnen all ihr schönes Wissen über perfekte Soufflés und moderne Kunst auf einmal gar nichts mehr. Das Interessante am Kinderhaben: Es gibt Begleiterscheinungen, die man steuern kann, andere wiederum sind unvermeidlich und man kann nur noch versuchen, das Beste draus zu machen. Es ist ein bisschen wie mit den Windpocken: Hat man den Virus, dann hat man ihn. Aber manche haben trotzdem mehr Pusteln und manche weniger. Ganz ohne Pusteln allerdings geht es nicht. Das liegt in der Natur der Sache. Und so ist es auch mit den Kindern. Ohne bestimmte Begleiterscheinungen geht es nicht. Die Menge jedoch variiert und das liegt, im Gegensatz zur Pustelmenge, auch ein bisschen an Ihnen.

Sag Mutti zu mir

Eben noch waren Sie ein wunderbares, dynamisches, zielstrebiges und vergnügtes Paar, und mit dem Tag der Geburt werden Sie zu Eltern. Zwangsläufig. Sie wollten es ja so. Außerdem sind Sie auf einmal auch Mutti und Vati. Mit der trauten Zweisamkeit ist es jetzt vorbei. Definitiv und endgültig. Jedenfalls für die nächsten 16 bis 20 Jahre. (Wenn Sie es tatsächlich schaffen, dass Ihre Kinder nach der Schule ausziehen …)

Es ist verdammt viel Arbeit, neben Vati und Mutti auch noch Mann und Frau zu bleiben. Kinder kosten Zeit und Mühe, da bleibt oft wenig für den Einzelnen und noch weniger für das Paar übrig. Eigene Bedürfnisse rücken in den Hintergrund, das Kind bestimmt das Geschehen und beherrscht die Gesprächsthematik. Was tun, um nicht komplett zu mutieren und eines Tages aufzuwachen, und vom eigenen Kerl »Mutti« genannt zu werden und damit den Untergang von Leidenschaft, Begierde und allem was dazugehört einzuläuten?

Um ein Paar zu bleiben, muss man Zeit miteinander verbringen. Und die Zeit muss man sich nehmen. Das klingt logisch und das werden Sie natürlich auch machen. Aha. Aber wann? Schließlich gibt es noch so profane Dinge wie Beruf, Haushalt, Hobbys und Freunde. Und schon für all diese Bereiche brauchen Sie jemanden, der sich in dieser Zeit um ihr Kind kümmert, schließlich kann man den reizenden Nachwuchs nicht überallhin mitnehmen. Und manchmal will man auch einfach nicht. Wenn Sie arbeiten, im Fitnessclub versuchen, Ihren Körper wieder in vorschwangerschaftlichen Zustand zu versetzen (ein diffiziles Unterfangen übrigens, an dem eine der Autorinnen noch bei der Einschulung ihres Kindes arbeiten wird), wenn Sie mit Freundinnen eine nette Kneipentour unternehmen oder einfach nur mal ohne Anhang schnell ein neues Handtäschchen kaufen.

Um als Paar gemeinsam etwas zu unternehmen, müssen Sie zuvor ihr Kind wegorganisieren. Das klingt nicht schön, eher radikal und lieblos, und schon deshalb haben viele ein schlechtes Gewissen, nur für einen freien Abend mit dem Liebsten – von denen man ja auch schon einige hatte – die Kleine schon wieder irgendwo anders zu parken. Abzugeben. So viel Egoismus gönnen sich viele Paare nicht. Sollten sie aber, denn den Kleinen, gerade den ganz Kleinen, schadet es kein bisschen, wenn sie mal eine Nacht bei Oma verbringen oder bei einem Babysitter. Neue Studien belegen sogar, dass es für Kinder gut ist, mehrere Bezugspersonen zu haben. Sie tun also mit dem, was Ihnen bislang vielleicht egoistisch erschien, sogar noch Gutes für Ihr Kind.

Wenn weniger Ihr Gewissen als vielmehr Ihr Geldbeutel das Problem ist, wechseln Sie sich mit anderen Eltern ab. Wo eins schreit, kann auch noch ein zweites schreien. Wenn man weiß, dass dafür als Gegenleistung ein freier Abend rausspringt, macht einem das Geschrei schon gleich weniger aus. Auch Tauschgeschäfte bieten sich an: Mein Mann montiert dir die Winterreifen und dafür passt du mal auf unseren Kevin auf. Oder: Ich schneide dir die Haare oder gebe deiner Tochter Nachhilfe in Buchführung.

Es gibt zahlreiche Möglichkeiten, wenn man wirklich will. Eine der klassischen ist die Familie oder die Patentante. Viele junge Eltern wagen es allerdings nicht, ihr Kind in »fremde Hände« zu geben. Was könnte da alles schief gehen? Erlaubt Tante Gerda nicht viel zu viel Fernsehen, gibt es bei Oma nicht ständig Süßes, und passt die Babysitterin auch wirklich so auf unser Goldstück auf, wie sie sollte?

Wer seine Kinder abgibt, muss lernen, sich zu entspannen. Es mag sein, das niemand es genauso macht wie Sie. Und wenn schon, bleibende Schäden wird ein gelegentlicher Abend mit einer anderen Person bei Ihrem Kind schon nicht hinterlassen. Und ein bisschen Vertrauen gehört bei einem Leben mit Kind generell dazu. Seien Sie nicht so streng mit Oma und Co., auch Sie gucken eventuell im Hotel morgens in die Glotze und rauchen mal im Bett, genießen es sogar, obwohl es zu Hause tabu ist. Da würden Sie es ja auch nie machen. Na also. Ähnlich ist es mit den Kleinen. Kinder können sehr gut unterscheiden, wo sie sind und was wo erlaubt ist.

Übrigens: Großeltern und Betreuungspersonen halten sich durchaus an Absprachen, wenn man ihnen umgekehrt auch einen gewissen Freiraum überlässt. Nur streng reglementiert wird niemand gerne. Vor allem, wenn diese Person nicht Ihre Angestellte ist, sondern jemand, der Ihnen einen Gefallen tut.

Gehen Sie also aus. Mit Ihrem Mann. Nur Sie beide. Reden Sie auch mal über etwas anderes als Ihren Sprössling. Schauen Sie sich einen Film an. Gehen Sie ins Theater oder auf ein Konzert. Mieten Sie sich ein Hotelzimmer und haben Sie herrlichen ungestörten Sex. Arbeiten Sie das gesamte Kamasutra an einem Abend ab. Machen Sie, wonach Ihnen auch immer der Sinn steht. Auf jeden Fall: Genießen Sie den Abend! Rufen Sie nicht jede halbe Stunde zu Hause an. Wenn wirklich etwas passiert, erfahren Sie es schnell genug, ansonsten wecken Sie mit Ihren Anrufen nur das Kind und stören den Babysitter beim Fernsehen.

Ganz wichtig: Beruhigen Sie sich. Die wenigstens Kinder landen in der Gosse oder müssen jahrelang in die Therapie, nur weil ihre Eltern ab und an ohne sie weggegangen sind. Wer Zeit mit dem Partner verbringt, kann es nämlich durchaus schaffen, neben Mutti und Vati auch ein Paar zu bleiben. Wenigstens zeitweise. Dafür lohnt es sich, Prioritäten zu setzen und auch mal an sich zu denken. Davon mal abgesehen, irgendetwas müssen Ihnen Ihre Kinder ja später auch vorhalten können.

Luxus Kind
Ein Kind verschlingt, so die Statistiker, im Laufe seines Lebens ungefähr den Gegenwert einer mittleren Eigentumswohnung. Kinder sind wahre Geldfresser. Sie kosten schon, bevor sie überhaupt auf der Welt sind. Und sie ziehen einen Rattenschwanz an Folgekosten hinter sich her. Ihr metallicblaues Zweisitzer-Cabrio ist sicher äußerst niedlich, hat aber kaum Platz für Sie und das Handtäschchen, geschweige denn für Kind, Fläschchen und Windelequipment sowie den Kinderwagen. Was nicht heißt, dass Sie, kaum halten Sie den himmelblauen Mutterpass in der Hand, losrennen müssen, um sich einen Kombi oder Van zu kaufen. Ähnlich ist es mit dem Wohnen: Ein positiver Schwangerschaftstest bedeutet nicht, dass Sie sich umgehend aufs Land verziehen müssen, um von da an in einem Reihenhäuschen ihr Leben zu verbringen. Trotzdem prophezeien wir, werden viele von Ihnen genau da landen. Weil Lofts und schicke Altbauwohnungen im 4. Stock zwar irre trendy sind, es bei Kindern aber auch viele Vorteile hat, wenn man die wohlgenährten Wonneproppen nicht täglich 120 Stufen hochtragen oder -schleifen muss und vor allem auch mal sagen kann: »Geh in den Garten oder geh in dein Zimmer.« Eine eigene Rückzugsmöglichkeit zu haben ist etwas, was gerade Eltern mit Kindern sehr schätzen lernen. Nicht nur fürs Kind, sondern auch für sich selbst. Egal wie klein die Kemenate ist: Für viele Jungeltern in den ersten Monaten ist der Gedanke, ein Wochenende in einer schalldichten Zelle weggesperrt zu werden, keineswegs ein schrecklicher Gedanke, im Gegenteil.

Kinder wollen viel: Barbies, Designerjeans, Bobby Cars und Mopeds. Dazu zentnerweise Lego, Playmobil, CDs, DVDs, H-Men und Lackschuhe. Eine Ritterburg, eine Eisenbahn, ein Puppenhaus, einen Walkman und dazu bitte noch 27 verschiedene Diddlmäuse. Die Liste ist endlos und die Ansprüche steigen fast minütlich. Eltern zahlen zusätzlich Klavierstunden, Aikidovereine und Klassenfahrten. Kinderschuhe, so winzig sie auch sind, kosten unverschämterweise kaum weniger als Ihre Slingpumps.

Sie werden also, trotz staatlichem Kindergeld (nicht zu verwechseln mit *stattlichem* Kindergeld), eine Menge mehr Geld ausgeben als je zuvor und dafür höchstwahrscheinlich weniger verdienen. Das klingt nicht nach einem guten Geschäft? Richtig, unter merkantilen Gesichtspunkten ist das Kinderkriegen mit Sicherheit kein gutes Geschäft. Denn irgendwo müssen Sie das, was Ihr Kind kostet, ja einsparen, außer Sie sind mit einem Fisch namens Goldesel liiert oder selbst so reich, dass Ihnen die Euros aus den Ohren hängen. Im Zweifelsfall werden Sie an sich selbst sparen. An Dingen, die Sie sich in Ihrer kinderlosen Zeit einfach mal so gegönnt haben, wie ein schönes Abendessen, sündhaft teure Ohrringe oder auch nur ein netter neuer Liebesroman.

Sie sind empört? Schließlich ist ein Kind doch nichts, was man berechnen kann? Da geht es doch um anderes? Um das große Ganze und nicht den schnöden Mammon. Sie verzichten gerne, wenn Sie dafür aus diesen putzigen großen dunkelbraunen Augen angeguckt werden? Wie schön für Sie, denn natürlich wissen auch wir: Geld ist nicht alles, aber es ist gut zu wissen, dass man mit Kindern eher weniger davon hat. Ihr Luxus ist es dann eben, sich Kinder zu leisten.

Hobbyersatz Kind

Kinder ersetzen mühelos diverse Hobbys. Da sind sie geradezu omnipotent. Man kann sich ohne Probleme rund um die Uhr mit ihnen beschäftigen. Im Gegensatz zu gewöhnlichen Hobbys kann man sie allerdings nicht ablegen, wenn man genug davon hat. Sie bleiben. Und das oft wesentlich länger, als werdende Eltern sich vorstellen können. Es ist nicht wie mit dem Fitnessclub oder dem Seidenmalkurs. Beide kann man kündigen, im blödesten Fall zahlt man und geht nicht hin. Bei Kindern gibt es weder Umtausch noch Kündigung. Die sind vielmehr Lebensaufgabe.

Kinder sind perfide kleine Zeitfresser. Sie verschlingen einen Tag nach dem anderen und hin und wieder fragt man sich, was habe ich eigentlich den lieben langen Tag getan? Oft sind besonders Jungeltern enorm ernüchtert. Barbara erinnert sich gut: «Ich habe mir in der Schwangerschaft vorgenommen, auf jeden Fall die Alte zu bleiben. Nicht direkt mit den Presswehen mein normales Leben zu den Akten zu legen. Ich wollte weiterhin jeden zweiten Tag joggen, einmal die Woche mit meinen Freundinnen um die Häuser ziehen und auf jeden Fall meinen Job behalten. Na ja, das mit dem Job schaffe ich so gerade, wie lange noch, weiß ich allerdings nicht. Aber der Rest ist total hinten runtergefallen. Der Tag hat eben nur eine begrenzte Stundenzahl. Und außerdem bin ich abends auch echt zu erschöpft, um noch auszugehen. Kinder ähneln diesen grauen Zeitmenschen bei Momo. Sie sehen nur süßer aus. Ehe du dichs versiehst, ist der Tag rum und ich war wieder nicht laufen. Von Abenden mit meinen Freundinnen gar nicht zu reden. Zeit ist auch einfach nicht mehr so berechenbar. Egal wie gut du alles organisierst, irgendwas geht immer schief. Mal kriegt unser Gregor ausgerechnet an dem einen Abend, an dem ich einen Babysitter habe, Fieber und schreit rum wie verrückt, so dass ich dann doch wieder daheim bleibe. Und wenn ich tatsächlich mal rennen will, schüttet es garantiert oder mein Mann hat doch noch einen dringenden Termin. Für mich ist dieser Mangel an Zeit, Auszeit für mich und meine Interessen, das Schwierigste am Muttersein. Das Wort Langweile hat für mich mittlerweile fast was Verlockendes. Man muss Zeit haben, sich zu langweilen. Einfach vor sich hin gammeln, ohne jemanden, der ständig was will, klingt richtig verlockend, finde ich. Und mal ehrlich, nachträglich betrachtet habe ich meine freie Zeit früher überhaupt nicht zu schätzen gewusst.«

Zeit ist, wenn man Kinder hat, ein rares Gut. Zeit muss man sich erkämpfen, abringen und manchmal auch erstreiten. Hier hilft ein klares und festes Reglement. Einen Abend du, einen ich. Mal sittet er, mal sie. Jeder der Partner hat Anrecht auf eigene frei verfügbare Zeit. Ist logisch, finden Sie? Mag sein, aber Realität ist es nicht. Männer haben nach dem Vaterwerden, was Freizeitaktivitäten angeht, viel seltener Einbußen. Sie gehen nun mal donnerstags zum Skat und samstags morgens mit den Jungs zum Jazzfrühschoppen. Seit Jahren. Das sind Termine, die nicht mal zur Disposition stehen. So sollten Sie es auch mit Ihren Lieblingsbeschäftigungen halten. Das Kind hat einen Vater, und der ist durchaus in der Lage, ab und an ohne Sie auf das Kleine aufzupassen. Sie können es schließlich auch.

Erziehung ist ein Kinderspiel
Was auf den ersten Blick als leicht zu meistern erscheint – schließlich haben es ja schon jede Menge Leute hinter sich –, fordert allerdings nicht nur Basiswissen, sondern auch eine Menge guter Nerven. Denn das Merkwürdige beim Thema Erziehung ist, *jeder* kennt sich damit aus und hat dutzendweise Patentrezepte. Die Welt ist voll mit Experten und garantiert wird absolut jeder in ihrem Umfeld – von ihrer Schwägerin bis zur Supermarktkassiererin – alles besser wissen als Sie. Das liegt ein bisschen in der Natur der Sache: Kindererziehung erfordert keine komplizierten Prüfungen. Wer welche hat, erzieht drauflos. Und auch die Menschen, die keine Kinder haben, haben mit Sicherheit eine Meinung zum Thema.

Die ständige Debattiererei kostet Nerven. Nerven, die Sie eigentlich, wenn Sie Kinder und einen Mann haben, auch an anderen Stellen Ihres Lebens sehr gut gebrauchen könnten. Und meist bringen Diskussionen wenig. Also machen Sie es so, wie Sie es für richtig halten. Und versuchen Sie, eine gemeinsame Linie mit Ihrem Partner zu finden.

Streit über Kindererziehung rangiert auf der Liste der Dauerthemen in Beziehungen ganz oben. Das hat viele Ursachen. Jeder von uns hat seine Erziehungsgeschichte hinter sich. Ist geprägt von den eigenen Eltern. Will es entweder ganz anders oder ganz genauso machen. Sie ist für antiautoritäre Erziehung, er findet, ein kleiner Klaps hat noch keinem geschadet. Gute Manieren gehören dazu, denkt sie, er hält das wiederum für unnötige Reglementierung. Ohne Klavierstunde wird man kein ganzer Mensch, meint er, sie hält Leichtathletik für wichtiger. Die Liste ist endlos fortzusetzen und es ist gut, eine gemeinsame Linie reinzubringen. Ohne Kompromisse werden Sie sich die nächsten Jahre mit Ihrem Partner streiten. Das ist nervig und unnötig. Wenigstens die groben Erziehungsziele sollten kompatibel sein. Es erleichtert alles ungemein.

Karrierebremse Kind

Für Männer ist es hinsichtlich ihrer beruflichen Ambitionen gut, Kinder zu haben. Personalchefs lieben Familienväter. Die sind meist engagierter, verantwortungsbewusster und zielstrebiger. Neuste Studien zeigen: Sie arbeiten auch mehr. Mehr als Männer ohne Kinder. Was für Personalchefs natürlich sehr angenehm ist, ist für Sie noch lange kein Gewinn, auch wenn es auf den ersten Blick so scheint. Man hat herausgefunden, dass Familienväter mit jedem Kind länger arbeiten und damit natürlich auch weniger zu Hause sind. In einer Studie des Familienministeriums steht es schwarz auf weiß: Der kinderlose Mann tummelt sich genau eine Stunde und 58 Minuten im Haushalt, ist ein Kind da, reduziert der erschöpfte Mann seinen Anteil auf 26 Minuten.

Was bedeutet das für Sie? Dämmert es Ihnen? Genau – je mehr Ihr Mann aushäusig arbeitet, umso mehr bleibt die Arbeit an Ihnen hängen. Die innerbetriebliche sozusagen. Durch seine Mehrarbeit im Beruf fördert er nicht nur seine Karriere, sondern zieht sich auch immer mehr raus aus dem häuslichen Arbeitsfeld.

Das »bisschen Haushalt« wird so auf lange Sicht schleichend wie ein heimtückischer Virus zu Ihrer alleinigen Aufgabe. Selbst so genannte moderne Männer werden durch Kinder oft zu sehr traditionellen. Sie mutieren zu den typischen Papas, die abends erschöpft nach Hause kommen, den Kleinen, die frisch gebadet und im Schlafanzug auf den Papa warten, noch schnell einen Gutenachtkuss auf die gecremte Wange hauchen, an guten Tagen noch ein kleines Geschichtchen vorlesen – und das war es dann oft auch schon.

Leider sind Kinder für die meisten Frauen nicht das, was man ein Karrieredoping nennen kann. Die wenigsten Chefs öffnen auf die Verkündung einer Schwangerschaft erst mal eine Flasche Schampus und freuen sich dann fast ebenso ekstatisch wie die werdende Mutter. Die meisten sehen sich, kaum hat man den Raum verlassen, schon nach Ersatz um, und niemand glaubt einem so richtig, dass man nach dem Mutterschutz gerne wieder auf der Matte stehen will. Teilzeitmodelle sind nicht die Regel, Kinderbetreuung schwierig, kein Wunder, wenn ein Grossteil der Frauen nach dem Muttersein karrieremäßig eher nach unten dümpelt oder sich mit Müh und Not auf dem vorgeburtlichen Level hält.

Frauen mit Kindern sind für Arbeitgeber ein Risiko. »Was, wenn Ihr Kind krank ist?«, war denn auch die erste Frage, die Charlottes Chef ihr stellte, als sie ihm eröffnete, dass sie auch mit Kind gerne weiter arbeiten würde. Auch wenn es mittlerweile andere Chefs gibt sollten Sie berufliche Ambitionen haben und es gewagt haben, trotzdem ein Kind zu bekommen, machen Sie sich auf einiges gefasst. Auf Vorträge, die Ihnen ungefragt gehalten werden, von Rabenmüttern, die ihre Kleinen in Krippen abschieben, um sich selbst zu verwirklichen. Dass Krippen heutzutage keine rostigen Gitterbetten haben, in denen bemitleidenswerte Kinder angeschnallt vor sich hin vegetieren und es Menschen gibt, die nicht nur aus Spaß arbeiten, davon haben viele dieser Bedenkenträger nicht den Hauch einer Ahnung. Sie wollen es auch gar nicht wissen, denn ihre Sicht der Dinge ist zur Zeit auch wieder ziemlich en vogue. Passt in die politische Großwetterlage. Denn wer, wenn nicht die berufstätigen Frauen, ist schuld an der hohen Arbeitslosigkeit? Muss denn heutzutage jeder arbeiten?

Lassen Sie sich nicht unterkriegen, wenn Sie denn arbeiten wollen oder müssen oder auch beides. Ihr Kind wird nicht dümmer oder verstörter als andere, nur weil Sie nicht rund um die Uhr verfügbar sind. Das ist mit zahlreichen Studien zu belegen, und schließlich genügt ein Blick zu unseren europäischen Nachbarn. Franzosen, Belgier und Engländer haben Ganztagsschulen und ihre Kinder sind nicht weiter zurück als unsere. Von der PISA-Studie mal ganz abgesehen.

Um Karriere und Kind unter einen Hut zu kriegen, werden Sie quasi im Zwei-Schicht-Betrieb arbeiten müssen und in jeder Schicht, ob am Wickeltisch, beim Kinderturnen oder im Büro und auf der Konferenz so tun müssen, als wäre die jeweils andere Schicht nicht existent. Karriereratgeber empfehlen berufstätigen Müttern, niemals öffentlich im beruflichen Umfeld über ihre Kinder zu sprechen. Nicht mal Fotos auf dem

Schreibtisch sind erlaubt. Alles angeblich karrierefeindlich.

Die Lösung: hartnäckig bleiben. Gute Betreuungskräfte suchen und hoffen, dass Ihr schlechtes Gewissen, das berufstätige Mütter fast automatisch in der Aktentasche mit sich rumtragen, nicht so groß wird, dass es Ihnen jeglichen Spaß an der Arbeit verdirbt. Und: Rechnen Sie nur nicht mit gesellschaftlicher Unterstützung.

Betreuungsfaktor

»Wie machen wir das?«, hat Christa aus Ludwigshafen vorrauschauend ihren Mann gefragt, als sie im 7. Monat schwanger war. »Das wird sich dann finden, wenn das Kleine erst mal da ist«, meinte Gernot, Christas Mann. Jetzt sitzt sie mit dem kleinen Schreihals und den Dreimonatskoliken zu Hause und wundert sich. Dass sich zwar alles gefunden hat, aber eben nicht so wie von ihr erträumt. Von selbst fügt sich nichts so, wie man es gerne hätte. Es gibt Dinge, die müssen vorab geklärt werden. Kaum ein Mann kommt nämlich nach der Geburt seines Kindes wie vom Blitzschlag der Erkenntnis getroffen spontan auf die Idee, für die nächsten Jahre in den Erziehungsurlaub zu gehen oder dauerhaft nur noch Aufzucht und Haushalt zu übernehmen.

Rund um die Uhr kümmern, Nasen putzen, zum Kinderarzt fahren und Vokabeln abhören sind Tätigkeiten, für die niemand einen Nobelpreis bekommt. Kindererziehung und Hausarbeit wird gering geschätzt. Mit viel Glück ergattern Sie einen Aufenthalt im Müttergenesungswerk. Mit anderen Worten: Undank ist der Welt

Lohn. Der wahre Held der Familie ist also nicht etwa die, die sich um Kind und Heim kümmert, sondern derjenige, der draußen in der großen weiten Welt das Geld ranschafft. Falls Sie schweren Herzens auf ihre Karriere verzichten oder jede Menge Konzessionen eingehen, sollten Sie nicht etwa mit Beifallsstürmen rechnen. Machen Sie es deshalb wirklich nur, wenn Sie es auch wollen. Es kann Spaß machen, den Laden zu schmeißen, aber es macht mehr Spaß, wenn man es aus freien Stücken tut. Und wenn jemand die Arbeit auch zu würdigen weiß. Ansonsten bleiben Sie zäh: Es gibt immer Alternativmodelle und niemand hat Ihnen vorzuschreiben, wie Sie ihr Leben zu leben haben.

Männer, die sich entscheiden, für ihre Kinder zu sorgen, werden selbst heutzutage noch schräg angeguckt und insgeheim belächelt. Im Gegensatz zu Frauen, die dasselbe tun, bekommen Sie allerdings wenigstens eine gewisse Anerkennung dafür. »Ist das nicht süß, wie der sich kümmert«, den Satz kann Gabi schon nicht mehr hören. Der, der sich so süß kümmert, ist Leo, ihr Ehemann, der nun seit einem Jahr im Erziehungsurlaub ist. »Es fehlt nicht viel und der bekommt vom Metzger auch noch 'ne Scheibe Gelbwurst, so gerührt ist die Nation über seine Taten«, rollt sie die Augen. »Und morgens in der Krabbelgruppe ist er der Held.« Sie ist froh, dass Leo sich um die Kinder kümmert, weiß aber eigentlich nicht, warum das in den zwei Jahren, in denen sie beim ersten Kind zu Hause war, niemand süß gefunden hat. Eher selbstverständlich. Leo weiß auch nicht so recht, wie er alles finden soll. »Klar gibt's Bewunderung, aber eher wie für etwas, das einem theoretisch gefällt, weil es ein bisschen skurril ist. So wie bei moderner Kunst. Interessant, aber aufhängen würde es niemand gerne. Viele Frauen sagen mir: »Ich find das gut, aber ich wollte das bei mir nicht.« Leo meint auch zu wissen, warum: »Es ist unmännlich. Man mutiert zum Weichei und wirkt beruflich wie ein vollkommener Tiefflieger.«

Nervensägen

Kinder können Müttern den letzten Nerv rauben. Und den vorletzten und den allerletzten gleich noch dazu. Sie liegen schreiend auf Supermarktfluren, rufen dann noch quer durch den Laden: »Hau mich doch wieder«, rennen mit matschigen Gummistiefeln einmal durch die frisch geputzte Wohnung, und das eine Stunde bevor Ihr Chef nebst Gattin zum Abendessen kommt, schreien nächtelang durch, übergeben sich mit Vorliebe in frisch bezogene Betten oder auf die einzige Stoffcouch weit und breit und räumen, davon mal abgesehen, in den seltensten Fällen freiwillig ihr Zimmer auf. Ihre eigene Pubertät war schlimm, das, was Sie mit ihren Kindern erleben werden, ist im Zweifelsfall noch schlimmer. An richtig miesen Tagen haben Sie das Gefühl, eine Horde Blutsauger um sich versammelt zu haben, die nur zwei Dinge wirklich gut können: Sie auf die Palme treiben und ordentlich Dreck machen, den aber niemals selbst beseitigen.

Der Mythos, dass Muttersein ein immer währender Glückszustand ist, ist ein Mythos. Es kann viel Spaß machen, Kinder zu haben, aber auch richtig nervtötend sein.

Das Zauberwort ist gegenseitiger Respekt. Bringen Sie Ihrem Kind nette Worte wie »bitte« und »danke«

bei und fordern Sie es zur häufigen Benutzung auf. Ungezogene eigene Kinder sind anstrengend, fremde unerträglich. Und bei anderen Menschen sind Ihre Kinder fremde Kinder.

Sicherheitsdenken

Mit Kind fangen selbst sehr unkonventionelle Menschen an, an Dinge wie Bausparverträge und Altersversorgung zu denken. Paare, die seit Jahren mit dem Rucksack durch Asien ziehen, verbringen auf einmal ihren Jahresurlaub im All Inclusive Family Club auf Menorca.

Durch Kinder wächst das Sicherheitsdenken. Die große Verantwortung führt bei manchen Paaren zu einer 180-Grad-Wende, den Volleinstieg in ein seriöses Leben. Selbst recht ausgeflippte Kreaturen schaffen es, nach dem Schritt in die Welt der Eltern herrlich zu verspießern. Wenn es gefällt, dann ist das völlig in Ordnung.

Aber Kinder zu haben bedeutet nicht zwangsläufig das Sparen auf ein Reihenhaus und einen Kombi. Wenn Ihnen all die Insignien eines wohlbürgerlichen Lebens Schweißperlen auf die Stirn treiben, Sie aber trotzdem einfach Mutter geworden sind, dann leben Sie doch einfach ihr Leben weiter.

Sexvalium Kind

All die schon erwähnten Faktoren wie Zeitmangel, endlose Diskussionen, tiefe Müdigkeit und strapazierte Nerven führen nicht gerade dazu, dass im Bett die sprichwörtliche Hölle los ist. Eine englische Studie sagt, dass noch ein Jahr nach der Geburt die Hälfte der

Mütter und ein Fünftel der Väter über eine Verminderung der sexuellen Erlebnisfähigkeit klagen. Kein Wunder, denn nach der Geburt sind viele Frauen erst mal bedient, würden ihre Unterleibsregion am liebsten zu lebenslangem Sperrgebiet erklären und auch später sind junge Eltern oft einfach nur erschöpft. Die neue Rolle strengt an. Oder Klein Lena schläft in der Mitte des Doppelbettes, und da geht nun wirklich nichts. Nicht zu reden von der Möglichkeit, dass das eigene Kind kurz vor dem Orgasmus vor dem Ehebett steht und fragt, ob es Mama vielleicht nicht gut geht, weil sie so komisch grunzt.

Trotzdem: Ab und an sollte man es einfach mal wieder tun. Schon um nicht aus der Übung zu kommen. Als Sexdünger hilft eben am besten Sex. Wie sagt man: Mit dem Essen kommt der Appetit. Dass Kinder die sexuelle Gier erst mal ein wenig abbremsen, ist normal, behutsam daran erinnert erwacht die Leidenschaft aber auch wieder.

Schuldfalle Kind

Wenn Sie Probleme haben, der Buhmann der Nation zu sein, dann ist Muttersein vielleicht eine Rolle, an die Sie sich schwer gewöhnen werden. Sie werden es aber müssen und deshalb sollten Sie diese kleinen Befindlichkeiten schnellstmöglichst ablegen.

Mütter sind generell die Sündenböcke. Merken Sie sich nur eins: Egal was Ihr Kind so treibt, Sie sind schuld. Ihr Kind versagt in der Schule, ist frech und aufsässig – Sie waren zu weich, haben keine Grenzen gesetzt. Ihr Kind kaut Nägel – kein Wunder, Sie rigides hartherziges Etwas. Ihr Sohn hat Karies, hinten links am Backenzahn – kein Wunder, wenn Mutti abends keine Zahnputzkontrolle durchgeführt hat, weil sie beruflich ständig auf Achse war. Mutti ist schuld, wenn Sohnemann später einen Bus entführt, weil er endlich mal aus dem Schatten seiner Übermutter treten will oder nur durchs Examen fällt. Sie hat zu viel behütet, betütelt oder zu wenig. Sie war zu weich, zu hart oder beruflich zu engagiert.

Diese globale Schuld hat aber auch ihr Gutes: Wenn man weiß, das man sowieso nichts richtig machen kann, muss man sich auch nicht ganz so verrückt machen.

Neue Konkurrenz

Für sehr eifersüchtige Zeitgenossen ist das Kinderhaben manchmal eine harte Schicksalsprobe. Ihre Kinder bekommen von dem Tag an, an dem sie geboren werden, garantiert mehr Aufmerksamkeit als Sie. Egal wohin Sie gehen. Sie geben das »Nabel der Welt«-Sein automatisch weiter an ein Wesen, das eben noch selbst an Ihrer Nabelschnur hing. Ob Sie wollen oder nicht.

Bei manchen nimmt das geradezu groteske Formen an. Laura, 29, kennt die Situation nur zu gut: »Wenn ich zu meinen Eltern fahre und die Kinder dabeihabe, komme ich mir unsichtbar vor. Als hätte ich ein Tarnmäntelchen übergehängt. Meine Eltern schenken mir wirklich keinerlei Beachtung. Man sagt mir eben noch »Hallo«, aus reiner Höflichkeit, der Form halber, und dann stürzt sich die Meute auf meine Kinder. Ich bin, nüchtern betrachtet, nur das Transportmittel, die, die dafür sorgt, dass die Kinder zu Oma und Opa kommen. Manchmal geht mir das gewaltig auf den Nerv. Schließlich bin ja eigentlich ich ihr Kind.«

Eva geht es mit ihrem Knut so ähnlich. Jahrelang hat er seine Eva fast auf Händen getragen. Jetzt ist seine »kleine Eva«, die eigentlich Maja heißt, der Mittelpunkt seines Universums. »Wenn Knut abends heimkommt, dann kuschelt der erst mal minutenlang mit Maja, bevor ich begrüßt werde. Klar ist das blöd, eifersüchtig zu sein, auch noch auf die eigene Tochter, aber manchmal wäre ich schon gerne mal das Subjekt der Freude. So wie früher,« jammert Eva. Statt es ihrer Freundin zu erzählen, sollte Eva ihrem Knut sagen, dass sie mal wieder ein paar Streicheleinheiten braucht. Dass sie sich zwar freut zu sehen, wie verrückt er mit seiner Maja ist, aber dass sie sich auch mal über eine ungestüme Begrüßung freuen würde. Männer sind nun mal keine Hellseher. Man muss es ihnen sagen, wenn Dinge nicht so laufen, wie man es gerne hätte.

Ansonsten gilt im Falle Eifersucht aufs eigene Kind: Verlegen Sie Ihre egozentrischen Züge lieber auf andere Bereiche. Irgendwann ist man raus aus dem Alter »Papas kleine Prinzessin«.

Beziehungskitt Kind

Kinder sind kein Beziehungskitt, im Gegenteil. Das ist weder ihre Aufgabe noch ihre Bestimmung. Wenn Ihre Beziehung schlecht ist, kann kein noch so reizendes Kind sie verbessern. Jedenfalls nicht auf lange Sicht. Kinder lenken, weil sie Arbeit und auch Probleme verursachen, oft eine Weile von anderen Minenfeldern ab. Allerdings nicht dauerhaft. Wer Kinder hat, überlegt vielleicht länger, ob er sich trennt, das heißt aber nicht, dass im Endeffekt etwas anderes dabei herauskommt.

Kinder verschaffen vielleicht Aufschub, mehr aber nicht.

Quell der Freude

Damit wir uns nicht missverstehen: Wir sind definitiv dafür, dass Sie Kinder bekommen, wenn Sie denn welche wollen. Schon wegen unserer Rente und Ihrem Besuch im Altersheim. Aber auch, weil sie eine Menge Spaß machen können. Vom Blick der oft beschworenen strahlenden Kinderaugen mal ganz abgesehen. Kinder machen aus einem Paar eine Familie.

Auch für eine Partnerschaft bedeuten Kinder nicht nur Zeitfresser und zusätzliche Streitquellen. Sie verbinden zwei Menschen natürlich aufs Innigste. Schaffen eine neue, einzigartige Nähe. Man hat nun gemeinsam ein kleines Etwas mit großer Persönlichkeit, das aus Ihnen beiden entstanden ist. Das beide nahezu abgöttisch lieben. Das hat was Magisches, Geheimnisvolles und Wunderbares. Das wollen wir keinesfalls abstreiten. Auch der Prickel, zu entdecken, hat er meine Nase oder deinen Zinken, ähnelt er Opa Sepp oder eher Großonkel Klaus, ist spannend. Vor allem: Niemand liebt einen je so bedingungslos. All das ist schön. Keine Frage. Aber kein Muss für eine gute Partnerschaft und keine Garantie für ihr Gelingen.

Kapitel 12
Fisch-Eigenheiten

Er tut es andauernd und nur, um der Anglerin den letzten Nerv zu töten. Glaubte sie am Anfang noch, der Fisch sei hauptberuflich Buchhalter oder Jalousienvertreter, so hat die Anglerin spätestens nach fünf gemeinsamen Jahren die Gewissheit, dass er seine Lebensaufgabe hauptsächlich darin sieht, sie auf die Palme zu bringen. Indem er sich in die Hand niest, um sie danach an der – natürlich! – Jogging-Hose abzuwischen, oder das Badezimmer so hinterlässt, dass es eigentlich wegen Betrieb einer illegalen Müllhalde geschlossen werden müsste. Weiß der Fisch nicht, dass sich solcherlei Zumutungen wie Mehltau auf Liebe und Libido legen? Andererseits: Hat die Anglerin nichts Besseres zu tun, als ständig nach dem Haar in der Fischsuppe zu suchen?

Vorher ist nachher

Das kennen Sie sicher aus der Zeitschrift »Brigitte«: Regelmäßig werden mehrere Leserinnen in ihrem meist ziemlich trostlosen Rohzustand abgelichtet, um nachher durch die Händen versierter Beauty-Profis zu wahren Göttinnen veredelt zu erscheinen: Statt strohiger Schnittlauchfransen glänzendes Wallehaar; statt einer Hautfarbe, mit der man in jedem Tatort als Wasserleiche mitspielen könnte, ein frisch-rosig angehauchter Teint; statt eines Outfits, mit dem Sie höchstens Ihre

Treppe putzen würden, ein wunderbar lässig-elegantes Styling. Im Beziehungsleben unterliegen Männer dem genau umgekehrten Vorher-nachher-Prozess. Sie beginnen als Trophäen, um dann ziemlich schnell zum Trostpreis zu mutieren.

Schon nach ein paar gemeinsamen Jahren gibt es für die Anglerin nicht weniger als genau 1543 Gründe, das Handtuch zu werfen, respektive den Fisch an die Luft zu setzen: sein Schnarchen, gegen das selbst die Trompeten von Jericho wie ein sanftes Säuseln wirken; dass er Wäsche nur in zwei Kategorien kennt: dreckig und dreckig, aber tragbar; dass er von temporärer Taubheit befallen wird, wenn das Telefon klingelt oder jemand an der Tür klopft; dass er drei Wochen braucht, um festzustellen, was Sie ihm auch gleich hätten sagen können: dass er den Videorekorder *nicht* programmieren kann; dass er die saure Milch immer wieder zurück in den Kühlschrank stellt, als würde der daraus Butter machen können.

Reglos wie die Koralle nehmen Sie es hin, dass ihm die Nasenhaare bis zum Kinn wachsen und die Liebe den Bach runtergeht, und man versteht plötzlich, weshalb die Schwarze Witwe ihr Männchen nach dem ersten Sex tötet – um sich die traurige Erfahrung zu ersparen, dass es irgendwann anfängt, ausgebeulte Pyjamas zu tragen.

Stellt sich nun die Frage, wie kann ein Mann sich so verändern? Oder haben wir vielleicht beim Angeln nicht richtig aufgepasst? War der Fisch etwa schon ein Mängelexemplar, als wir ihn aus dem Wasser zogen, und es fiel einem bloß nicht auf, weil man die berühmte rosarote Brille auf der Nase hatte? Ist die Gemeinheit angeboren oder verdanken wir sie – ganz wie sein Faible für fette Soßen – unserer Schwiegermutter?

Manche Anglerin wittert hinter der männlichen Metamorphose zum gemeinen Hausschwein auch eine weltweite Verschwörung der Männer. Demnach würden sich Männer mit einer Überdosis Charme und Aufmerksamkeit einschmeicheln, um uns nachher mit kiloschweren Hornhautbatzen an den Fersen, verspritzten Toiletten und stundenlangen Monologen darüber, dass die NASA die Mondlandungen nur vorgetäuscht habe, gründlich den letzten Nerv zu töten. Aber wozu der ganze Aufwand? Vielleicht, damit wir nach all der Männererziehung keine Kraft mehr haben, Trainer der Bundesligamannschaft zu werden oder ihm die Fernbedienung streitig zu machen? Andererseits: Zeigt nicht die Erfahrung, dass Männer nicht gern länger im Voraus planen, als eine Tankfüllung reicht?

Es gibt zahllose weibliche Erklärungsmodelle für die männliche Metamorphose vom Zukunfts- zum Auslaufmodell. Eines ist allen gleich. Sie unterstellen, dass Männer in Beziehungen ihre ganze Energie in nur eine Sache stecken: ihre Frauen an den Rand des Wahnsinns zu bringen. So kommt es uns vor und wir nehmen übel, dass es Männern anscheinend an jeglicher Bereitschaft fehlt, an sich zu arbeiten und all das zu verhindern oder zu ändern, was uns stört. Ist das nicht ein deutliches Zeichen eklatanter Gefühlskälte? Wer will da noch von Liebe sprechen, wenn er nicht mal bereit ist, seine gröbsten Ecken und Kanten auf ein sozial verträgliches Maß zu reduzieren. Für sie! Aber wieso sollte er? Er hat sich nicht verändert. Sie ist es doch, die ganz anders geworden ist: ungeduldig, nörgelig, unzufrieden und ständig mit der Lupe unterwegs, auch noch die kleinste Macke zu Größe XXL aufzublasen. Mit vielen der angeblich unerträglichen Marotten verhält es sich nämlich ganz ähnlich wie mit dem Scheinriesen Tur Tur in der Kindergeschichte von Jim Knopf und Lukas, dem Lokomotivführer: Je näher wir sie betrachten, umso kleiner werden sie.

Den größten Frust bescheren sich Frauen meist selbst. Indem sie die rosarote Brille vom Anfang konsequent gegen eine Perspektive eintauschen, gegen die selbst ein Abend mit Carsten Spengemann stimmungsaufhellend wirkt. Denn nicht die Dinge an sich ändern sich gravierend, sondern unsere Art, sie zu betrachten. Bei einem uns noch ziemlich unbekannten Mann würden wir beispielsweise eine gewisse Schweigsamkeit durchaus noch geheimnisvoll finden können. Dem verstockten Kerl an unserer Seite dagegen nehmen wir die »Maulfaulheit« gründlich übel. Würden wir am Anfang einer Liebe eine gewisse Durchsetzungsfähigkeit noch beeindruckend finden, könnte es sein, dass sie uns später einfach bloß cholerisch vorkommt.

Und noch ein paar Beispiele, die zeigen, wie man ein- und denselben Sachverhalt für oder gegen ihn auslegen kann:

Vorher: Sacht plätscherte es im Bad, wenn er seine Morgentoilette absolvierte.
Nachher: Ein Lärm, als würde man eine Elefantenherde durch die Niagarafälle treiben.

Vorher: Eine starke Schulter zum Anlehnen, ein Mann, zu dem man aufschauen kann.

Nachher: Ein dominanter Macho mit der Sensibilität eines Rollenkoffers.

Vorher: Toll, wie er unbeeindruckt von Misserfolgen und Rückschlägen seinen Weg als Künstler geht.
Nachher: Wie konnte ich mich bloß auf so einen Loser, auf so einen totalen Realitätsverweigerer einlassen?

Vorher: Süß, wie er sich um seine Kinder aus erster Ehe kümmert.
Nachher: Die Kinder sind doch bloß ein Vorwand, weiterhin in Kontakt mit seiner Ex zu bleiben.

Vorher: Ein Ausbund an Zuverlässigkeit und ein Fels in der Brandung.
Nachher: Ein entsetzlicher Pedant und Spießer. Kann man eigentlich eine Ehe annullieren lassen, wenn man irrtümlich einen Rechenschieber geheiratet hat?

Vorher: Ein unkonventioneller Freigeist, mit dem es nie langweilig wird.
Nachher: Ein verantwortungs- und bindungsscheuer Egoist.

Vorher: Ein Familienmensch, endlich ein Mann, der zu seinem Kinderwunsch steht.
Nachher: Ein langweiliger Papi mit dem Sexappeal eines Naturschwamms.

Zwischen Vorher und Nachher scheint uns also irgendwie das abhanden zu kommen, was wir als Basics einer jeden glücklichen Langzeitliebe befinden: die freundliche Distanz, der wohlwollende Abstand und die herrliche Großzügigkeit, mit der Paare sich am Anfang noch betrachten. Irgendwann beginnen wir anscheinend, alles persönlich zu nehmen, um uns und den Mann schließlich heil- und aussichtslos in einen emotionalen Nahkampf zu verstricken, der nicht selten vorm Scheidungsrichter endet.

Natürlich werden Sie jetzt fragen, wie man den Saustall, den er regelmäßig in der Küche hinterlässt, seine notorische Unpünktlichkeit oder die Vergesslichkeit – »Schatz, wo war nochmal die Waschmaschine?« – nicht persönlich nehmen soll? Ganz einfach, in dem man versucht, all diese Störfaktoren einmal anders zu sehen – etwa aus der Perspektive eines guten Kumpels oder einer Bowlingkugel: sachlich, nüchtern, vollkommen emotionslos und vor allem nicht betroffen. Ca. 70 Prozent aller angeblich »unüberwindlichen Hindernisse« verflüchtigen sich in null Komma nichts, wenn man ihnen ihr Lebenselixier – die Aufmerksamkeit – entzieht.

Außerdem: Finden Sie nicht, dass schon eine ziemlich große Portion gepflegten Größenwahns dazu gehört, sich stets als den Dreh- und Angelpunkt allen männlichen Trachtens, respektive Nichtstuns, zu betrachten? Oder meinen Sie etwa, er schneuzt sich nur deshalb lautstark, um Ihnen zu zeigen, wie wenig er Sie schätzt? Banale Alltagsereignisse sind keine Stellvertreter für hochkomplizierte innerpsychische Interpretations-Prozesse, sondern einfach banale Alltagsereignisse. Das mag Ihrer Vorstellung von der welterschütternden Bedeutsamkeit seiner Weigerung, sich neue Unterhosen anzuschaffen, wenn es die von 1984 doch auch noch tun, zuwiderlaufen. Aber erstens ist kein Mensch tatsächlich 24 Stunden damit befasst, aktiv eine Beziehung zu führen, und tut also auch eine ganze Menge einfach so und ohne irgendeinen Gedanken an die Folgen für den Partner zu verschwenden. Zweitens ist es ziemlich zeit- und energiesparend, nicht alles als Maßstab für seine Liebe zu missbrauchen. Und drittens bleibt einem eine ganze Menge Zeit für die wirklich schönen Seiten des Lebens, wenn man nicht jeden angeknabberten Fingernagel, jede zwanghaft hochglanzpolierte Radkappe oder jedes nasse Handtuch auf dem Boden als eine unglaublich wichtige Botschaft missversteht. Das bedeutet nicht, dass man sich mit allem abfinden muss, was er einem so präsentiert. Man sollte nur fein zwischen drei Zumutungs-Härtegraden unterscheiden lernen:

1. Veränderliches

In diese Kategorie fällt im Prinzip zunächst einmal alles, was er sich angewöhnt hat, nachdem Sie sich entschlossen hatten, Ihr Leben mit ihm zu verbringen. Mit ein paar Abstrichen. Natürlich kann man schlecht erwarten, dass er sich stets so beträgt, als müsste er jede Stunde aufs Neue Ihr Herz erobern. Außerdem zählt es sicher auch zu den erfreulichen Beziehungsqualitäten, einmal jegliches konventionelle Korsett abzulegen, sich haltlos auf dem Sofa zu fläzen und seinen Fisch in Geheimnisse einweihen zu können, die vor ihm noch keiner erfahren hat. Etwa dass man Pickel mit einem Klecks Zahnpasta bestreicht oder Frauenbeine mitnichten haarlos gedacht sind. Umgekehrt kann sich so ein Fisch durchaus auch mal in Jogginghosen sehen lassen oder Bier aus der Flasche trinken, ohne dass wir gleich den Untergang des Abendlandes einläuten müssen.

Aber zu den Dingen, die man wirklich nicht zu ertragen braucht, gehört so ziemlich alles rund ums Körperliche. Rülpsen, Furzen, Nase so lautstark hochziehen, als wollte man gleich auch noch das Kaffeegeschirr mit einsaugen, sind schon keine Marotten mehr, sondern eindeutig Frechheiten. Manche Männer betrachten die Kontrolle ihrer Körperfunktionen zwar als unzulässige Einschränkung ihrer persönlichen Freiheit. Und nicht wenige versuchen, den mit ihnen verbandelten Frauen solcherlei Zumutungen entweder als Ausdruck inniger Nähe und Vertrautheit, als Menschenrecht oder als Zufallsprodukt zu verkaufen.

Aber: Pupsen die gleichen Männer auch während des Agentur-Meetings? Beenden sie das Geschäftsessen mit einem lautstarken Rülpser? Nein! Also ist hiermit der Nachweis geführt, dass sie sich durchaus auch zusammennehmen und anderer Leute Bedürfnis nach Zivilisation respektieren können. Das gleiche Recht sollte auch ihren Frauen zustehen und die wiederum sollten es sich unbedingt und kompromisslos verbitten, wenn sich erwachsene Männer so benehmen, als würden sie noch aufs Töpfchen gehen. Hat er früher das Bett gemacht? Den Frühstückstisch abgeräumt? Ihr die Tür aufgehalten? Sie immer rechtzeitig informiert, wenn es in der Firma später wurde? Na also – er kann es doch und es ist nicht einzusehen, weshalb die Basisversorgung an Höflichkeit, Respekt und Achtung leiden soll, bloß weil Zeit vergeht. Wie gesagt, das bedeutet nicht, dass er Ihnen 24 Stunden am Tag den Romeo geben soll. Wir meinen nur, dass es nicht umsonst gewesen sein darf, dass wir von den Bäumen gestiegen sind und er sich gefälligst von seinem mentalen Lendenschurz verabschieden sollte.

Das gilt übrigens auch für die weit verbreitete Unart, die schöne Gabe des Schenkens als typisch weiblich zu betrachten und sich somit sozusagen hormonbedingt von den Lasten der Beschaffung liebevoller Präsente zu befreien. Wir kennen zwar tatsächlich mehr Männer als Frauen, die hohe Geschenkfeiertage wie Geburtstage (natürlich nur den ihrer Partnerin, der ihrer Mutter scheint irgendwo eintätowiert zu sein), Weihnachten oder den Hochzeitstag am liebsten aus dem Kalender streichen würden. Und uns sind auch einige Frauen bekannt, die mit einem leicht wehmütigen Zug und mit Tränen in den Augen tapfer behaupten, dass ihnen Geschenke nicht so wichtig seien (idealerweise scheinen gerade diese Frauen immer mit Männern verbandelt zu sein, die sich als Schenk-Invaliden bezeichnen). Aber das ist glatt gelogen. Frauen lieben Geschenke und wir finden, es ist nicht zu viel verlangt, wenn sich ein Mann zwei bis drei Mal im Jahr damit beschäftigt, uns eine Freude zu machen. Im Gegenteil.

Auch ist es Männern nur wärmstens anzuraten, sich wenigstens anlässlich dieser wichtigen Daten ausnahmsweise mal etwas anzustrengen. Schon aus ökonomischen Gründen. Denn was er an Zeit, Energie und auch Geld in ihren Geburtstag oder in Weihnachtsgeschenke investiert, das macht sich – Frauen sind ja sooo dankbar – das ganze Jahr über doppelt bezahlt. Mit gebotener Unterstützung natürlich. Es hat wenig Zweck: »Ich wünsche mir einen Ring!« zu denken, man sollte es schon laut und deutlich sagen, nicht ohne auch gleich einschlägige Adressen und Modelle zu nennen. Etwa 234 Mal. Bestehen Sie darauf und lehnen Sie energisch Alternativvorschläge wie: »Ich finde, du könntest gut eine Stereoanlage gebrauchen!« ab.

Und noch etwas: Auch wir kennen die zahllosen Theorien darüber, dass Männer mit einem Entschuldigungsschreiben geboren werden, auf dem steht, dass die kleinen Ex-Neandertaler leider nicht für den Ernst des Liebens geschaffen sind. Nicht-schenken-Können, wird da behauptet, ist bei Männern wie eine Art Rotgrünblindheit – leider nicht zu ändern. Aber: Wieso sollen wir einen erwachsenen Menschen so behandeln, als wäre er genetisch nicht ganz bei Trost? Besser: Sagen Sie ihm, dass Sie ihn gegen eine Zucchini eintauschen, wenn er auf seiner Geschenkbehinderung beharrt. Die klaut einem wenigstens nachts nicht die Bettdecke.

2. Erträgliches

Na gut, etwas verrückt ist seine Technikverliebtheit schon. Wozu muss er sich regelmäßig per SMS das Wetter in Timbuktu schicken lassen? Was ist so toll daran, einen Toaster zu basteln, der Karomuster ins Weißbrot brennen kann? Wozu braucht er eine Hi-Fi-Anlage für 3000 Euro? Er hört ja nicht mal, wenn sie in der Küche aus Leibeskräften nach ihm ruft, damit er ihr beim Abwasch hilft. Es mag uns auch ganz und gar ratlos machen, was er am Inhalt von Überraschungseiern findet, weshalb er sich die Zeitung leise selbst vorliest oder wieso er beim Abstauben so lärmt, dass man den ganzen Stadtteil zum Erdbebengebiet erklären muss.

Wenn wir darüber nachdenken! Aber genau das sollten wir lassen. Männer machen nun mal komische Dinge. Sie hören Heavy-Metal-Platten, gehen zu Friseuren, denen wir nicht mal die Rasur unseres Meerschweinchens anvertrauen würden, nur weil die angeblich billig sind, und sie reparieren Wasserleitungen so gründlich, dass man nachher doppelt so viel für den Klempner ausgeben muss, wie es gekostet hätte, wenn unser Liebster sich nicht für einen begnadeten Handwerker halten würde. Sicher könnte man sich auch darüber aufregen. Aber was würde es nützen? Wollen wir wirklich unsere kostbare Zeit damit verbringen, ihm zu erklären, dass seine »prima Abkürzungen« vermutlich keinen geringen Teil zum Ozonloch beitragen? Dass sein mottenzerfressener Lieblingspullover aussieht, als wäre er gerade auf dem Bauch von Hamburg nach München gerobbt? Wenn er sich wohl fühlt, wenn es ihm wichtig ist, ihm Spaß macht. Ihnen kann es egal sein und das sollte es auch.

Widerstehen Sie dem – leider typisch weiblichen – Drang, überall ein Wörtchen mitreden zu müssen. Können Sie den Sonnenuntergang physikalisch erklären? Die Funktionsweise eines Eierkochers? Haben Sie den Ehrgeiz, der Abseitsfalle auf den Grund zu gehen? Interessiert Sie das? Eben! Nehmen Sie Ihren Mann und seine Eigenheit, sofort unter Verstopfung zu leiden, wenn der heimische Klopapiervorrat nicht wenigstens fünf Jahre reicht, einfach als Wunder der Natur. Lassen Sie ihn unkommentiert tun, was ein Mann anscheinend tun muss: Schrauben, Haken und Nieten in einer Menge sammeln, als wollte er die Bahntrasse von Frankfurt nach Köln in Ihrem Keller nachbauen; bis auf drei

Stellen hinterm Komma ausrechnen, in welchem Supermarkt die Brühwürfel billiger sind; sich von zehn Autoherstellern sämtliche Prospekte schicken lassen, bloß weil er mit der Anschaffung eines neuen Rückspiegels liebäugelt. Schonen Sie ihn und Ihre Nerven, indem Sie sich einfach nicht mehr Gedanken darüber machen als über Gerhard Schröders Unterwäsche.

Widerstehen Sie der Versuchung, die Gunst der Stunde, die Ihnen so ein treffliches Beispiel für männlichen Schwachsinn beschert, zu nutzen und ihm endlich nachzuweisen, dass er komplett verblödet, es total irrational und ziemlich lächerlich ist, wenn er glaubt, ohne ein elektronisches Navigationssystem für ca. 1500 Euro nie mehr allein nach Hause zu finden. Mag sein, dass Ihnen sein Stammeln kurzfristig ein süßes, kleines Überlegenheitsgefühl beschert. Und nicht wenigen Frauen sind gerade diese offensichtlichen Nachweise männlicher Geistesschwäche eine willkommene Gelegenheit, ihren Partner auch öffentlich als kleinen Idioten vorzuführen. Langfristig jedoch schadet es sowohl Ihnen als auch der Beziehung, wenn Sie das, woran er Freude hat, ausdauernd schlecht machen.

Außerdem: Wie soll das enden? Wenn Sie ihm mit seiner kindischen Angst kommen, der Telekom zwei Cent zu viel in den Rachen zu werfen, und er Ihnen mit der typischen weiblich Idiotie kontert, in einer Creme das Wunder ewiger Jugend zu sehen? Ein Geschlecht, das daran glaubt, dass man in nur fünf Tagen zehn Kilo abnehmen kann – ohne an Cholera zu leiden – sollte vorsichtig mit Vorwürfen in Richtung Geistesschwäche sein. Solange er keine Schlangen züchtet, geht es Sie schlicht nichts an, ob er die ICE-Fahrzeiten von Deutschland auswendig lernt. Vielleicht kann es Ihnen ja sogar noch mal nützen, dass er die größte Straßenkartensammlung diesseits des Urals besitzt. Schicken Sie ihn doch mal zu »Wetten, dass!«

3. Unabänderliches

Seit fünfzehn Jahren sind Marion und Volker ein Paar. Und bei jedem Freundinnentreffen beklagt sich Marion, dass Volker wieder einmal vergessen hat, irgendeinen Brief abzuschicken oder ein wichtiges Telefonat mit dem Finanzamt zu führen. »Ich kann mich einfach nicht auf ihn verlassen!«, seufzt Marion dann. Würden wir jedes Mal, wenn sie den Satz: »Wozu haben ich einen Mann, wenn er sich um nichts kümmert!« folgen lässt, fünf Euro bekommen, wir könnten längst auf Mauritius leben – und zwar mit Personal. Außer Marion ist längst keine mehr überrascht, dass Volker zumindest in einer Sache Zuverlässigkeit beweist: unzuverlässig mit allem zu sein, was irgendwie mit Fristen, Banken und Behörden zu tun hat.

Natürlich ist es nicht schön, wenn regelmäßig Kosten für Mahnungen auflaufen oder gar der Gerichtsvollzieher klingelt. Allerdings steht Volkers nachweisliche Lernunfähigkeit in dieser Beziehung der Begriffsstutzigkeit von Marion in nichts nach. So wenig wie er kapiert, dass man eine Rechnung am besten gleich bezahlt, so wenig hat sie aus der immerhin 15-jährigen Erfahrung gelernt, dass sie – will sie, dass etwas erledigt wird – es am besten selbst macht. Nein, lieber lädt sie doppelten Stress auf sich: den Ärger über den Behörden-Knatsch und die Energie, die sie darin vergeudet, aus Volker etwas machen zu wollen, was er offenbar – den besten Willen einmal vorausgesetzt – nicht sein kann: einen zuverlässigen Menschen, der stets allen Papierkram ordentlich bearbeitet und dann abheftet.

Einem Fisch Vorwürfe zu machen, weil er Schuppen und kein Fell hat, ist sinnlos. Es gibt sie einfach, die Eigenheiten, mit denen man leben muss, weil Gehirnwäschen hierzulande leider verboten sind. Weil es sinnlos ist, jemanden, der Wagner für den Hersteller von prima Pizza hält, in die »Nibelungen« zu schleppen. Weil es vollkommen aussichtslos ist, einen Schweiger zur Plaudertasche umzuerziehen, und man genauso gut von seinem Vibrator einen selbst gestrickten Pullover erwarten könnte. So einfach ist das und so schwer scheint das für Frauen zu sein. Denn erstaunlicherweise arbeiten die sich lieber jahre- und manchmal jahrzehntelang immer wieder an der gleichen Problematik ab, ohne zu merken, dass sie keinen Zentimeter weiterkommen und man den Streit aus dem ersten Jahr auch im zehnten noch mit den gleichen Worten und dem gleichen Null-Ergebnis führt.

Liegt es am weiblichen Ehrgeiz? An der ausgeprägten pädagogischen Ader? Haben Frauen da, wo normalerweise der Lerneffekt sitzt, einen blinden Fleck? Können wir nicht verstehen, dass es Dinge gibt, die stärker sind als wir: Schokolade und seine Abneigung gegen stundenlange Essen, gegen ausgedehnte Schaufensterbummel und gegen Tanzveranstaltungen. Selbst wenn wir noch so gern aus ihm den Tangokönig von Wanne-Eickel machen würden?

Sie haben es nun mal nicht mit einem Stück Knete zu tun, sondern mit einem Mann. Schauen Sie sich also an, an welchen Stellen Sie bei ihm immer wieder auf Granit beißen, und lassen Sie in Zukunft die altbekannten Debatten ruhen. Die solchermaßen gesparte Zeit und Energie können Sie viel nutzbringender beispielsweise in Einkaufstouren mit Ihrer Freundin, in das Studium der Quantenphysik oder in Yoga investieren.

Kapitel 13
Die Frauen, der Fisch und das Glück

Frauen sind etwas Wunderbares, findet die Anglerin. Und leidet darunter, dass der Fisch diese Meinung so gar nicht teilen mag. Hartnäckig weigert er sich zur Kenntnis zu nehmen, wie Frauen die Welt um Fürsorge, Schönheit, Mitgefühl und Strohblumensträuße bereichern. Ausdauernd verwehrt er ihnen Dankbarkeit, obwohl sie ihn davor bewahrt, moralisch, sozial und hygienisch vor die Hunde zu gehen. Traurig, wie dem Fisch so gänzlich jeder Drang zur Ausgleichszahlung in Form von Leidenschaft, Romantik, Respekt und Hingabe fehlt. Und so fragt sich die Anglerin: Wie kommt es bloß, dass der Fisch auf Dauer dem Glück der Anglerin stets im Wege steht? Wie schafft er es, stets auf seine Kosten zu kommen, während sie emotional ständig draufzahlen muss? Wie gelingt es ihm zu ignorieren, dass sie immer nur verzichtet, bloß um mit einem Wesen leben zu können, das sich lieber eine Tollwutspritze geben lassen würde, als die Anglerin rundum glücklich zu machen?

Der Mann als Spaßbremse

Die meisten Frauen sind sich darüber einig: Männer sind kleine Buben mit einem viel zu großen Ego. Eine Theorie, für die es aus weiblicher Sicht weit mehr erdrückende Beweise gibt als für intelligentes Leben in George W. Bush. Lächerlich beispielsweise, wenn manche so tun, als hätten sie gerade den Vorsitz bei den Vereinten Nationen übernommen, obwohl sie bloß den Parkplatz neben dem Abteilungsleiter ergattert haben. Albern, wie angeblich so starke Männer plötzlich aussehen, als hätte man ihnen eine Blasenspiegelung auf offener Straße zugemutet, nur weil seine Frau nun genauso viel verdient wie er. Entlarvend, wenn ein erwachsener Mann schon über die Anschaffung eines Blindenhundes nachdenkt, bloß weil er eine Bindehautentzündung hat. Geradezu niederschmetternd die Erfahrung, dass Männer eine Frau schon deshalb für »interessant« halten, weil sie Körbchengröße 95 D trägt. Und trostlos, wie er versucht als Hakennatter durchzugehen, indem er sich mit offener, heraushängender Zunge tot stellt, sobald man sich ihm nähert und will, dass er den Heizboiler endlich repariert.

Kein Wunder, wenn den meisten dauerhaft verbandelten Frauen irgendwann jeglicher Respekt vor der männlichen Überlegenheit abhanden kommt. Was einstmals Bewunderung, Anhimmeln und Hingabe war, wandelt sich im Laufe der Zeit zu Resignation, Abgeklärtheit und – ja auch das: Bitterkeit.

Ist ja auch nicht leicht, ständig wegzuhören, wenn er beim Essen mit Freunden wieder lautstark die weltpolitische Lage gerade rückt, obwohl er nicht mal eine Glühbirne einschrauben kann; wegzusehen, wenn er sich so tief in der Nase bohrt, als würde er sich seinen Scheitel von innen richten wollen, und überhaupt täglich die Kluft zu ertragen, die sich zwischen dem Ist-Zustand und dem einstmals erträumten Plan-Soll auftut. Dass man den ganzen Abend neben ihm auf dem Sofa mit starrem Blick auf die Glotze verbringt, obwohl das Open-Air-Kino Saison hat. Und dass er nicht täglich Herzen verpflanzt, sondern als Supermarkt-Filialleiter arbeitet, auch das ein Quell steter Enttäuschung.

Am Anfang, ja, da hatte man noch romantische Flausen, glaubte fest daran, dass einen ein- und derselbe Mann 30 Jahre am Stück noch in Erstaunen versetzen kann. Aber dann kapiert man, was schon Generationen von Frauen vorher lernen mussten: dass man sich gefühlsmäßig wie erotisch mit dem Existenzminimum einrichten sollte, wenn man langfristig mit Männern zu tun haben will. Denn die, davon sind beinahe alle Frauen früher oder später überzeugt, treten unsere Träume mit Füßen, sind gefühlsroh, desinteressiert, nüchtern, undankbar, phantasielos, stur, unkooperativ, schweigsam und überhaupt eine Zumutung.

Das hat natürlich Folgen. Etwa die, dass Frauen ihren Männern ähnlich abgeklärt begegnen wie ein Rettungssanitäter seiner tausendsten blutigen Massenkarambolage. Gern erzählen sich die Veteraninnen des Liebens Witze wie: »Nicht die Frauen machen einen Idioten aus dem Mann, die meisten sind eher so Do-It-Yourself-Typen«, um wenigstens einmal die Woche etwas zum Lachen zu haben und weil man ja als Frau irgendeinen Ausgleich für die täglichen Frustrationen braucht; sich schadlos dafür halten muss, dass das Glück immer irgendwie anderweitig beschäftigt ist, wenn man es beim eigenen Mann sucht. Männer, davon sind Frauen überzeugt, sind eine Art göttliche Geduldsprobe, ihre Aufgabe hier auf Erden eine, die so groß ist, dass sie damit gleich zwei niedere Seinsstufen im ewigen Karmarad überspringen können und somit sicher sein dürften, garantiert nicht als Mann wiedergeboren werden.

Sowenig wir eine Spinne selbst dann nicht erschlagen könnten, wenn sie mindestens acht dicht behaarte Beine hat und so groß ist, dass sie den Kühlschrank selbst aufmachen könnte, so wenig können wir anscheinend noch den größten Stoffel oder Egomanen an die frische Luft setzen. Und was beweist das mal wieder? Nicht etwa, dass wir uns ernsthaft Gedanken über unseren Geisteszustand machen sollten, sondern dass wir eben das ausdauerndere, fürsorglichere, emotionalere, sozialere und moralisch überlegene Geschlecht sind. Und hatten wir schon erwähnt, dass wir uns besser ausdrücken können und den Weltrekord im Verzeihen innehaben? Außerdem besitzen wir diese herrliche weibliche Intuition, während Männer ein Gefühl nicht mal erkennen, wenn es ihnen auf den Kopf fällt. Das ist die für Männer wenig schmeichelhafte Ausgangslage in so ziemlich jeder Langzeitbeziehung: Hier der menschlich, emotional und sozial behinderte Mann, da die Frau, die trotzdem zu ihm hält, an ihn glaubt und weiter hofft, dass er sich irgendwann einmal auf ihr Niveau erheben möge. Eine Heilige!

Die Frau als Stressfaktor

Frauen sind Engel, die männliche Unzulänglichkeit der Fluch, mit dem sie leben müssen – so die weit verbreitete Theorie vom friedlicheren, schöneren, sanfteren und geduldigeren Geschlecht. Klingt schön und wir würden auch nur allzu gern daran glauben, schon um bei etwaigen Streitigkeiten mit unseren Fischen die Nase ziemlich weit oben tragen zu können. Aber so einfach ist es dann doch nicht. Aber nein, die Männer sind nicht immer die Bösen; sie haben nicht an allem

Schuld und sie sind auch nicht der Bremsklotz, der uns daran hindert, uns unsere Wünsche und Träume zu erfüllen. Und weil wir gerade bei bitteren Wahrheiten sind: Ja, Frauen tragen bisweilen durchaus selbst einiges dazu bei, dass Männer mehr Mängel zeigen als das deutsche Rentensystem.

Sie sind empört? Vermutlich warten Sie jetzt nur noch darauf, dass wir Ihnen empfehlen, sich mal ein paar scharfe Dessous zu kaufen und Ihren Mann statt mit Vorwürfen im roten Polyestertanga und mit Schweinebraten nebst Knödeln zu empfangen. Nein, verstehen Sie uns nicht falsch. Wir wollen kein Mitleid für die Männer, keine mildernden Umstände und kein Entschuldigungsschreiben. Uns geht es einzig und allein um Sie und Ihr Glück. Und dem stehen Sie gewaltig im Wege, wenn Ihnen bei der Suche nach dem Urheber für Ihren Frust stets nur der einfällt, der neben Ihnen im Bett liegt und schnarcht.

Bei der Ursachenforschung gibt es sicher noch einige andere Möglichkeiten und damit einfach auch mehr Gelegenheiten, etwas in Ihrem Leben zum Besseren zu verändern. Denn seien wir mal realistisch: Erstens ist es ganz schön eingebildet anzunehmen, dass das Wort »Frau« ein Synonym für »Zivilisation« sein soll, während »Mann« für etwas steht, wofür man eigentlich den Kammerjäger bestellen sollte. Zweitens sind es oft die Frauen selbst, die erst das Drama schaffen, unter dem sie dann später so ausdauernd leiden. Und drittens ist es doch ziemlich anstrengend (und nebenbei auch wenig sexy), die Mutter Theresa zu geben.

Haben wir denn nichts Besseres zu tun, als unseren Heiligenschein zu polieren? Warum lassen wir die

Männer nicht einfach mal in Ruhe so sein, wie sie sind, ohne wie ein Punkterichter alles und jedes zu bewerten, was sie tun? Und unter uns: Sind diese ganzen Ambitionen, immer auf der Seite der Guten stehen zu wollen, nicht eigentlich bloß Ausdruck unserer Angst davor, einfach auch hässlich, böse, ruppig und egoistisch zu sein? Wir jedenfalls finden, dass es lohnendere Projekte gibt, als seine Energie an folgende vier Strategien zu verschwenden, mit denen Frauen dafür sorgen, dass sie ihr Liebes- und manchmal dadurch auch ihr Lebensziel glatt verfehlen:

Erdulden

»Männer sind nun mal so!«, lautet eine unter Frauen weit verbreitete Ansicht. Und: Was man nicht verändern kann, muss man eben ertragen. Schließlich wissen wir doch, wie man einen intelligenten, sensiblen, fürsorglichen, verständnisvollen Mann nennt: ein Gerücht! Entsprechend erwarten viele Frauen von ihren Männern irgendwann nicht mehr als von einer Bodenvase. Nach anfänglichen Versuchen, ihm beispielsweise beizubringen, die Füße *nicht* auf die Ledercouch zu legen, und ihm zu erklären, dass nasse Handtücher auf dem Boden kompostieren, haben sie ihren Mann aufgegeben. Statt aufzubegehren, nehmen sie hin.

»Typisch Mann«, beurteilt man ihr Verhalten, seufzt resigniert und erklärt sich das Ärgernis dann damit, dass der Mann im Evolutionsprozess eben auf der gleichen Stufe wie Schluckauf steht. Schön für den Mann, sollte man meinen. Solchermaßen mit mildernden Umständen überschüttet, wird er weitgehend von jeglicher Teilnahme am Haushalt, am Leben seiner Frau befreit.

Dafür muss er es allerdings auch ertragen, dass er daheim einen ähnlich traurigen Status genießt wie ein Schwerstbehinderter mit Pflegestufe 3: Man mutet und traut ihm nichts mehr zu; hält ihn für zu beschränkt, um ihm größere Aufgaben wie den Gang zum Glascontainer oder das selbständige Auffinden einer frischen Unterhose zu übertragen.

Das nagt an der Liebe. Wie soll sie sich auch auf Dauer für jemanden begeistern können, den sie für ähnlich flexibel und geistig rege hält wie eine Seegurke? Wie soll er umgekehrt Leidenschaft für jemanden aufbringen, der ihn wie einen Fünfjährigen behandelt? Zu so jemanden kann man doch allenfalls »Mutti« sagen, aber nicht mit ihm schlafen.

Also: Muten Sie dem Mann ruhig etwas mehr zu. Auch er wächst mit seinen Aufgaben! Lassen Sie ihn mitreden, beziehen Sie ihn mit ein, etwa mit: »Schatz, ich habe zwei Karten für die Oper!« Nehmen Sie nicht alles hin, bloß weil Sie fest davon überzeugt sind, dass Männergehirne so übersichtlich sind wie Eierbecher. Sagt er: »Wenn ich zwei Stunden Wagner hören muss, bring ich mich um!«, sagen Sie: »O.k., aber erst, wenn wir wieder daheim sind.« Nehmen Sie nicht so viel Rücksicht, fordern Sie ihn, und sollte er sich als renitent erweisen, erinnern Sie ihn an den nächsten Besuch bei seiner Mutter. Erklären Sie ihm, dass es für Sie unter diesen Bedingungen leider nicht mehr zumutbar sein wird, sich fünf Stunden lang angeregt mit ihr über das offene Bein ihrer Nachbarin zu unterhalten. Sie werden erstaunt sein, wie flexibel, engagiert und interessiert so ein Mann sein kann, wenn man die richtigen Argumente anwendet.

Verzeihen
Streng genommen eine Abart von Erdulden, eine, die vordergründig etwas glanzvoller wirkt. Verzeihen besitzt schließlich eine gewisse Grandezza. Wer verzeiht, zeigt, dass er Größe besitzt, ja, auch ein bisschen Gott ist. So wie Simone, 37, Verkäufern aus Darmstadt. »Mein Franz ist eben keine Plaudertasche«, entschuldigt sie ihren Stoffel, wenn er den ganzen Abend wie Frau Lot stumm in der Kneipe sitzt, nichts sagt, nichts fragt und sich offenbar nicht mehr für das Gespräch im Freundeskreis interessiert als für eine tote Maus im Keller. Franz kann eben nicht anders, glaubt sie – wenn er es nicht mal fertig bringt, ihre beste Freundin zu begrüßen, wenn die zu Besuch ist, sondern wortlos in die Küche kommt, sich ein Brot schmiert und sich schweigend verzieht. Selbst Simones tolle neue Frisur, mit der sie wenigstens fünf Jahre jünger aussieht, ignoriert er vollständig. Dabei merken sogar Meerschweinchen, wenn ihre Partnerin neue Locken im Fell trägt. Dass man dies Verhalten auch als grob unhöflich interpretieren könnte, ist Simone durchaus klar. Trotzdem verhält sie sich, als wäre sie hauptberuflich PR-Agentin ihres Mannes, und versucht jedes Mal, bei dem Franz wieder mal einen Beweis dafür antritt, dass sogar ein Tampon mehr Charme besitzt als er, wortreich Entschuldigungen für ihn zu erfinden.

Kurz: Simone sägt fleißig an dem Ast, auf dem ihre Beziehung blühen könnte, würde sie statt Milde mehr Strenge zeigen. Denn sie lässt nicht nur zu, dass Franz sie kränkt, sie bestärkt ihn sogar noch darin und signalisiert ihm, dass keine Sünde so groß ist, als dass sie nicht ihre Großmut verdient hätte. Kein Wunder, wenn

Franz die Sache sportlich nimmt und einfach mal ausprobiert, wie weit Simones Geduld geht: bis zu einem Seitensprung oder noch darüber? Bis zu üblen Beschimpfungen daheim: »Du blöde Kuh, ich hab dir doch gesagt, ich will mein Bier im Glas und nicht in der Flasche!« oder gar bis zur öffentlichen Demütigung? »Meine Frau! Die ist noch zu dämlich, eine Tageszeitung zu lesen.«

Das ist das eine. Das andere, dass es auch Franz gegenüber nicht gerade nett ist, ihn ein Verhalten als normal empfinden zu lassen, mit dem man sich höchstens für die Primatenforschung qualifiziert. Sicher, Männer könnten eigentlich auch allein auf den Gedanken kommen, dass man zum Schnäuzen ein Taschentuch benutzt und nicht Daumen und Zeigefinger. Aber mal ehrlich: Hat das schon jemals funktioniert?

Also: Auch ein Mann braucht wie alle Menschen ein Feedback darüber, was noch gesellschaftlich verträglich ist, am besten bevor er sich in einem Businessmeeting ständig in den Schritt greift oder sich Pickel ausdrückt. Und: Sie tun sich keinen Gefallen damit, Ihr Selbstwertgefühl aus der betrüblichen Tatsache ziehen zu wollen, dass Sie – im Vergleich zu Ihrem Sozialfall daheim – ein höher stehendes Wesen sind. Das ist – gemessen am Verhalten Ihres Mannes – eine Weinbergschnecke schließlich auch.

Und noch ein Tipp: Falls Ihr Mann findet, Absolution gehöre zur weiblichen Arbeitsplatzbeschreibung, dann empfehlen Sie ihm doch eine Mitgliedschaft in der katholischen Kirche. Kostet nicht viel und Vergebung ist immer inklusive.

Nörgeln
Der wortreichste, stressigste und leider auch dämlichste Versuch, sich das Leben mit den Kerlen zu verschönern: sich stets und sofort über alles beschweren. Darüber, dass er nicht endlich Karriere macht, dass es regnet, er zu wenig verdient, die Benzinpreise gestiegen sind und er nichts dagegen unternommen hat, dass er langsam fett wird, dass er es nicht fertig bringt, sie glücklich zu machen – so wie der Mann ihrer Freundin, der seiner Frau täglich den Himmel zu Füßen legt (eigentlich hat er ihr bloß einmal die Tür vom Auto aufgehalten – aber das braucht das Nörgelopfer ja nicht zu wissen), dass er den Handwerkern nicht mal gehörig die Meinung gesagt hat, wie man es von einem echten Kerl erwarten würde.

Sicher, auch der Mann wächst mit seinen Aufgaben. Aber nicht an der Nörglerin. Da bleibt er eher klein. Das Prinzip Nörgeln sieht nämlich vor, dass er niemals einen Zustand vollkommener Zufriedenheit bei ihr auslösen wird. Es sei denn, er verwandelt sich vor ihren Augen in eine Mischung aus Kevin Kostner, Russell Crowe und dem Klempner von gegenüber.

Allein die Tatsache, dass ihr Mann eine der zahllosen von ihr gestellten Aufgaben bewältigen kann, signalisiert ihr nicht etwa, dass er sich bemüht. Nein, ihr wird nur wieder schmerzhaft bewusst, dass sie mal wieder zu gutmütig war und nicht genug verlangt hat. Arbeitet er viel, um ihre finanziellen Ansprüche zu befriedigen, beschwert sie sich, dass er nie zu Hause ist. Ist er viel daheim, vernachlässigt er seinen Job. Fahren sie in Urlaub – den selbstverständlich er gebucht hat, weil das ja das Mindeste ist, was er tun kann –, stimmt vom

Zimmer bis hin zum Pool garantiert nichts mit ihren Vorstellungen überein.

So bleibt sein Gefühlskonto stets in den Miesen, während sie natürlich stets alles richtig macht, einfach indem sie nichts tut, als ihn dauernd anzutreiben und darüber trotzdem alles andere als glücklich zu sein. Denn eigentlich ist ja der Mann dazu da, die Fäden zu ziehen, aber das kann sie ihm – diesem Lebenslaien – unmöglich überlassen. So hat sie sich das nicht vorgestellt, das macht sie ihm auch in aller Deutlichkeit klar. Und dass er alles falsch macht.

Aber so bitter das ist: Wer will, dass etwas optimal erledigt wird, macht es am besten selbst. Leben zum Beispiel, sich Wünsche erfüllen, erfolgreich sein – all das gibt es nicht aus zweiter Hand. Und wenn Sie jetzt einwenden: Was? Hab ich mir etwa einen Fisch geangelt, um mich am Ende selbst glücklich zu machen? Dann sagen wir ganz klar: Ja! Schon um wertvolle Energien zu sparen.

Bevor Sie also zwei Wochen lang Ihren Mann beknien, dass er etwas tun soll, was er erfahrungsgemäß entweder vergisst oder für das er keine Zeit findet – tun Sie es selbst. Das geht schneller, wird besser und Sie sparen sich eine Menge Frust. Für Ihr Leben, für Ihre Zufriedenheit, für Ihre Wünsche, Ihr Glück sind Sie – letztlich – ganz allein verantwortlich. Übrigens auch für Ihre Beziehung. Nehmen Sie die Dinge also lieber selbst in die Hand – Ihre Urlaubsplanung, Ihre Karriere, Ihre Einkäufe, die Verwaltung Ihrer Finanzen – dann können Sie sicher sein, dass sie ganz in Ihrem Sinne erledigt werden.

Ausnahme: Hausarbeit. Wir reden hier nämlich nicht

über die bewährten männlichen Vermeidungsstrategien, eine Hausarbeit so lange zu verweigern, bis die Frau sie seufzend selbst erledigt. Auch wenn er die Geschirrspülmaschine so einräumt, dass Ihnen die Haare zu Berge stehen – halten Sie sich raus. Dem Geschirr ist es egal, von welcher Seite es gespült wird, und gerade in diesem Bereich vergeuden Sie nur Ihren Hang zur Perfektion.

Verzichten

Unsere liebste Zermürbungsstrategie, weil sie meistens so wunderbar funktioniert und weil man sich selbst so oft dabei ertappt, dass man sie anwendet. Welche Frau hat sich noch nicht etwa sagen hören: »Natürlich gehe ich mit zur Jahreshauptversammlung deines Fußballvereins. Ist doch überhaupt nicht schlimm, wenn meine beste Freundin ihren vierzigsten Geburtstag ohne mich feiern muss.« Dann hat man tapfer eine Träne verschluckt und sich ein bisschen wie Jeanne d'Arc gefühlt.

Beispielsweise unsere Freundin Margret, 43, Mutter von zwei Kindern und berufstätig. Eine Konstellation, mit der man fast schon ein lebenslängliches Verzichtsabonnement besitzt. »Ich will ja nicht, dass Gerd sich täglich bei mir bedankt. Aber dass er mich mal wie ein Möbelstück behandelt, das hatte ich mir auch nicht so vorgestellt. Ich bin gleich nach dem Abitur schwanger geworden. Das war bestimmt etwas früh, aber wir haben uns ja geliebt und hätten sowieso früher oder später geheiratet. So war es eben einfach früher. Ich bin dann auch gleich zu ihm gezogen, in das Haus seiner Eltern. Und als unser Felix dann aus dem Gröbsten raus war, habe ich angefangen, im Büro mitzuhelfen. Gerd ist ja wie sein Vater von Beruf Schreiner und hat den Betrieb seiner Eltern übernommen. Als unsere Tochter Susanna dann kam, habe ich dann eigentlich auch sofort weitergearbeitet. Die Oma war ja da und hat auf die beiden Kinder aufgepasst, wenn ich die Buchhaltung gemacht oder Aufträge bearbeitet habe. Einfach war das allerdings nicht. Ich hätte beispielsweise schon lieber in einem eigenen Haus gewohnt und nicht mit den Schwiegereltern unter einem Dach. Aber es war eben billiger und Gerd fand, dass es auch praktisch wäre, wenn seine Mutter beispielsweise für uns alle kocht. Er hat ja auch kaum mitbekommen, wie seine Mutter mich ständig kontrolliert hat, bei der Arbeit, aber auch im Haushalt. Der ist natürlich komplett an mir hängen geblieben.

Also hatte ich zwei Kleinkinder, eine Halbtagsstelle, einen Haushalt, nörgelige Schwiegereltern und einen Mann, für den das alles eine Selbstverständlichkeit war. Der im Gegenteil noch glaubte, dass mir das einen riesigen Spaß macht und er mir eigentlich einen Gefallen tut, wenn er mir Gelegenheit gibt, so viel zu arbeiten. Margret braucht das, hat er mal erzählt, als wir mit Freunden essen waren. Die fühlt sich nicht wohl, wenn sie nicht den ganzen Tag herumwirbeln kann. Das Einzige, was ich wirklich gebraucht hätte, war ein Lob oder einen Blumenstrauß für die ganzen Jahre. Irgendwann habe ich begriffen: Da kommt nichts. Da wird nie was kommen. Und das ist ein total fieses Gefühl. Ich bin jetzt über 40, habe keinen Beruf gelernt, kein eigenes Geld, zwei Kinder, die jetzt schon fast aus dem Haus sind, und einen Mann, der nicht versteht, was ich für ihn alles getan und worauf ich seinetwegen verzichtet habe. Ich weiß nicht, wie es weitergehen soll.«

Eine traurige Geschichte. Eine allerdings, für die Margret selbst das Drehbuch geschrieben und bei der sie die Regie geführt hat. Wie viele Frauen behandelt sie ihre Liebe wie ein Sparkonto: je mehr Dienstleistungen, gute Taten, Geduld, Hingabe und Fürsorge man investiert, so die Hoffnung, umso größer würde der Ertrag sein. Doch was bei diesem Verfahren wirklich beeindruckende Dimensionen annimmt, ist nur die Enttäuschung, wenn man eines Tages all die Anerkennung und Dankbarkeit abheben will, die sich doch mit der Zeit angesammelt haben müsste, und sich der ganze schöne Sparplan als eine Riesenpleite entpuppt. Das Gefühls-Konto ist nämlich trotz oder gerade wegen der vielen Emotions-Einlagen mehr im Minus als die Deutsche Bahn.

Meistens weiß der Mann nicht mal, von welchen Investitionen seine Frau eigentlich redet. Was sie meint, wenn sie sagt, sie hätte wegen ihm ihre schönsten Jahre hingegeben, ihre Freundinnen vernachlässigt, den Sport an den Nagel gehängt und die Karriere in den Wind geschossen. Er fühlt vielmehr wie jemand, der für eine Ware, die er nicht bestellt hat, einen in seinen Augen total überzogenen Preis zahlen soll. Von ihm aus hätte sie doch ruhig arbeiten gehen können. Die Freundinnen? Na gut, seine Lieblinge waren es nicht – aber dass sie deshalb den Kontakt einschlafen lässt, das kann man ihm wirklich nicht ankreiden. Dann der Haushalt – hätte sie doch bloß früher gesagt, welche Belastung der für sie ist. Lieber hätte er eine Putzfrau angestellt, als sich für den Rest seines Lebens nun anzuhören, sie habe ihre großartigen Talente an niedere Arbeiten vergeudet.

Für mehr als ein Drittel aller Männer ist dieser Opferton der Frauen ein rotes Tuch. Und irgendwie hat er ja auch Recht. Die eigentliche Bedeutung dieses stillen Verzichts ist indirekte Erpressung. Würdest du mich lieben, so die verschlüsselte Botschaft, würdest du mich in Emotionen, Gefühlsüberschwang, Romantik, Verständnis auszahlen. Eine perfide Taktik – denn da die Männer ja schon Nutznießer aller möglichen Dienst- und Fürsorgeleistungen waren, können sie jetzt auch nicht mehr über den Preis diskutieren beziehungsweise den Handel – Service gegen Gefühle – ablehnen.

Sicher, auch wir haben noch nie erlebt, dass ein Mann freiwillig sagt: »Ich nehme den Erziehungsurlaub, mach du ruhig Karriere«, oder: »Lass mal, wozu brauch ich ein neues Auto, fahr du lieber nach Mailand!« Auch regelmäßige warme Mahlzeiten, frische Wäsche und eine proper aufgeräumte Küche mit einem gefüllten Kühlschrank werden bekanntlich selten von männlichen Protesten begleitet. Trotzdem und obwohl es sicher den meisten Männern durchaus in den Kram und ins Weltbild passt, wenn Frauen sich nicht beklagen, keine Grenzen ziehen, keine eigenen Wünsche durchsetzen, nicht egoistisch, sondern hilfreich und gut sind: Stiller Verzicht, eigene Bedürfnisse auf die lange Bank schieben, zu hoffen, der Mann würde irgendwann für Lastenausgleich sorgen und einem das Paradies auf Erden bescheren, bringt einen letztlich nur in das ewige Beziehungsfegefeuer.

Kapitel 14
Der Fisch im Haushalt

Eigentlich ist es mit der Haushaltsfron ganz einfach. Gilt doch wie bei allen Lasten: Geteilte Arbeit ist halbes Leid. Schade nur, dass Fische so schlecht rechnen können. Magere zehn Prozent Beteiligung machen bei ihnen die Höchstgrenze dessen aus, was sie als das für sie maximal Zumutbare betrachten. Tatkräftig unterstützt von der Anglerin. Die neigt leider immer noch dazu, Spurenelemente männlicher Hilfe mit einer haushälterischen Großtat zu verwechseln. Vielleicht glaubt sie, dass das den männlichen Ehrgeiz weckt, noch mehr zu tun. Möglicherweise empfindet sie ja auch ein kleines Hochgefühl der Überlegenheit, wenn sie im Unterschied zum Fisch einen Mülleimer von einem Kochtopf unterscheiden kann. Sicher aber kommt früher oder später der Moment, wo sie sich fragt: Wieso ich? Weshalb mache ich das eigentlich alles? Habe ich studiert, um jetzt auf den Knien liegend mit dem Kopf in der Kloschüssel das WC zu putzen? Und: Wie bringe ich dem Fisch bei dass wer wohnt auch für Ordnung sorgt?

Ausweitung der Kampfzone

Eins muss man ihnen lassen. Das haben sie gut hingekriegt, die Männer. Schmutzen, was das Zeug hält, verbrauchen Nahrungsmittel, Geschirr, legen Sockenantiquariate in unseren Schränken an, lassen Essensreste so lange im Topf, bis man daraus eine neue Lebensform züchten könnte. Und würden ihre Wäscheberge im Irak stehen, hätten die USA das Land ganz ohne jegliches Vorgeplänkel sofort angegriffen, weil das, was er da über Wochen gesammelt hat, mittlerweile ganz klar den Straftatbestand der Herstellung von biologischen Kampfstoffen erfüllt.

Und was tun sie, um ihren täglichen Schadstoffausstoß auf ein für das Zusammenleben zweier Menschen erträgliches Maß zu bringen? Sie sagen: »Sei doch nicht so ungemütlich«, wenn wir feudelnd, putzend, kochend, bügelnd, waschend und polierend um sie herumspringen, damit es so heimelig bleibt, wie er es sich schließlich auch wünscht. Denn entgegen seinen Anstrengungen, die Wohnung in eine Müllhalde zu verwandeln, schätzt ein Mann es durchaus, wenn alles seine Ordnung hat. Nur dass er glaubt, dass die sich wie von Zauberhand immer wieder selbst herstellt.

Auch wenn die meisten spätestens ab sechs Jahren nicht mehr an den Weihnachtsmann oder den Osterhasen glauben, so finden sich doch immer noch genug erwachsene Kerle, die anscheinend auch mit 40 noch mit der Vorstellung leben, wir Frauen würden wie Mary Poppins einmal am Tag durch die gemeinsamen Räume schweben, mit dem Finger schnippen – und der Haushalt wäre gemacht. Eine Illusion, die sie weitgehend ihren Müttern verdanken. Denn die haben den Grundstein für den Irrglauben gelegt, dass sich »das bisschen Haushalt« – wie schon Johanna von Koczian sang, irgendwie von allein macht, gar keine Mühe darstellt, sondern im Gegenteil eine für Frauen hochwillkommene Gelegenheit ist, sich beim Mann für seine beglückende Existenz zu revanchieren.

»Das macht mir nichts aus!«, »Das tue ich doch gern für dich, mein Junge!«, »Das ist doch eine Kleinigkeit!«, »Nicht der Rede wert« – lauten die üblichen Floskeln, mit denen Mütter in Männerhirnen die Überzeugung einpflanzen, dass man seine Pullover von Herzen gern mit der Hand wäscht, statt dass er sie in die Reinigung bringt; dass es das Mindeste ist, stundenlang am Herd zu stehen, damit die Brühe wirklich so klar wird, wie es Sohnemann von daheim gewohnt ist; dass es Frauen eine riesige Freude bereitet, seine Wäsche zu waschen, und wir ihm dafür, dass wir ihm noch eine Stulle schmieren, wenn er mitten in der Nacht angetrunken von seinen Kumpels kommt, ewig dankbar sein müssten, weil es unserer ansonsten doch so belanglosen Existenz als Abteilungsleiterin oder Lehrerin oder selbständiger Unternehmensberaterin erst den richtigen Sinn gibt, ihm allzeit zu Diensten sein zu dürfen.

So sehen Männer das, auch wenn sie es nicht aussprechen. Irgendwo ganz tief drinnen – ungefähr dort, wo die Überzeugung sitzt, dass Frauen nicht Auto fahren oder rechnen können, glauben sie, dass Gott den Haushalt geschaffen hat, damit es uns Frauen auf Erden niemals langweilig wird und wir zufrieden sind, anstatt aus lauter Langeweile Karriere zu machen.

Das an sich wäre aber nicht weiter schlimm. Schließlich könnten wir gleich am Anfang, noch bevor wir die erste schmutzige Kaffeetasse in seiner Küche in die Hand genommen haben, einfach zu ihm sagen: »Schatz! Ich habe eine schlechte und eine gute Nachricht für dich! Erst die schlechte: Frauen werden nicht mit einem Bügelgen geboren, sie beten nicht jeden Abend, damit auch morgen wieder das Geschirr schmutzig und die Wäsche dreckig sein wird, damit wir ganz doll viel für unseren Mann tun können. Frauen haben am Haushalt ungefähr so viel Freude wie an Genital-Herpes, und leider hat deine Mutter gelogen, als sie behauptet hat, dass es für jede Frau ein Privileg sein wird, deine Schuhe zu putzen. Außerdem: Wenn du nicht selbst einkaufen und kochen kannst, dann wirst du leider verhungern. Jetzt die gute Nachricht: Das mit der Zahnfee stimmt!«

Nach dieser Ansprache würde unser Mann mal kurz in sein Kissen weinen und wir könnten dann bei einer guten Flasche Wein besprechen, wie wir all die Arbeit, die wir beide so verursachen, gerecht aufteilen. Sollte er sich renitent zeigen, müssten wir leider strenger werden und ihm strikt jede Übernahme seines Hausarbeitsanteils verweigern. Wir würden all die herrlichen Möglichkeiten, nichts zu tun, in vollen Zügen genießen und in helles Hohngelächter ausbrechen, wenn er behauptet, dass ein Geschlecht, das Atomkraftwerke baut, mit einer Waschmaschine überfordert sein soll.

Sollte er seinen passiven Widerstand auf Bereiche ausdehnen, die weit jenseits unserer Ekelschwelle liegen, würden wir angemessen reagieren, etwa einen Nacktputzer engagieren, das von unserem Hausschwein gebrauchte, aber nicht gespülte Geschirr noch einmal aufdecken, ihm seine schmutzige Unterwäsche heimlich in den Aktenkoffer stecken oder ihn mit den beinharten Ergebnissen der Studie »Haushalts- und Familienstrukturen der Zukunft« von Prof. Dr. Michael Burkhard Pierkowsky konfrontieren: »Nichtkooperative Männer bleiben Singles oder sie werden es früher oder später wieder.«

So weit die unbegrenzten Gelegenheiten, sich von den Zumutungen der männlichen Grundschmutznatur zu befreien. Die scheinen aber nur sehr wenig Frauen in Anspruch zu nehmen. Denn eine von der Zeitschrift »Emma« in Auftrag gegebene Untersuchung zeigt, dass sich immer noch 64 Prozent aller Frauen bei den Tätigkeiten wie Putzen, Waschen, Bügeln oder Kochen benachteiligt fühlen. Bei den jungen Frauen sind 62 Prozent unzufrieden, bei den 33- bis 44-jährigen sind es 68 Prozent und bei den 45- bis 49-jährigen zeigt sich die wahre Meisterschaft des Mannes, sich von schnöder Hausarbeit zu befreien: Hier sind immerhin ganze 78 Prozent der Frauen unzufrieden mit der häuslichen Arbeitsteilung.

Andere Untersuchungen bestätigen dieses Missverhältnis und sie zeigen einen von jeglicher Einsicht in die wahren Arbeitsbelastungen unbeleckten Mann. Denn der will mal wieder hauptsächlich Chef sein und überlässt die subalternen Dienste seiner Frau. Ganz im Sinne des Vordenkers aller Haushalts-Verweigerer Michel de Montaigne, der meinte: »Ordnung halten ist eine glanz- und lichtlose Tugend«, solange man nicht ein Riesentheater um sich macht. So räumen sich trotz vernichtender Umfrageergebnisse in Sachen Mithilfe 53 Prozent der Männer im Haushalt nämlich insgesamt »bessere Führungsqualitäten« ein als den Frauen. Und jeder zehnte deutsche Mann besitzt laut einer Studie von »Forsa« die Unverschämtheit, anzugeben, er würde ja gerne im Haushalt helfen, wenn er »auch anspruchsvollere Arbeiten übernehmen« dürfte. Vielleicht den Arbeitsplan für seine Gattin am Computer austüfteln? Excel-Tabellen über den optimalen Verbrauch von Putzmitteln anlegen, damit sie nicht zu viel Domestos ans WC verschwendet? Auch beim Verfassen von Speise- und Einkaufsplänen könnte der Mann prima lenken und denken – wenn sie ihn denn also ließe.

Mildernde Umstände

Aber sie lässt ihn nicht. Und das ist das Problem. Da ist die junge Schauspielerin, die in einer Talkshow verkündet, sie fände einen Mann, der in der Küche steht, »total unmännlich«, und wollte es dem ihren entsprechend auch nicht zumuten, am Herd zu stehen. Da sind die Mütter, die den Vater, der sein Kind auf dem Spielplatz beaufsichtigt, beklatschen, als hätte er ein Mittel gegen Krebs erfunden, weil er einmal tut, was sie täglich einfach so erledigen. Da sind die 76 Prozent aller Frauen, die laut einer Umfrage des Staubsaugerherstellers Vorwerk schon sehr glücklich sind, wenn der Partner im Haushalt hilft und also gelegentlich mal mit anpackt.

Und da ist Patrizia, 39, die mit zwei Männern – ihrem fünfjährigen Sohn und ihrem Partner – zusammenlebt, berufstätig ist und glaubt, eine gewisse Grundschmutznatur zähle bei Männern zu den primären Geschlechtsmerkmalen: »Mein Mann ist ja so gar kein Haushaltsmensch. Dem fällt überhaupt nicht auf, wenn es bei uns unordentlich ist und sich die Geschirrberge türmen. Der zieht sich dann raus, was er braucht und braust mal kurz drüber. Bloß kürzlich, da war ich mal eine Woche beruflich unterwegs, da war es selbst ihm zu viel. Jedenfalls hatte er mir schon am Telefon erzählt, dass er unserer Putzfrau, die einmal die Woche kommt, ein paar Euro extra gegeben hat, weil es wohl ziemlich schlimm ausgesehen hat.« Das war zwei Tage, bevor Patrizia von ihrer Geschäftsreise nach Hause zurückkehrte. Gefragt, in welchem Zustand sie die Wohnung dann vorfand, antwortete sie mit einem milden Lächeln: »Ja, wie schon, wir wissen doch, wie es aussieht, wenn man zwei Männer alleine lässt.« Und wir wissen, wer sich abends ausruhte, während Patrizia die nächsten zwei Tage erst mal damit verbrachte, so weit aufzuräumen, dass man den Teppich wieder sehen konnte.

Hinter jedem faulen Mann steckt eine verständnisvolle Frau. Eine, die einsieht, dass der Gebrauch eines Mixers das männliche Selbstwertgefühl total untergraben könnte; eine, die es nicht mit ansehen kann, wie es ihn tief frustriert, dass nach dem Bügeln mehr Falten im Hemd sind als vorher; eine, die versteht, dass ein Mann Besseres zu tun hat, als seine Zeit mit etwas zu verbringen, das weder bezahlt wird noch mit Beförderung, einem Nobelpreis oder wenigstens mit dem Schlüssel zum Chefklo belohnt wird; und eine, die es klaglos hinnimmt, dass ein Geschlecht, das sich so viel auf seine überragende Intelligenz zugute hält, nichts dabei findet, daheim nicht mal genug IQ-Punkte zusammenzubekommen, um einen Staubsauger einzuschalten.

Ein Phänomen, das weltweit verbreitet zu sein scheint. Denn überall arbeiten Frauen daran, den Mann zu schonen, wird die männliche Psychohygiene über den Hausputz gestellt, lauschen Frauen andächtig dem männlichen Eigenloblied, wenn er es denn mal schafft, ein Geschirrspültuch in die Hand zu nehmen. Erstaunlich, wie viel Selbstverleugnung Frauen dabei aufbringen. Denn sich selbst empfinden sie natürlich nicht als zu gut ausgebildet, zu beschäftigt mit wichtigeren Dingen oder schlicht als zu anspruchsvoll, um sich mit Tätigkeiten abzugeben, die auf der männlichen Werteskala offenbar unter »Ich bin doch nicht blöd!« rangieren.

Wir haben uns natürlich Gedanken darüber gemacht, was es eigentlich ist, das Frauen freiwillig zu Haussklaven werden lässt, und ein paar ziemlich schmutzige männliche Tricks und einige leider nicht sehr schmeichelhafte weibliche Reaktionen gefunden.

1. Die Ehrgeiz-Falle

Leider besteht heutzutage kein Zwang mehr zur Hausarbeit. Seit Frauen ihr eigenes Geld verdienen, könnten sie – theoretisch – jede Dienstleistung am Mann verweigern und er müsste ohnmächtig dabei zusehen, wie das schmutzige Geschirr langsam putzige Schimmelhelme bekommt, ohne etwas anderes dagegen tun zu können, als es selbst abzuspülen. Damit es nicht dazu kommt, haben sich Männer etwas ausgedacht, was wir erst kürzlich in einem aktuellen Ratgeber von Männern für Frauen noch einmal schwarz auf weiß nachlesen konnten: Frauen so dermaßen von allen Seiten einzuseifen, dass sie zu jeder Gefälligkeit bereit sind.

Da wurde erst mal ausgiebig die weibliche Intelligenz gelobt, unsere Selbstständigkeit, der berufliche Ehrgeiz und wie toll es sei, dass die moderne Frau so emanzipiert ist. Die Autoren betonten, wie wichtig es gerade für den Mann wäre, es mit einer erfolgreichen und unabhängigen Frau zu tun zu haben. Und gerade deshalb würde uns ja sicher kein Zacken aus der Krone brechen, wenn wir wenigstens »etwas Häuslichkeit« zeigten. Die Autoren dachten da an »ein für uns zubereitetes Essen oder ein gemachtes Bett am Abend«, »die kleinen Dinge«, wie sie betonen.

Ein fieses Manöver, das allerdings meistens blendend funktioniert. Denn natürlich eilen wir für das viele Lob gern mal eben in der kurzen Mittagspause zum Einkaufen, stehen abends am Herd und servieren die selbst gekochte »Kleinigkeit« mit der gebührenden Dankbarkeit für die männliche Toleranz, die es uns erlaubt, gleichzeitig Karrierefrau und Vollweib zu sein. Denn als eines möchten wir auf gar keinen Fall gelten: als emanzipierte Zicke.

2. Die Entmündigungs-Falle

Gut, in den meisten Lebensbereichen lassen Männer sich leider wenig sagen. Selbst dann, wenn sie schon so gut wie in Hamburg sind, obwohl sie mit dem Auto eigentlich nach München wollten, begegnen sie dem Hinweis: »Ich glaube, wir haben uns verfahren«, mit: »Ich habe mir schon etwas dabei gedacht!«

Das frustriert auf Dauer. Da legt es sich doch wie Balsam auf die weibliche Seele, wenn er einem hilfesuchend seine knittrigen Hemden hinlegt und behauptet, keiner würde sie so glatt bügeln wie wir. Auch der erfreuliche Umstand, dass er sich ohne Fremdenführer in der eigenen Wohnung kaum mehr zurechtfindet und beim Wort »Küche« länger überlegen muss, wo er es schon mal gehört hat, kann auf eine ansonsten nicht gerade mit Anerkennung verwöhnte Frau ungemein bestärkend wirken.

Der Haushalt ist *ihr* Reich, da ist sie diejenige, die bestimmt, wann es Zeit ist, die Fenster zu putzen oder neue Vorräte anzulegen. Mangels Alternativen genießt sie es in vollen Zügen, wenn schon nicht ihn, dann wenigstens seine Wäsche, seine Mahlzeiten und die gemeinsamen vier Wände voll im Griff zu haben. Sie bestimmt, ob es Freitag Würstchen oder Kohlrouladen gibt, und das ist doch ziemlich viel, findet sie. Mehr jedenfalls, als er ihr jemals in anderen Bereichen zugestehen würde. Dass er im Haushalt erstaunlich freiwillig die Kompetenzwaffen gestreckt hat, wundert sie nicht. Sie ist viel zu sehr damit beschäftigt, ihren Hoheitsbereich möglichst weit auszudehnen, und arbeitet hart daran, ihm irgendwann vielleicht sogar die Socken bügeln zu dürfen.

3. Die Natur-Falle

Er kann es einfach nicht. Selbst wenn er wollte. Der Mann ist schlicht nicht dafür gemacht, ein Dampfbügeleisen zu bedienen. Das ist keine üble Absicht, das ist Biologie. Die männliche Hand, seit Jahrtausenden gewohnt, einen Speer oder allenfalls noch eine Fernbedienung zu tragen, kann sich eben nicht in komplizierte Drehknöpfe und hochdiffizile Temperaturregler einfinden. Und dann das Problem mit der Wäsche. Es gehört eben nicht zum Plan der Natur, dass ein Mann den Unterschied zwischen Koch- und Buntwäsche kennt. In der Steppe hat es schließlich genügt, ein Tier von einem Busch unterscheiden zu können und zu wissen, ob man es essen kann. Da wurde nicht gefragt, bei welchen Temperaturen man es wäscht.

Kurz: Es war für das Überleben des Mannes nicht nötig, Rezepte auszutauschen oder dreckiges Geschirr als Handlungsbedarf zu erkennen. Deshalb hat die Evolution es sich auch gespart, im Mann die Fähigkeit auszubilden, Frühstück machen zu können. Da muss er sich leider als komplett behindert bekennen. Sicher versucht er es gerne mal, aber er kann für nichts garantieren und hofft nur, dass sie es ihm nicht übel nimmt, wenn aus purem Zufall rote Socken in der Weißwäsche landen oder ihr bester Kochtopf ausglüht, weil er versucht hat, Kartoffeln ohne Wasser gar zu kochen.

Nein, sie ist nicht böse. Schließlich war sie mehr als einmal Zeuge, wie er versucht hat, ihr trotz seiner Haushaltsbehinderung Hausarbeit abzunehmen, und kläglich gescheitert ist. Schließlich will man ja nicht riskieren, dass er sich um Leib und Leben bringt, so wie der 26-jährige Kölner, der sich beim Geschirrspülen in der Küche ein Messer in den Bauch rammte. Und seit es all diese Bücher darüber gibt, weshalb Männer so sind, wie sie sind, hat sie auch aufgehört, noch weitere Ansprüche an ihn zu stellen, weil sie nun weiß, dass er einfach nicht anders kann, als sich im Supermarkt zu verlaufen und Domestos in die Geschirrspülmaschine zu kippen.

4. Die Mitleids-Falle

»Du hast ja ein riesiges Glück«, wird Mareike, 43, im Freundinnenkreis regelmäßig beneidet. »Ich erzähle nur, dass mein Mann mir die Kinder abnimmt, wenn ich abends von der Arbeit komme. Dabei hat er nur einen Halbtagsjob, während ich Vollzeit arbeite und morgens die Kinder immerhin in die Schule und in den Kindergarten bringe. Deshalb ist es also nur fair, dass er das tut.«

Das finden die Freundinnen nicht. Im Gegenteil. Sie bewundern Klaus und finden, dass Mareike ihrem Schöpfer nur dankbar sein kann für diesen außergewöhnlichen Mann. »Jedes Mal, wenn wir irgendwo eingeladen sind und es kommt das Gespräch darauf, dass Klaus im Haushalt mehr tut als wohl die meisten anderen Männer, dann heißt es: ›Du hast es gut, so ein toller Mann, was der alles macht.‹ Dass ich mindestens genauso viel tue, interessiert die gar nicht. Ich finde es ja eigentlich selbstverständlich, dass sich Männer zu gleichen Teilen am Haushalt beteiligen, aber anscheinend bin ich mit meiner Meinung allein.«

Und das nicht unter Männern, sondern vor allem unter Frauen. Die sind oft der Ansicht, dass eine Frau, die einen Mann an der Hausarbeit partizipieren lässt, kein gemütliches Heim, sondern eine Art Arbeitslager für Männer führt. Heftig bedauern sie den armen Kerl, der nicht nur seine Schuhe selbst putzen, sondern bisweilen auch Essen machen muss. Und finden Frauen wie Mareike »undankbar«, wenn die nicht erkennen wollen, was so Besonderes daran sein soll, wenn sich ein erwachsener Mensch an anfallenden Arbeiten beteiligt. Kein Wunder, wenn sich Klaus irgendwann selbst fühlt, als hätte er den goldenen Kochlöffel verdient, bloß weil er seinem eigen Fleisch und Blut mittags ein paar Fischstäbchen auftaut.

5. Die Individualitäts-Falle

»Ich brauche das alles nicht«, behauptet Martin, wenn Carina mal wieder die Geduld verliert und sein Chaos aufräumt. »Das ist doch total spießig, wie du hier immer herumputzt«, beschwert er sich und findet es ziemlich »uncool«, dass sie einen Geschirrspüler anschaffen will. Er sei eben ein Bohemien und für solch bürgerliche Tristesse nicht gemacht. Gut, wenn Carina es für ihr Wohlgefühl braucht, soll sie halt sauber machen. Er ist ja tolerant und will ihr nicht vorschreiben, wie sie zu leben hat. Da ist er ganz anders als sie, die ihm täglich ihre Ordnungsparameter aufdrängen will.

Dass sie sein Geschirr mitspült, seine Wäsche erledigt und den Kühlschrank füllt – na, das ist nett – aber soll er ihr deshalb dankbar sein? Sich gar revanchieren? Also, dafür sieht er nun wirklich keinen Anlass. Im Gegenteil. Eigentlich müsste sie froh sein, dass er sie einfach über seinen Kopf hinweg entscheiden lässt, was sie beide abends essen und wann sein Mantel in die Reinigung muss. So viel Gelegenheiten zur Selbstverwirklichung würden nur wenige Männer ihren Frauen einräumen. Wie gesagt – seinetwegen brauchte sie wirklich keinen einzigen Putzlappen in die Hand zu nehmen. Aber es sind leider noch nicht alle geistig und emotional so weit vorangeschritten, dass sie sich von diesem ganzen Haushalts-Stress nicht terrorisieren lassen. Irgendwann wird auch Carina so weit sein, ihm auf seine fortgeschrittene Bewusstseinsebene zu folgen – und dann hoffentlich feststellen, dass selbst ein Tischläufer mehr Rebellion ausstrahlt als Martin. Denn nichts ist spießiger, als sich von seiner Frau bedienen zu lassen, ohne es ihr auch nur zu danken.

6. Die Absichtsfalle
Frauen reden sich ihre missliche Lage schön, sagt eine österreichische Untersuchung zur Mithilfe im Haushalt. Die Frauen verglichen, so der Grazer Sozialpsychologe Freudenthaler, ihren Mann mit anderen und nahmen einfach an, ihrer sei immerhin fleißiger als andere. Auch wenn er de facto so gut wie nichts zum Haushalt beiträgt. Trost finden die Frauen, so der Wissenschaftler, auch in Absichtserklärungen ihrer Männer. Das langt den Frauen dann schon. Dass er einsieht, dass er eigentlich mehr tun müsste.

Es gibt also viele Wege für Frauen, die zur Hausarbeit führen. Und das Tückische daran: Sie scheinen – vordergründig – meist die Bequemeren zu sein. Bequemer jedenfalls als all die steinigen Pfade, die uns zu einer partnerschaftlichen Aufteilung leiten.

»Ach, was solls!«, denkt man sich, wenn er zum dritten Mal vergessen hat, fürs Abendessen einzukaufen. »Mach ich es eben selbst!« Man will ja nicht zickig und schon gar nicht kleinlich sein. Und irgendwie scheint ja auch zu stimmen, was man immer behauptet: dass Frauen einfach ein Händchen für die Hausarbeit haben. Bei ihnen geht immer alles schneller, sie sehen den Schmutz schon, bevor er überhaupt aufgetaucht ist und erkennen ein blindes Fenster bereits, obwohl man noch sehen kann, ob es Tag oder Nacht ist.

Und soll man etwa aus einer Klobrille einen Krisenherd machen? Gut, Männer sehen ein WC anscheinend bloß als unverbindliche Zielempfehlung des Herstellers. Und wen es aus widrigen Umständen zufällig mal auf ein Männerklo etwa in einem Restaurant verschlagen hat, dem wird schlagartig klar, weshalb das mit den Präzisionswaffen nicht funktionieren kann. Streng genommen dürfte man einem Geschlecht, dem selbst auf kürzeste Entfernung, so viel daneben geht, nicht mal Messer und Gabel anvertrauen, geschweige denn eine Langstreckenrakete. Denn auch wenn sie »Irak« meinen, könnte es damit etwa für Österreich ziemlich schlimm aussehen. Aber einem Mann das Stehpinkeln mühsam abtrainieren? Wo es doch für ihn so gut wie ein Identitätsnachweis, der Beleg für die ungebändigte männlich Natur ist? Sollen wir nicht lieber froh sein, dass er sich nicht auf die Hände oder die Hosen macht, sondern dass alles im Rahmen, also auf den zwei Quadratmetern rund um die Schüssel bleibt?

Sicher, wenn er selbst putzen würde! Aber in 63 Prozent der deutschen Haushalte ist es die Frau, die das WC reinigt, in acht Prozent ist der Mann dafür zuständig. Über die restlichen 29 Prozent legt sich Schweigen. Doch so viel ist klar. Auf Dauer kann es einen ziemlich fertig machen, mit solcherlei Hinterlassenschaften und dazu noch mit dem männlichen Unverständnis konfrontiert zu werden: »Wieso machst du eigentlich aus jeder Mücke einen Elefanten?«

Da hilft auch die Hoffnung nicht, die wir alle irgendwie hegen, dass Männer uns eines schönen Tages, wenn uns wieder mal alles zu viel ist, sagen werden: »Liebling, wenn ich gewusst hätte, dass dich das alles so sehr belastet, hätte ich doch schon längst mal den Flur gefeudelt!« Aber da können wir lange warten. Die männliche Abkehr von allem, was langweilig, stupide und vor allem undankbar ist, ist für die Ewigkeit gedacht.

Deshalb sollten Frauen möglichst frühzeitig zur Ge-

genwehr ansetzen. Auch wenn es am Anfang bedeutet, dass man sich ständig um Kleinigkeiten streitet. Aber dass man sich streitet, zeigt ja eigentlich schon, dass es keine Kleinigkeiten sind. Jedenfalls nicht für Männer. Sonst würden sie nicht so viel Mühe in den Kampf um jeden Zentimeter Staubwischen, jeden schmutzigen Teller und jedes staubige Regal stecken. Nehmen wir uns also ein Beispiel, bleiben wir hart. Und das geht am besten mit folgenden Strategien:

- Die Menschen sind verschieden. Jeder hat seine ganz individuelle Dreckschwelle und das muss unbedingt berücksichtigt werden. Wenn Sie sich also nur in Räumen wohl fühlen, die so aufgeräumt sind wie ein Flugzeugträger, während er mehr den Einrichtungsstil »Müllhalde« bevorzugt, sollten Sie gemeinsam die Wohnung in diverse Aktionszonen aufteilen: in seinem Zimmer darf er schlampen, dass es nur so kracht. Ihr Zimmer ist für sein ausuferndes Chaos tabu und die gemeinsamen Räume werden nach den gemeinsamen Erfordernissen bewirtschaftet, das heißt: in einem Zustand gehalten, der nicht unters Seuchenschutzgesetz fällt.
- Sicher, dass Männer da draußen einigermaßen manierlich auftreten, verdanken sie tüchtigen Frauen, die ihnen in monatelanger Feinarbeit den Unterschied zwischen einem sauberen und einem schmutzigen Hemd beigebracht haben. Leider werden für solcherlei Großtaten weder Medaillen noch Geldpreise verteilt. Enthalten Sie sich also größerer Anstrengungen um sein Outfit. Das spart Zeit, Energie und spätestens wenn sich seine Kollegen von ihm mit Grauen abwenden und die

Sekretärin ostentativ jedes Mal das Fenster öffnet, wenn er den Raum betritt, wird Ihr Mann schon merken, dass Anzüge nicht selbstreinigend sind.

- Auch wenn es mühsam ist und etwas kleinlich klingt: Sagen Sie immer, wenn Sie gespült haben, wenn Sie die Wäsche gebügelt haben und Sie etwas Leckeres gekocht haben. Sprechen Sie es laut und deutlich aus und sagen Sie auch, wenn es Arbeit gemacht hat. Nicht als Vorwurf und in Form einer Generalabrechnung, sondern als Erinnerung daran, dass so ein Haushalt wahrlich keine Kleinigkeit ist, und um ihm klar zu machen, dass es nicht die sieben Zwerge sind, die für Ordnung sorgen.
- »Der Mann ist ein Haushaltshiwi, der nur das macht, was ihm gesagt wird«, lautet das Ergebnis der »Bounty Haushaltsforschung«. Entsprechend scheitert die männliche Mitarbeit oft am weiblichen Irrtum, es sei zu anstrengend, ihm alles wieder von vorn zu erklären. Das eigentlich Anstrengende ist, aus der männlichen Vergesslichkeit eine grundsätzliche Ablehnung hochzurechnen, Debatten darüber zu führen, weshalb man ihm »schon wieder« sagen muss, er solle den Müll runterbringen, und sich darüber zu grämen, dass er einen nicht liebt, weil er nicht freiwillig spült. Das kann und sollte man sich sparen.

Betrachten Sie Ihren Mann ganz nüchtern und neutral wie einen hochmodernen elektrischen Putzhelfer. Den müssten Sie ja auch in kurzen Sätzen darüber informieren, was nun gerade ansteht. Sagen Sie einfach nur immer wieder, was nötig ist, wenn es nötig ist. Nicht mehr, aber auch nicht weniger. Sie werden feststellen: Es funktioniert.

- Stellen Sie sein Engagement auf eine professionelle Basis. Geben Sie den an sich schnöden Haushaltsverrichtungen einen für Männer lockenden Namen: »Logistik und Beschaffungsmanagement« klingt ja auch viel besser als »Einkaufen« und »zukunftsorientiertes, innovatives Controlling als entscheidender Faktor in der Unternehmenssteuerung« motiviert sicher enorm, mal wieder die Klopapiervorräte aufzustocken. Falls das nicht hilft, schaffen Sie sich einen Overheadprojektor an. Das hilft immer.
- Der Mann ist ein Rudeltier und Hausarbeit insofern schon das Gegenteil von dem, was sich ein Mann unter einer lohnenden Tätigkeit vorstellt: keine Gesellschaft, kein Applaus. Melden Sie ihn deshalb beim »Bundesverband der im Haushalt helfenden Männer« an. Das macht den Haushalt für ihn zu einer Sache unter Kumpels und damit gleich viel attraktiver. Beim BDHM findet er übrigens praktische Ratschläge zum Vermeiden von Unfällen bei der Hausarbeit, Tipps zum Schlichten von Streitigkeiten, die beim Putzen entstehen können, und interessante Statistiken. Wie etwa die, dass Hausmänner mehr Sex haben als Küchenmuffel.
- Werden Sie ruhig mal ruppig. Will er einfach nicht einsehen, dass Stehpinkeln ausgesprochen unappetitlich ist – immerhin gehen einem Mann im Jahr durchschnittlich zehn Liter daneben –, lassen Sie die Katze doch einfach auf seinen Lieblingsstuhl machen oder putzen Sie das Klo mit seiner Lieblingskrawatte. Große Wirkung erzielt man auch, wenn man eine Klarsichtfolie über die Schüssel spannt oder ihm ein Chemieklo in die Garage stellt.

Diplomingenieur Friedrich Bück, Konstruktionsleiter eines Sanitärausstatters, sieht als Alternative den Einbau eines Sensors, der den »Preußischen Präsentiermarsch« in Gang setzt, wenn einer stehen bleibt: »Bei 90 dB-Übertragungslautstärke weiß jeder im Haus, dass wieder einer im Stehen uriniert«. Das war in einer Tageszeitung zu lesen und wir fanden, dass das doch wirklich eine sehr nette Idee ist.

Kapitel 15
Der Fisch im Schwarm

Gern tritt der Fisch in Gesellschaft auf. Das hat Vorteile. Beispielsweise kann er mit der Zeit, die er im Kreise seiner Artgenossen verbringt, daheim nichts anstellen. Außerdem nimmt einem das Rudel die lästige Pflicht ab, über Nockenwellen zu diskutieren. Daneben gewinnt die Anglerin jede Menge fischfreie Freizeit zum ungestörten Shoppen, Freundinnen treffen, Nägel lackieren oder Karriere machen. Alles wäre also gut, würde nicht so manche Anglerin Innigkeit mit Anwesenheitspflicht, Freunde mit Störfaktoren und die Zeit, die der Fisch ohne sie außer Haus verbringt, mit einem Misstrauensvotum verwechseln.

Ein Freund, ein guter Freund

Fast jede Frau hat eine oder mehrere beste Freundinnen. Das ist nützlich, vor allem dann, wenn man mal wieder Single ist, sich was Schickes leihen will oder einen Partner hat, der partout nicht darüber sprechen möchte, ob Mel Gibson sich die Brust rasiert.

Freundinnen, darin sind sich die meisten Frauen einig, sind überlebenswichtig. Nie würden sie im Traum daran denken, sich von ihrer Seelenverwandten zu trennen, oder Zweifel daran aufkommen lassen, dass ein Frauenleben ohne beste Freundin wie eine ewige Bikinianprobe mit 20 Kilo Übergewicht in einer neonlichtgefluteten Umkleidekabine ist. Freundinnen sind Geheimnisträger - nur sie wissen, von wem wir nachts träumen und dass dabei Ewan McGregor, ein Küchentisch und ziemlich viel Champagner die Hauptrolle spielen; sie sind Rettungsring - wen sonst kann man bitten, bei einem Essen mit einem langweiligen Kollegen anzurufen und so zu tun, als bräuchten sie jetzt und sofort unsere Niere zur Transplantation; und in akuten Seinskrisen sind sie die letzte Bastion vor Kurzschlussreaktionen wie der totalen Kopfrasur oder einer Brustvergrößerung.

Kein Wunder, wenn eine britische Umfrage ergab, dass 82 Prozent der befragten Frauen lieber eine Nacht mit den besten Freundinnen als mit dem Lover verbringen. Und 47 Prozent der befragten verheirateten Frauen sagten sogar, dass sie bei Mädelabenden mehr Spaß hatten als in ihrer Hochzeitsnacht (von der wir ohnehin glaubten, dass sie ein weit überschätztes Vergnügen ist). Entsprechend gut tut der Fisch daran, niemals, aber auch wirklich niemals die Entscheidungsfrage »Ich oder sie!« zu stellen, selbst dann nicht, wenn er die Freundin ähnlich reizvoll findet wie eitrigen Ausschlag.

Möglicherweise kommt nämlich jemand, der sich - sagen wir mal - zwischen einen Mann und seinen Fußballverein stellt, mit dem Leben davon. Aber zwischen Frau und bester Freundin? Davon haben wir noch nie gehört. Aber das ist nicht der einzige Grund für einen Mann, einfach zu ignorieren, wenn zwei Frauen sofort anfangen zu giggeln, sobald er den Raum betritt. Ohne beste Freundin gibt es nämlich keine glückliche Beziehung und vor allem keine Bequemlichkeit für den Fisch. Schließlich bewahrt sie ihn davor, Gespräche über Wechseljahre, Hormonstörungen und Blasenschwäche führen zu müssen oder vier Stunden damit zuzubringen, nach dem optimalen Paar Schuhe – »Wenn ich beige sage, meine ich beige und nicht eierschalenfarben!« – zu suchen.

Den meisten Fischen ist das glücklicherweise bewusst. Sie tun, was Männer meistens tun, wenn es um typische Frauenangelegenheiten geht: Sie betrachten sie ähnlich wie das Wetter als eine Art Naturereignis und haben keinerlei Ehrgeiz, die Sache mit der besten Freundin zu verstehen. An sich eine durchaus lobenswerte Haltung. Jedenfalls im Vergleich zu dem, was viele Frauen aus dem einfachen Umstand machen, dass auch der Fisch die Gesellschaft von Artgenossen überaus schätzt.

»Wenn ich die Freunde von Michael sehe, denke ich jedes Mal, dass selbst ein Joghurt mehr Kultur besitzt«, beklagt sich etwa Nicole, 34, über die Begleiterscheinungen ihres Freundes. »Die haben die Zeit seit dem Urknall in der Fankurve ihres Fußballvereins verbracht. Ich verstehe einfach nicht, wie ein an sich doch ziemlich kultivierter Mann wie Michael seine Zeit mit solchen Idioten vertrödeln kann. Die haben doch nichts anderes im Kopf als Autos, Kneipe und allenfalls noch Formel 1. Wieso verbringt Michael so viel Zeit mit denen, wo er doch genauso gut mit mir zusammen sein könnte. Wenn er mit seinen Kumpels abhängt, kommt ja nun rein gar nichts bei rum – außer vielleicht ein paar Promille und ein paar neue Witze, die ich sowieso lieber nicht hören würde, und ich wünschte, ich könnte von Michael dasselbe sagen.«

Sicher hat Nicole irgendwie Recht. Seltsam sind sie

schon, die Männerfreundschaften. Jedenfalls gemessen an dem, was Frauen so unter Innigkeit verstehen. Nehmen wir beispielsweise mal das Reden. Männer brauchen so was nicht. Jedenfalls nicht andauernd. Es scheint ihnen völlig zu genügen, vor etwa 20 Jahren die letzte intensive Unterhaltung – »Gibst du mir mal dein Duschgel?« – geführt zu haben, um sich einander lebenslänglich näher zu fühlen als Tim und Struppi. Männer gehen nicht erst mit einer zehnjährigen Debatte über ihre Hormonstörungen und Frisurprobleme in Intimitätsvorleistung, um sich anrufen zu können, wenn das Auto stehen geblieben ist oder ein neuer Job gesucht wird. Und schaut der eine mal etwas trüber aus der Wäsche als sonst, dann grübelt der andere nicht etwa stundenlang darüber, ob *er* vielleicht der Anlass für die Verstimmung sein könnte.

Nein, so etwas fiele Männern nicht mal ein, wenn ihr Leben davon abhinge. Sie fragen auch nicht, warum ihr bester Freund sie ein Jahr lang nicht angerufen hat. Begegnen sie sich wieder, ist das Äußerste an Interesse die Frage: »Noch mit Heike verheiratet?« »Joa«, antwortet der andere dann und damit sind alle Formalitäten erledigt. Der gemütliche Teil der Männerfreundschaft kann beginnen und das bedeutet: Sie stellen ein Glas vor sich und begeben sich in eine Welt, die aus Formel-1-Tabellen, Straight-Wire Interconnects, Wettfurzen, Winnetou und aus Kim-Basinger-Postern besteht.

Was daran so abendfüllend sein soll, werden Frauen nie kapieren, und genau das ist das Problem. Sie irritiert die totale Andersartigkeit der männlichen Wahlverwandtschaften, sie glauben, dass vermutlich mehr hinter der Kumpanei steckt, als der Mann zugeben will, argwöhnen, dass Männer untereinander über ihre eigenen Frauen – oder noch schlimmer – über andere Frauen sprechen, und sind beleidigt, weil ihnen die Männerfreundschaft immer wieder zeigt, dass ihr Fisch ganze Abende lang blendend ohne sie auskommt.

Entsprechend heftig sind bisweilen die Konkurrenzgefühle, die Frauen den besten Freunden ihrer Männer entgegenbringen: »Bin ich dir etwa nicht genug?«, wird da gefragt. Oder: »Wollten wir nicht alles teilen?« Sie finden es ziemlich frustrierend, mit Menschen um die Gunst eines anderen buhlen zu müssen, die sich scheinbar auf dem gleichen intellektuellen Niveau wie Seetang bewegen. Glühend beneiden Frauen deshalb anscheinend vom Schicksal mehr Begünstigte, deren Männer stets brav daheim auf dem Sofa sitzen und kein anderes Hobby pflegen, als sich mit ihrer Gattin die Fernbedienung zu teilen, statt mit anderen Fischen Bierdeckelweitwurf zu üben. Ein großer Irrtum.

Es hat ungeheure Vorteile, einen Fisch mit Schwarm zum Partner zu haben. Etwa den, dass der Schwarm die Liebe verlängert. Angesichts einer Scheidungsrate von bis zu 50 Prozent wäre es nämlich geradezu sträflich leichtsinnig, auf eine einzige Person als Alleinunterhalter zu setzen (zumal wenn diese Person ein Mann ist). Wenn Statistiker vor der Einsamkeit warnen, weil sie krank macht, dann schließt das auch die ein, vor der schon Erich Kästner warnte, als er schrieb: »Und am schlimmsten ist die Einsamkeit zu zweit.«

Damit Liebe Kür bleiben kann, sollten Freunde eigentlich Pflicht werden. Und wir sollten dankbar sein, dass der Fisch nicht ständig von uns bespielt werden muss, statt ihm die Yoko Ono zu geben und ihn von seinen Freunden entfremden zu wollen. Freuen wir uns über Squash, Skat und Sangria, mit Strohhalmen aus Plastikeimern getrunken, weil uns auf diese Weise eine Menge fischfreie Zeit zufällt.

Und nicht nur das. Wie unsere beste Freundin den Fisch von der Verpflichtung entbindet, mit uns Filme zu sehen, die ihn langweilen, Gespräche zu führen, die ihn nicht interessieren, und Sportarten nachzugehen, die er für ein Schlafmittel hält, so befreit uns der Fischschwarm vor ähnlichen Gräueln: Besuche in Fußballstadien, Kampftrinken in Kneipen, in die wir nicht mal gehen würden, wenn Bratt Pitt dort nackt am Tresen stünde, und die Geschichte von der Klassenfahrt anno 1979 nach Rom, die wir schon öfter gehört haben, als es »Schwarzwaldklinik« im Fernsehen gab. Wir wollen nicht wissen, wie man eine Stereoanlage ins Auto einbaut und wieso die lauter sein muss als ein startender Jumbo, wir wollen nicht in nach Schweiß riechenden Umkleidekabinen darüber philosophieren, wer tougher ist, Bruce Willis oder Arnold Schwarzenegger, weil wir beide für ähnlich faszinierend halten wie ein Pfund Butter. Kurz: Wir sollten froh sein, dass es da draußen Männer gibt, die bereit sind mit ihresgleichen all das zu tun, wozu wir nun wahrlich nicht Lesen und Schreiben gelernt haben.

Natürlich könnte man jetzt einwenden, dass ja im Prinzip nichts gegen etwas Männerfreizeitgestaltung einzuwenden wäre, würde der Mann im Rudel nicht in kürzester Zeit zu etwas mutieren, gegen das sogar die Wiederbelebung eines Pitbulls mit Mund-zu-Mund-Beatmung noch ein Vergnügen wäre. Und: Könnten sie nicht ihre Zeit damit verbringen, ihren Horizont zu erweitern, etwa Fremdsprachen zu lernen oder einen Kochkurs zu machen, um uns etwa mit einem Forellenbäckchensalat zu überraschen? Aber: Würden *wir* auf herrliche Abende im Freundinnenkreis verzichten, in denen wir nichts weiter tun, als zehn Lidschattenfarben auszuprobieren und über Fettabsaugung zu diskutieren, bloß weil Männer dafür kein Verständnis aufbringen?

Hören wir lieber auf, Männerfreundschaften nach Frauenfreundschaftskriterien zu bewerten, das wäre wie Verona Feldbusch mit Cicero vergleichen. Mag sein, dass es uns total idiotisch vorkommt, wie ein Mann den ganzen Abend mit seinem angeblich besten Freund verbringen kann und nachher nicht mal weiß, ob der einen Anzug oder einen Kaftan trug. Aber so sind diese Freundschaften eben – ganz anders als unsere, aber deshalb nicht besser oder schlechter. Im Gegenteil. Schließlich haben es einige Männerduos trotz der kärglichen Ausstattung mit emotionaler Wärme, Intimität und Betroffenheitsdiskussionen – auch das sollte hier mal erwähnt werden – zu ziemlicher Berühmtheit gebracht: Pat und Patachon, Dick und Doof, Ernie und Bert oder Marx und Engels, um nur einige zu nennen. Kurz: Auch ohne wenigstens einmal gemeinsam ins Kopfkissen gewimmert zu haben oder wenigstens alle Problemzonen des Freundes zu kennen, kann man es weit bringen.

Nur eines gilt für Frauenfreundschaften ebenso wie für Männerkumpanei: dass sie eine der wichtigsten Glücksquellen sind. Studien haben ergeben, dass dem Sichmögenohnesexhabenzuwollen in puncto Lebenszufriedenheit gleich nach der Partnerschaft der wichtigste Platz zukommt, noch vor Beruf und Freizeitaktivitäten. Und das hat nicht wenig damit zu tun, dass man in Freundschaften Bedürfnisse ausleben kann, für die Beziehungen weder gedacht noch gemacht sind.

So weit, so gut? Nicht ganz. Denn allein aus dem erfreulichen Umstand, dass Sie nun durchaus bereit sind, etwas in Ihrem Nahumfeld zu tolerieren, das man eigentlich eher im Dschungel von Borneo als in einer Wohnung vermuten würde, muss nicht zwangsläufig eine gewisse Entspannung folgen. Auch bei Freundschaften gibt es Grenzen und die sind entschieden dort zu ziehen, wo man seine Freunde schon morgens im Bad trifft oder den eigenen Mann seltener zu Gesicht bekommt als seine Mutter. Eine gewisse Verhältnismäßigkeit sollte gewahrt bleiben, und ehe Sie sich den Satz sagen hören: »Liebling, ich verstehe vollkommen. Nächstes Jahr ist ja wieder ein Hochzeitstag. Geh also ruhig mit den Jungs ins Stadion«, sollten Sie deutlich werden. Zwei bis allerhöchstens drei Tage die Woche genügen vollkommen für Treffen mit Freunden, selbst dann, wenn am vierten Tag unaufschiebbare Tätigkeiten – wie etwa das zeitintensive Durchzählen aller fünf Mitglieder seines »Vereins zum Erhalt der Abseitsregel e.V.« – warten. Alles, was darüber hinausgeht, darf mit Fug und Recht als ziemlich durchsichtiger Vorwand verstanden werden, sich vor häuslichen Pflichten zu drücken.

Von den 75 Prozent aller Männer, die in Vereinen organisiert sind, sind schätzungsweise 74 Prozent deshalb so aktiv, weil sie sonst daheim spülen, putzen, mit der Frau reden und das Kind ins Bett bringen müssten.

Macht ja auch mehr her, den Spielplan für den Kegelclub bis ins Jahr 2020 zu erstellen, als eine Einkaufsliste für den Wocheneinkauf zu Hause. Besonders bei einem Geschlecht, das am liebsten jedes Mal eine Pressekonferenz einberaumen würde, wenn es die Klorolle auf dem heimischen WC wechselt. Wenn also Männer ihre gesamte Freizeit auf irgendeinem Ehrenpöstchen verbringen, dann eher aus Gründen, die Kurt Tucholsky schon 1926 als eigentliches Motiv fortgeschrittener Vereinsmeierei beschrieb: »Da draußen bin ich nur ein armes Luder. Hier bin ich ich – und Mann und Bundesbruder.«

Ganz Ausgebuffte bieten ihren Frauen bei etwaigen Nörgelattacken übrigens selbstlos an, sich doch gleichfalls irgendwie aktiv einzubringen. Davon würden wir abraten. Erfahrungsgemäß ist damit nämlich nicht gemeint, dass man uns unbedingt im Vorstand oder bei der Verwaltung der Vereinskasse braucht. Meistens geht es um so attraktive Positionen wie die der Trikotbeauftragten, der Putzlappenverwalterin oder der Nudelsalatexpertin, also um die Fortsetzung der Hausarbeit mit anderen Mitteln. Dafür werden wir dann einmal im Jahr zu Essen und Ententanz eingeladen.

Und noch etwas: Von Fraternisierungsversuchen mit den Kumpels ist grundsätzlich abzuraten. So hübsch der Gedanke ist, nicht nur Tisch und Bett, sondern auch die Freunde zu teilen – lassen Sie es lieber. Männer, die in Begleitung ihrer Frau zu einem Männerabend auftauchen, gelten als ähnlich kernig wie Boy George. Und falls Sie die Kumpels trotzdem mal zufällig treffen, erzählen Sie lieber nicht, dass Ihr Fisch bei »Titanic« geheult hat oder Sie ihn »Wullebär« nennen.

Männer mögen, wollen und brauchen so etwas nicht. Sie sind eben manchmal doch ganz anders und deshalb genügt es ihnen auch, einfach stumm in ihr Glas zu starren und dabei dem Zähneknirschen eines Kumpels zu lauschen. »Es gibt kein schöneres Geräusch«, meinte schon Groucho Marx.

Kapitel 16
Der Businessfisch

In normalen Beziehungen, vor allem in denen ohne Kinder (womit wir nicht sagen wollen, dass die mit Kindern keine normalen Beziehungen sind), gehen zumeist beide Partner arbeiten. Aus vielen Gründen. In erster Linie wegen des schnöden Mammons. Von irgendetwas muss der Mensch ja leben und heutzutage ist es mit Sicherheit ein angenehmes Gefühl, einen Arbeitsplatz zu haben.

Dazu kommt: Sie sind eine Frau, die es gewohnt ist, ihr eigenes Geld zu verdienen. Sie arbeiten sogar recht gerne. Es macht Ihnen Spaß und der Erfolg gibt Ihnen recht. Und manchmal, auch wenn das die Ausnahme ist, gelingt es Ihnen sogar, Hobby und Beruf miteinander zu verbinden.

Das Komische ist aber: Ihr Fisch verhält sich, was Ihre Arbeit angeht, sehr ambivalent. Sicher, er ist froh darüber, dass Sie die 33 Paar schwarze Pumps mit der eigenen Kreditkarte bezahlen, Ihren Anteil zur Stromrechnung überweisen, die Tierarztrechnungen für Muschel, die gemeinsame Katze, übernehmen und überhaupt in der Lage sind, ein eigenes Leben zu finanzieren. Das beruhigt Ihren Fisch ganz ungemein. Nimmt ihm eine Menge Druck. Er trägt schon an der Verantwortung und Finanzierung seines eigenen Lebens schwer genug. Da ist es ein äußerst angenehmes Gefühl, dass Sie unabhängig sind. Jedenfalls finanziell. Trotzdem haben viele Fische gewisse Probleme mit dem, was ihre Partnerinnen Beruf und Karriere nennen. Und das Fatale daran: Frauen sind gerade was diesen Bereich des Zusammenlebens angeht, ziemlich leicht zu beeindrucken, was schon unschwer daran zu erkennen ist, dass wir trotz allem beruflichen Stress meistens noch den Löwenanteil der Hausarbeit übernehmen.

Deshalb sollten wir uns die vermeintlichen Helden der Arbeit ruhig etwas genauer ansehen, um die Tricks und Finten zu erkennen, mit denen sich so mancher Fisch unzulässig viel Beachtung erschleicht.

Der großkotzige Gönner

Es ist schon niedlich, was seine Frau da so treibt. Seine Püppi. Mit welchem Eifer sie Tag für Tag in ihr kleines Lädchen rennt. Richtiggehend putzig. Eine nette kleine Freizeitbeschäftigung, ihr Friseursalon. Arbeit ist nun wirklich was anderes, als irgendwelchen Tussis Alufolienstreifen ins Haar zu legen. Aber wenn es ihr Freude macht, bitte schön, den Spaß will er ihr nun wirklich nicht nehmen, auch wenn er sich nicht vorstellen kann, dass die entscheidende Frage des Tages »Honigblond oder platinblond?« heißt, oder: »Darf's was zu lesen sein?«

Für den großkotzigen Gönner spielt es keine Rolle, ob ihr Laden wirklich ein kleines Lädchen ist oder eine Friseursalonkette und sie eine Art weiblicher Udo Walz. Mit dieser oft sehr liebevollen, aber in letzter Konsequenz doch gering schätzenden Betrachtungsweise hält er sie klein. Eine raffinierte Strategie. Sein: »Ist das nicht süß, wie die sich da engagiert«, heißt ja übersetzt nicht mehr als »Für so einen Käse würde ich nicht mal aufstehen.«

Für den Großkotz ist es wichtig, dass er gut dasteht. Deshalb gibt er sich gönnerhaft tolerant. Er lässt sie machen. Dinge, von denen er und der Rest der Welt natürlich weiß, das sie total Banane sind. Dinge, die die Welt nicht braucht. Aber aus lauter Liebe gönnt er ihr den Spaß. Er gebärdet sich wie der großherzige Sugardaddy, der auch noch das siebte Diadem anschafft.

Für all dieses offensive Wohlwollen muss sie natürlich auch bezahlen. Dank ist das mindeste, was er erwarten kann. Und Anbetung für seine Großherzigkeit. Klagen über Stress oder Ähnliches verbieten sich von selbst. Dann soll sie doch lieber zum Aerobic gehen. Da muss er sich nicht auch noch Klagen anhören.

Der Ausreden-Erfinder

Gut, sie verdient mehr als er. Einiges mehr. Aber ob das gerecht ist, ist eine andere Frage. Sie hat einfach eine Menge Dusel gehabt. Allein ihre Schulausbildung. Wenn er auf das Elitegymnasium gegangen wäre, dann säße er heute auch in den Vorstandsetagen dieser Welt. Aber wenn man wie sie in eine wohlhabende Familie geboren wird, dann landet man da ja fast automatisch. Es stimmt, dass sowohl ihr Abitur als auch ihr Uniabschluß ein wenig besser war als seiner, aber da haben es Frauen halt auch einfach leichter. Da bekommt der Professor einen koketten Blick zugeworfen und schon läuft das Examen. Einer wie er, der musste sich richtig abrackern. Und Betriebswirtschaft ist ja nun wirklich was völlig anderes als diese Geisteswissenschaften. Das reinste Rumgeschwafel. Fakten wie bei BWL spielen da doch keinerlei Rolle. Kein Wunder, dass sie direkt eine Anstellung gefunden hat. Außerdem: Wer will denn schon Lehrerin werden. Da herrscht ja kaum Konkurrenz. Und ihre Beförderungen: Na ja, im Schuldienst ist ja vieles möglich. Unter Lehrern. Eine muss ja die Direktorin sein und richtig viel Bewerbungen gab's auf die Stelle auch nicht. Und dann die Frauenquote. Wenn er diesen Bonus hätte, dann wäre er natürlich auch mindestens Filialleiter.

Gerecht ist das alles nicht. Aber wenigstens kann er sich das erklären. Und außerdem hat er allen in ihrem Umfeld auch deutlich Bescheid gesagt, wie sich die Sache eigentlich verhält. Dass er ein ganz Großer ist und sie einfach ein Glückspilz.

Wenn Frauen besser sind als Männer, bessere Abschlüsse machen und dann auch noch eine steilere Karriere, steht bei vielen Männern das Ego unter Dauerbeschuss. Wenn es dann noch die eigene Partnerin ist, dann hat der Fisch das Gefühl, es stecke ein fieser Haken in seinen Schuppen, der sich, je mehr er zappelt, umso doller in sein Fleisch bohrt. Da Männer Niederlagen, auf welchem Gebiet auch immer, ungern eingestehen, muss der Fisch sehen, wie er sich die Sache schönredet. Irgendwie muss dieser permanente Stachel im Fleisch ja raus.

Sich einzugestehen, dass Neid, Eifersucht und Missgunst die wahren Ursachen sind, macht keinem Spaß. Wie viel einfacher ist da das Erfinden noch so grotesker Kategorien, wie zum Beispiel: jahrelange Benachteiligung. Haben Sie einen solchen Fisch zu Hause, dann ermuntern Sie ihn. Schicken Sie ihn zur Fortbildung, wird er zu frech, machen Sie einen gemeinsamen IQ-Test und veröffentlichen Sie das Ergebnis.

Ansonsten genießen Sie Ihren Status. Lassen Sie sich

nicht zu Entschuldigungen hinreißen. Vielleicht sind Sie tatsächlich erfolgreicher, weil Sie fleißiger und klüger sind. Dauerhaft hat der Fisch nur zwei Möglichkeiten: Entweder er lernt, damit zu leben, oder er muss eben auf ein paar Annehmlichkeiten des Lebens verzichten – u. a. auch auf Sie!

Der traditionelle Jäger
Er findet, und da steht er auch zu, Frauen haben eine eindeutige Bestimmung. Und die liegt darin, die Kinder großzuziehen, den Mann zu versorgen und das Heim perfekt zu gestalten. Das ist seit Jahrtausenden so gewesen und so sollte es auch bleiben. Wenn es nicht sinnvoll wäre, hätte sich das Modell ja nicht so lange gehalten, oder?

Frauen sind nun mal nicht dafür gemacht, raus auf die Jagd zu gehen. Sie haben die Höhle behaglich gemacht, und warum ausgerechnet seine Liebste aus diesen herrlichen Höhlentraditionen ausbrechen muss, ist ihm ein Rätsel. Schließlich verdient er genug für beide. Sie hat es nun also wirklich nicht nötig, sich für ihr bisschen Gehalt so abzurackern. Schließlich könnte sie sich ein traumhaftes Leben machen. Daheim bleiben, alles hübsch herrichten und ihn umsorgen. Das ist doch eine wunderbare Aufgabe für Frauen.

Dem traditionellen Typ geht es darum, vor anderen gut dazustehen. Was sollen die Leute denn denken, wenn seine Frau arbeitet? Was wirft das für ein schlechtes Licht auf ihn. Das sieht ja aus, als könne er seine Versorgerrolle nicht ausüben.

Erklären Sie ihm, dass die Jagdzeiten vorbei sind. Sie abends nicht mehr vor der Höhle am Feuer, sondern vor Ihrem netten Kamin im Reihenendhaus sitzen. Männer haben es geschafft, von den Bäumen runterzukommen, da sind sie auch in der Lage, gewisse gesellschaftliche Veränderungen zu akzeptieren.

Der desinteressierte Gelangweilte
Seine Frau macht irgendwas mit Steuern in einer Behörde. Genau weiß er gar nicht, worum es da eigentlich geht. Schon bei dem Gedanken an diese stinklangweilige Materie schlafen ihm die Füße ein. Nicht einen Tag könnte er mit diesen Sesselfurzern verbringen. Dafür muss man wahrlich geboren sein und ein ziemlich niedriges Anspruchsniveau haben.

Da ist sein Job schon was ganz anderes. Adrenalin pur. Eine kreative, eher künstlerische Tätigkeit. Er ist freier Journalist. Im Sportbereich. Unvergessen sein Interview mit Oliver Kahn. 1998 war das. Wahnsinn. Er hat schon damals erkannt, was für ein Potenzial in dem Kerl steckt. Auch ihr hat sein Portrait von Olli sehr gut gefallen. Obwohl sie kaum Ahnung von Fußball hat, liest sie natürlich alle seine Artikel. Wenn nicht, wäre er auch mehr als beleidigt. Das könnte glatt ein Trennungsgrund sein. Schließlich steckt in so einem Artikel auch jede Menge von ihm. An Emotion und Sprachwitz. Das sagt schon was aus über einen Menschen. Da steckt Persönlichkeit in der Arbeit.

Momentan macht er allerdings eine knallharte Phase durch. Für freie Autoren sieht es derzeit am Zeitungshimmel nicht gerade rosig aus. Und auch wenn er Sportjournalist ist, übers Kegeln und die Rhythmische Sportgymnastik zu schreiben geht nun doch zu weit. Man muss auch in wirtschaftlich schlechten Zeiten ein bisschen auf seine Berufsehre achten. Er ist der Bundesligamann. Die Bayern sind sein Spezialgebiet, da kann er doch nicht auf einmal über Bändchengeturne schreiben.

Das Gute, er kann sich sein Wählerischsein leisten. Seine Frau, die mit den Spießern in der Behörde hockt, verdient locker genug für beide. Dass so eine Arbeit dermaßen gut bezahlt wird, ist für ihn ein Unding. Er rackert sich für Pauschalhonorare ab und ihr schmeißen sie das Geld noch hinterher.

Hören Sie sofort auf, seine Artikel zu lesen! Unter Partnern gehört es sich, zu wissen, was der andere den lieben langen Tag tut. Es hat etwas mit mangelndem Respekt zu tun, wenn jemand so gar kein Interesse an dem zeigt, womit der andere sein Geld verdient. Machen Sie ihm klar, das Ihre Sesselfurzerarbeit ihn finanziert.

Der überhebliche Wichtigtuer

Sicher, es ist schön, dass sie eine Beschäftigung hat. Aber Arbeit ist nun mal nicht gleich Arbeit. Ein bisschen sollte man im Leben ja auch nach dem Sinn fragen. Da ist er ganz weit vorne. Immerhin ist er Verwaltungsdirektor einer großen Klinik, die in Sachen Transplantation eine führende Rolle in Niedersachsen spielt. In seiner Klinik werden Herzen verpflanzt. Täglich Leben gerettet. Was spielt es da für eine untergeordnete Rolle, dass er nicht direkt am OP-Tisch steht. Schließlich geht in dieser Klinik nichts ohne sein O.K. Die Ärzte unterliegen seinem Kommando. Somit ist letztlich er der Herrscher über Leben und Tod. Sein Tun entscheidet.

Seine Frau ist in der Ventilbranche. Entwickelt als Maschinenbauerin neue Ventilkonstruktionen. Sicher ganz interessant, wenn man denn Ventile interessant findet, und auch recht ansprechend bezahlt. Aber: Geld ist ja nicht der Gradmesser im Beruf, oder sollte es jedenfalls nicht sein, findet er. Wo bitte liegt der tiefere Sinn im Ventilkonstruieren? Sein Fazit: Sie verdient Geld, er hilft der Gesellschaft. Da ist doch klar, welche Arbeit wertvoller ist. Das will er auch gewürdigt sehen.

Der aufoperungsvolle Jammerer
Wenn er denkt, dass er die nächsten 25 Jahre weiterhin so malochen muss, könnte er verrückt werden. Schon jetzt spielt sein Blutdruck oft genug verrückt und sein Cholesterin ist auch nicht mehr das, was es mal war. Kein Wunder, so wie er sich abrackert. Er ist ja selten vor 20 Uhr daheim. Und all das tut er nur für sie. Damit sie es sich hübsch machen kann. In ihrem «nine to five«-Job. Wahrscheinlich wird er über kurz oder lang einen Herzinfarkt bekommen, aber dann ist sie wenigstens durch seine Pension prima abgesichert.

Auch wenn Ostern vorbei ist: Für diesen Typ ist immer Karfreitag, denn Sie haben sich ein klassisches Opferlamm als Partner ausgesucht. Manchmal hilft eine unangekündigte Notschlachtung.

Der eifersüchtige Schatten
Klar bewundert er seine Frau. Das tun ja schließlich alle. Sie ist immerhin eine der Topfernsehmoderatorinnen im Informationsbereich. War zweimal Titelbild auf einer Fernsehzeitschrift und neulich sogar bei Biolek

und Kerner. Auf jeder Promiparty turnt sie rum. Manchmal geht er netterweise mit. Aber langsam geht es ihm doch auf den Wecker, dass er auf diesen oberflächlichen Events ständig mit ihrem Namen angesprochen wird. Wo sie keineswegs verheiratet sind und er seinen Namen auch immer sehr mochte. Was bilden sich diese Leute ein? Behandeln ihn wie ein Anhängsel seiner Frau. Manchmal fühlt er sich wie der Bodyguard oder der Chauffeur oder sogar unsichtbar. Und diese deutlichen Blicke, die sagen: Was macht die denn mit dem unscheinbaren Kerl? Noch zwei, drei so Nummern und er gründet eine Selbsthilfegruppe für Männer erfolgreicher Frauen. Er ist doch kein Begleithansel. Kein Schattenmann.

Männer schaffen es, auf hohem Niveau zu leiden. Kein Mensch hat sich je gefragt, wie das Frauen aushalten. Die Heerscharen von Frauen, denen das seit Jahrzehnten genauso geht wie dem Fisch der Promifrau. Wenn er es nicht ertragen kann, dass Sie berühmter sind, muss er eben daheim bleiben und kann da auch in Ruhe an seinem Selbstbewusstsein arbeiten. Sie können nicht mehr tun, als ihn vorstellen. Für das Verhalten anderer sind nicht Sie verantwortlich.

Der bequeme Schmarotzer

Seine Bilder will keiner. Gut, viel hat er auch noch nicht probiert, um sie an den Mann oder die Frau zu bringen. Aber als Künstler hat man ja auch gewisse Schmerzgrenzen. Er kann ja schlecht beim Lidl ausstellen. Die großen Galerien, die seiner würdig wären, haben aber dummerweise keinerlei Interesse an seinen Werken. Bitte sehr, was soll's, er hat Zeit.

Vor allem, weil sie ja genug Geld ranschafft und er auf ihre Kosten sehr bequem lebt. Er weiß ja, dass sie niemals so gemein wäre und ihn zwingen würde, in seinem erlernten Beruf zu arbeiten. Als Fliesenleger. Nach all den Jahren, die er sich nun völlig der Kunst gewidmet hat. Unvorstellbar der Gedanke, wieder um 6 Uhr aufzustehen. Das grenzt an Verletzung der Menschenrechte. Bei ihr ist das was anderes. Sie macht es ja schon seit Jahren. Ist dran gewöhnt. Und hat schließlich auch völlig andere Ambitionen und Vorstellungen. Ihr geht es in erster Linie um den Mammon. Sie will Geld verdienen. Der Anspruch liegt ihr halt nicht so am Herzen wie ihm.

Sie sind nicht dafür da, ihm sein Hobby zu finanzieren. Wenn er gerne künstlerisch tätig ist, schön, aber eine Mindestbeteiligung an Haushaltskosten können Sie schon verlangen. Das ist noch keine seelische Grausamkeit. Wenn er nicht als Fliesenleger arbeiten will, muss er eben auf andere Art und Weise Geld ranschaffen.

Kapitel 17
Eifersucht

Die Welt ist voller Versuchungen, besonders für den Fisch – glaubt die Anglerin und bewacht ihren Schatz mit Argusaugen. Man weiß ja, wie gierig andere Anglerinnen sind und wie leicht verführbar der Fisch. Schielt er nicht ständig nach anderen? Vermutlich denkt er sogar beim Sex eher an Kim Basinger als an sie. Oder ist es eher umgekehrt? Krankt vielleicht der Fisch an einem ausufernden Besitzanspruch? Kann er die Anglerin nicht mal fünf Minuten allein lassen, ohne gleich das Schlimmste anzunehmen und vorsichtshalber schon mal den dritten Weltkrieg vom Zaun zu brechen? Natürlich bloß, weil er sie so wahnsinnig liebt? Eifersucht stellt viele Fragen und dabei ist nur eines sicher: So schwer es sich manchmal mit ihr lebt, so sehr würden wir sie vermissen, würde sie komplett aus unserem Leben verschwinden.

Grünäugige Monster

»Ich war die größte Schlägerin Münchens«, bekannte die wohl prominenteste Eifersüchtige Deutschlands, die Schauspielerin Cleo Kretschmer, die potenzielle Konkurrentinnen schon mal vermöbelte, wenn die ihre Krallen nach ihren Männern ausstreckten (oder sie sich das zumindest einbildete). Nicht umsonst nannte Shakespeare die Eifersucht das »grünäugige Monster« – denn das Gefühl kann selbst aus den ruhigsten und vernünftigsten Menschen etwas machen, was man ansonsten nur in Wes-Craven-Filmen sieht und das für Zuschauer unter 16 Jahren verboten ist.

Da genügt es manchmal schon, wenn sich der andere angeregt mit einer hübschen Frau unterhält oder man eine flüchtig auf einen Bierdeckel notierte Telefonnummer – natürlich ganz zufällig – in den Taschen seines Liebsten findet. Wir kennen Frauen, die haben nach solchen Entdeckungen ganze Tage damit zugebracht, Telefonbücher deutscher Großstädte nach dieser Nummer abzusuchen, um ihr einen Namen zuordnen zu können (und festzustellen, dass sie einem Versicherungsvertreter gehörte).

Eifersucht ist ein blödes Gefühl – einfach, weil man Sicherheiten will und sie gleichzeitig fürchtet, also eigentlich doppelt leidet. Im Grunde nämlich will man das, wonach man so akribisch forscht, ja gar nicht wissen. Wollen wir etwa wirklich erfahren, mit wie vielen Frauen er vor uns geschlafen hat? Und ob es besser war als mit uns? Sollen wir ihm tatsächlich die wahre Zahl unserer Liebhaber nennen, auch wenn er behauptet, er bliebe völlig cool, selbst wenn er beide Hände bräuchte, um mitzuzählen? (Eigentlich müsste er vier Hände haben, aber das wird er garantiert nie erfahren.) Möchten wir eine ehrliche Antwort auf die Frage, mit wem er den besten Orgasmus seines Lebens hatte und ob er schon mal bei einer Prostituierten war? Nur Masochisten können so etwas ernsthaft in Erwägung ziehen. Trotzdem: Es ist da, dies nagende Gefühl, und es hat vermutlich in den letzten Jahrzehnten noch zugenommen. Denn wo man sich rein aus Lust und nicht mehr aus Versorgungsgründen zusammentut und also Liebe das einzige Bindemittel ist, da gilt: Theoretisch kann sich jeder von einer Minute auf die andere für jemand anderen entscheiden. Morgens geht man noch frohgemut aus dem Haus, fühlt sich glücklich verbunden und abends – peng! – da gehört er schon einer anderen, sagt, er sei verliebt, packt die Koffer und ist fort. Was hält ihn noch, wenn er jemand anderen attraktiver findet? Wie kann ich sicher sein, dass er die Gunst einer Geschäftsreise nicht zu einem Seitensprung benutzt? Wie ihn für alle Zeiten an mich binden, wenn ihn nichts hält, außer einem Gefühl, das bekanntlich manchmal flüchtig und ziemlich gnadenlos ist, weil wer liebt, ja immer Recht haben soll?

Das kann einen schon nervös machen – besonders, wenn man sich selbst nicht gerade für die größte Trophäe hält. Dann ist die Welt voller potenzieller Konkurrentinnen, die selbstredend schlanker, klüger, begehrenswerter sind und vermutlich das gesamte Kamasutra drauf haben (sogar das Ding mit dem Kopfstand!). Eifersucht ernährt sich sozusagen von Minderwertigkeitskomplexen und magert umgekehrt in dem Maße ab, in dem man sich selbst liebt. Manche sind einfach der Überzeugung, dass ihrem Mann sowieso nie mehr etwas vergleichbar Großartiges über den Weg läuft wie sie (und täuschen sich manchmal gerade deshalb). Andere wiederum mögen sich selbst nicht genug, um glauben zu können, dass ein Mann tatsächlich so wahnsinnig sein kann, sich mit ihnen zu bescheiden. Und oft behalten sie Recht. Denn nach Monaten erschöpfender Szenen denkt sich natürlich mancher: Wenn sie sowieso schon glaubt, dass ich fremdgehe –

dann tue ich es doch. Dann lohnt sich wenigstens der Ärger.

Natürlich gibt es auch immer Männer, die einem mehr als nur einen guten Grund geben, über die Anschaffung einer Streckbank nachzudenken. Männer also, die es mit dem Schriftsteller Jorge Amado halten, der sagte: »Man kann nicht mit allen Frauen schlafen, aber man muss es versuchen.« Solche gehören schon deshalb mit Liebesentzug gestraft, weil sie an sich vernünftige und erwachsene Frauen dazu bringen, sich mehr mit ihnen zu beschäftigen, als ihnen zusteht.

Plötzlich beginnt man ziemlich kindische Dinge zu tun: in Brieftaschen herumzuschnüffeln, Aktenkoffer zu filzen, Kreditkartenabrechnungen zu kontrollieren, auf Unterhosen nach Spermaflecken zu suchen und sich nach Kräften unattraktiv zu finden. Das ist weniger ein moralisches Problem als vielmehr eines des Energiehaushaltes. Wir finden nämlich, dass es notorische Fremdgänger nun wirklich nicht verdient haben, dass wir auch nur einen Gedanken mehr an sie verschwenden als an die Bodenreform in Timbuktu.

Mal ehrlich: Wir sollten Besseres zu tun haben, als Zeit und Nerven an so etwas Sinnloses wie die Überwachung eines Mannes zu vergeuden, der uns unsere Exklusivrechte als beste, schönste und liebenswerteste Frau auf Erden verweigert. Das bedeutet allerdings nicht, dass ein Gespräch mit einer schönen Fremden auf einer Party oder ein langer Blick auf Körbchengröße D schon als seelische Grausamkeit gewertet werden muss (es sei denn, die Frau sieht aus wie Julia Roberts und er grinst so dämlich, als habe er gerade etwas geschluckt, das unter das Betäubungsmittelgesetz fällt).

Im Gegenteil. Ein bisschen Eifersucht gehört einfach dazu. Oder wie fänden Sie es, wenn Sie nach einer langen Partynacht mit einem fremden Mann nach Hause kämen, und das Einzige, das Ihrem Fisch dazu einfiele, wäre: «Macht bloß keinen Krach, ich muss morgen früh raus«? Wenn wir von dem knackigen neuen Kollegen berichten und er bloß sagt: »Toll, dass du mit so netten Leuten zusammenarbeitest!«

Ganz ohne geht es eben auch nicht. Denn Eifersucht ist zwar – glücklicherweise – meistens unbegründet, aber nie überflüssig. Und auch wenn man es ziemlich uncool findet, wie es einen piesackt, dass er ausgerechnet Barbara Becker attraktiv findet, wo man selbst sogar an guten Tagen doch eher wie Uta Ranke-Heinemann aussieht – es ist gar nicht so schlecht, sich so beunruhigt zu fühlen. Denn:

Eifersucht spornt an

Der Vergleich mit potenziellen Konkurrenten nagt vielleicht am Selbstwertgefühl, aber er spornt auch an. Wer wünscht, dass er schmeichelhaft ausfällt, der arbeitet an sich, um für den Partner liebenswert zu bleiben. Und das kann vor allem Männern nicht schaden. Die leben nämlich schon aus Gründen der Bequemlichkeit gern in dem Glauben, dass sie konkurrenzlos klug, schön, erfolgreich und charmant sind, selbst dann noch, wenn sie eigentlich nur noch dem größten Säugetier der Welt ernsthafte Konkurrenz machen. Da lohnt es sich durchaus, auch mal ein paar Herausforderungen wie Tom Cruise ins Spiel zu bringen. Wie es auch umgekehrt nicht schaden kann, die Kluft zwischen der Frau, die wir waren, als er uns geheiratet hat, und der, die wir seitdem geworden sind, nicht auf Jekyll-und-Hyde-Format wachsen zu lassen.

Eifersucht ist ein Kompliment
O.k., manche Frauen sind anscheinend gerade hinter liierten Männern her wie Fliegen hinter einer toten Kuh – aber sehen Sie es locker. Ist es nicht auch ein herrliches Gefühl, etwas zu besitzen, das andere offenbar auch gern hätten? Immerhin bestätigt es nicht nur den guten Geschmack. Die anderen denken auch, dass Sie etwas ganz Besonderes sein müssen – wenn Sie einen solchen duften Typ für sich gewinnen konnten, der Ihnen zuliebe sogar T-Shirts trägt, auf denen steht: »Abwerben sinnlos! Bin glücklich verheiratet!«

Eifersucht ist Selbstschutz
Es ist sicher nicht leicht, sich zu kleinbürgerlichem Besitzdenken, Mordgedanken, krankhaftem Misstrauen und einem kränkelnden Selbstwertgefühl zu bekennen – andererseits: Wie soll der Fisch jemals erfahren, dass er einen durch stundenlange Telefonate mit einer angeblich »total unscheinbaren« Kollegin verletzt? Wie kann er wissen, dass er zu weit gegangen ist, wenn man es ihm nicht sagt? Wer sich zu seiner Eifersucht bekennt, setzt wichtige Grenzen. Man signalisiert: Hier endet meine Sicherheit, hier fühle ich mich verletzlich, also nimm bitte Rücksicht, sonst muss ich leider deine Bierkrugsammlung an die Wand werfen!

Eifersucht ist Aufforderung zur Selbstständigkeit
In einer Befragung von 6482 amerikanischen Frauen und Männern über die Entstehung von eifersüchtigen

Gefühlen fanden die Psychologen Peter Salovey und Judith Rosen heraus, dass besonders Menschen mit einem geringen Selbstwertgefühl von Eifersucht gequält werden. Sie sind am ehesten bereit anzunehmen, dass sie ihrem Partner einfach nicht genügen können, dass er sich bestimmt nach etwas Besserem umsieht, weil sie ja allenfalls nur eine Zwischenlösung sein können. Und sie fühlen sich entsprechend auch abhängiger davon, dass er ihnen die Bestätigung gibt, die sie sich selbst nicht geben können.

Menschen dagegen, die noch andere Quellen für ihren Selbstwert haben als die Meinung des Partners, reagieren weniger empfindlich, wenn der harmloses Interesse für andere zeigt. Entsprechend kann Eifersucht auch eine Aufforderung sein, nicht mehr, sondern weniger Nähe zum Partner zu suchen, etwas mehr für sich zu tun. Sollte er also jedem sich bietenden Rock hinterherschauen – dann besuchen Sie doch mal einen Volkshochschulkurs zum Thema »Sterilisation leicht gemacht«, und wenn er meint, es würde mal wieder später, dann zeigen Sie ihm, womit Sie sich in der Zeit bis zu seiner Ankunft beschäftigen werden: mit Ihrer beachtlichen Skalpell-Sammlung.

Eifersucht ist ein Stabilisierungsfaktor

Schön ist sie manchmal nicht – aber sie hilft. Denn letztlich schadet etwas Angst um den Partner, um das gemeinsame Glück nicht so sehr wie Gleichgültigkeit, Desinteresse oder allzu viel Selbstverständlichkeit. Vorausgesetzt, die Eifersucht bewegt sich im normalen Bereich (kommt also ohne Privatdetektive, Abhörgeräte oder Tascheninspektionen aus), dann ist sie auch

Ausdruck für die Sehnsucht, einem anderen ein und alles zu sein – also ein sicheres Zeichen für Liebe.

Und zum Schluss noch ein kleiner Trost: Immerhin zwei Drittel der deutschen Bundesbürger, das ergab eine Umfrage im Auftrag der Zeitschrift »Elle«, sind ihrem Partner treu – ganz einfach, weil sie ihre Beziehung nicht aufs Spiel setzen wollen. Auch Männer wissen eben bisweilen, was gut für sie ist.

Kapitel 18
Trennung – wann Fische fliegen

Ist es noch Liebe oder schon Gewohnheit? Sollte man sofort gehen, wenn der Fisch Geburtstage vergisst, oder noch so lange abwarten, bis er sich nicht mal mehr an unseren Namen erinnert? Kann man noch nach 20 gemeinsamen Jahren Schluss machen oder lohnt sich die Mühe dann auch nicht mehr? Zum Ende noch ein paar Beiträge aus der Verlustforschung, Gedanken über den Fisch als Abschreibungsobjekt, woran man erkennt, dass er wirklich der Falsche ist, und wann es sich doch noch lohnt zu bleiben.

Ewig quält am längsten

Eigentlich ist das mit der Trennung ganz einfach: Ein Fisch, der einem trotz aller Toleranz und allen Entgegenkommens das Menschenrecht auf Achtung, Anerkennung, Liebe und Frühstück im Bett verweigert, gehört zurück in den Teich. Es hat einfach keinen Zweck, jemanden, der so verblendet ist, zu glauben, wir kämen mit Putzeimer und Schrubber aus der Gebärmutter geflutscht und wären fortan von dem sehnlichsten Wunsch beseelt, ihn zu bedienen, argumentativ vom Gegenteil zu überzeugen. Ebenso sinnlos ist es, einem Mann, der sich nicht mehr für unsere Bedürfnisse interessiert als für die Reispreise in China, irgendwelche Pluspunkte anzudichten.

Wenn die vermeintlichen Aktiva eines Fisches so tief innen liegen, dass man sie nicht mal bei einer Autopsie entdecken würde, geschweige denn im täglichen Leben, dann sollte man den Fisch als Fehlinvestition alsbald abhaken und zu neuen Ufern aufbrechen. Das gilt erst recht für jegliche Art von Kaltschnäuzigkeit und Grobheit – für öffentliche wie für heimische Demütigungen, ebenso wie für jede Form von Gewalt.

So einfach ist das und gleichzeitig so schwierig. Sieht man nämlich mal von den leicht zu erkennenden Unvereinbarkeiten, also von den Gräten in Größe XXL ab, bleiben immer noch genug Zwischentöne, die nicht so leicht zu beurteilen sind. Schließlich ist die Art und Weise, wie man Beziehungen lebt, nicht ein für alle Mal festgeschrieben. Sie verändert sich, weil wir uns verändern, aber auch, weil die Umwelt immer neue Forderungen an uns stellt. Was mit Anfang 20 noch blendend funktioniert, weil man stark und sorglos ist, kann mit Ende 30 schon ganz anders aussehen, weil Kinder da sind oder man im Gegenteil vergeblich darauf gewartet hat, Eltern zu werden, weil man im Job doch nur im Mittelfeld stecken bleibt, weil zwischendurch vielleicht andere Menschen interessanter schienen als der daheim oder weil die Liebe eben einfach nicht mehr so eine Attraktion ist, wenn man sie lange Jahre teilt und weil man einfach älter wird und auch das schwer zu ertragen sein kann.

Kurz: Wo einstmals reine Wonne war, kann sich auch die beste Beziehung zu einem echten Alptraum entwickeln, zu einer »Nachtmeerfahrt« wie der Psychoanalytiker C. G. Jung den Horrortrip durch die Beziehungsniederungen nannte.

Dass Scheidungen zu etwa zwei Dritteln – also in der überwiegenden Mehrheit – von Frauen eingereicht werden, bedeutet dabei nicht, dass sie leichtfertig das Handtuch werfen. Sie sind vielleicht einfach nur etwas anspruchsvoller in Gefühlsdingen. Das meint: Es genügt ihnen auf Dauer nicht, bloß die Adresse mit einem Mann zu teilen. Und sie haben oft schon monate- wenn nicht gar jahrelang versucht, etwas zum Besseren zu wenden, über ihre Probleme mit dem Partner zu sprechen. Haben gelitten, gezankt und gedroht, um schließlich doch noch das Handtuch zu werfen, weil Männer – das ist leider so – subtile Signale wie Nervenzusammenbrüche oder Weinkrämpfe nicht verstehen. Sie wachen oft erst auf, wenn ihre Koffer vor der Tür stehen oder ihr Auto brennt.

Nein, Frauen werfen sicher nicht leichtfertig hin und meistens geben sie eher zu viele Verlängerungen, statt das Spiel schon beim ersten Foul abzupfeifen, so wie Marianne, 42, seit sieben Jahren mit Tom, einem Workaholic, liiert. »Er hat schon viel gearbeitet, als wir uns kennen lernten. O. k., dachte ich, das ist eben so in der Werbebranche, die leben ja quasi in ihrem Büro. Tom machte mir auch immer Versprechungen, dass, wenn er erst mal befördert wäre, er auch mehr Zeit für mich hätte. Aber bei den Versprechen blieb es. Er stieg die Karriereleiter zwar kontinuierlich weiter nach oben, aber er war auch praktisch nie mehr zu Hause. Wenn ich ihn sehen wollte, dann musste ich mit ihm in der Mittagspause Essen gehen und da klingelte meist noch ständig das Handy. Andererseits habe ich natürlich auch davon profitiert, dass er so engagiert war. Als Buchhändlerin wird man ja nicht gerade üppig bezahlt, und es war schon toll, dass Tom mich immer mal wieder übers Wochenende nach Barcelona oder auch New York einladen konnte und wir es uns dann wirklich haben gut gehen lassen. Doch dann bin ich schwanger geworden – ein Wunschkind – und es gab eine Menge Komplikationen. Tom hatte meistens keine Zeit, wenn ich mal wieder zum Arzt musste. Er hat sich zwar immer etwa tausend Mal entschuldigt, aber es war schon verletzend, dass irgendein Meeting immer wichtiger war als ich und unser Kind. Als ich dann frühzeitig Wehen bekam, musste Tom unbedingt nach Hamburg zu einem Kunden fliegen; während bei mir ein Notkaiserschnitt gemacht wurde, saß er beim Essen in irgendeinem Edelrestaurant. Das war ein ziemlicher Schock und ich habe ihn das erste Mal richtig ernst vorgewarnt: dass ich nicht Mutter geworden wäre, um letztlich allein mit dem Kind zu sein. Aber dann ist Tom zu echter Hochform aufgelaufen – hat mir die größten Blumensträuße geschenkt, mich mit einem Koch überrascht, der uns daheim ein Fünf-Gang-Menü gemacht hat, weil ich ja mit Saskia schon so viel um die Ohren hatte. Ständig rief er an und versicherte mir immer wieder, dass er ohne mich nicht leben könnte. Sogar einen Heiratsantrag mit allem Drum und Dran machte er mir. Bis ich schließlich fast glaubte, er würde sich diesmal wirklich ändern. Eine Weile ging das ja ganz gut. Aber dann bot man ihm einen noch besseren Posten in Köln an – und er sagte ›Ja‹, ohne mich gefragt zu haben und obwohl er sich hätte denken können, dass ich nicht von Frankfurt wegziehen will. Es gab einen riesigen Krach, weil er behauptete, dass er das doch alles eigentlich nur für mich und das Kind täte.

Am liebsten hätte ich meine Koffer gepackt, zumal Tom nicht einsah, wieso er seine Entscheidung revidieren sollte. Aber irgendwie hatte ich dazu keine Kraft mehr. Ich merkte, ich kann nicht einfach so gehen. Denn wir sind ansonsten ein wirklich gutes Team und dann ist da ja noch Saskia, unsere Kleine. Ich glaube, ich habe einfach Angst, dass ich ohne Tom erst richtig einsam sein werde. Zumal jetzt mit dem Kind. Außerdem: Hat nicht jeder Mann irgendeine Macke?«

Und: Ist ein bekanntes Unglück nicht leichter zu ertragen als die Angst, niemanden mehr zu finden, der einen liebt? Diese Frage kann einem ziemlich lange im Kopf herumschwirren und einen so lähmen, dass man den Sinn für die Proportionen verliert. Denn natürlich wird Tom niemals einen Anlass sehen, sein Verhalten zu ändern, da sich Marianne ja anscheinend so gut damit arrangiert. Die Ausnahme – seine notorische Abwesenheit – wird zur alltäglichen Begleiterscheinung ihres Zusammenlebens, die damit verbundenen Verletzungen zu lässlichen Banalitäten. Tom hat Narrenfreiheit, Marianne die undankbare und auch ziemlich unattraktive Rolle der Dulderin. Und, was fast noch schlimmer ist, sie wird nie erfahren, ob Tom deshalb bei ihr bleibt, weil er sie wie wahnsinnig liebt und sie eine so wunderbare Person ist, oder nur, weil es echt schwierig ist, eine Frau zu finden, die all die Zumutungen akzeptiert, die Tom so bietet und die trotzdem für ihn da ist. Kein schöner Gedanke. Selbst dann nicht, wenn man ihn so gut verdrängt hat, dass er sich höchstens noch flüsternd und bei besonderen Gelegenheiten wie dem Besuch vermeintlich glücklicherer Paare zu Gehör bringt.

Natürlich gibt es niemanden, der Marianne versprechen könnte, dass garantiert etwas Besseres nachkommt und die Welt voller blendend aussehender und hinreißender Männer ist, die nur darauf warten, den Toms einen Platzverweis zu erteilen. Aber bei Entscheidungen wie diesen stellt sich auch weniger die Frage, ob Tom es wirklich wert ist, sich all das bieten zu lassen, als vielmehr, wie hoch wir den Preis unserer Würde bemessen. Sind wir es nicht wert, dass man sich um uns kümmert? Dass man sich zumindest Gedanken darüber macht, weshalb es uns schlecht geht, was uns verletzt?

Auch wenn man von einem Mann sicherlich nicht lebenslänglich lodernde Leidenschaften, großartige Romantik und helle Begeisterung erwarten kann. Eines darf man aber mit Fug und Recht: darauf pochen, dass die Mindeststandards eines freundschaftlichen Umgangs eingehalten werden. Denn das ist es letztlich, was wirklich zählt: Respekt und Wertschätzung. Fehlen die oder kommen sie irgendwie abhanden, dann ist das wirklich ein Grund zu gehen. Schließlich befand schon Nietzsche ganz richtig, dass nicht mangelnde Liebe, sondern mangelnde Freundschaft zu unglücklichen Ehen führt.

Und die eigentlichen Katastrophen bestehen deshalb auch nicht darin, dass der Fisch irgendwann vielleicht mal aufhört, Ihnen die Sterne vom Himmel zu holen, oder schlicht schon mal Ihren Geburtstag vergisst. Selbst ein Seitensprung oder gar eine Affäre wären – na, sagen wir mal – zu überleben, wenn der Fisch dabei versuchen würde, die Anglerin mit dem ihr gebührenden Anstand zu behandeln, nachzuvollziehen, dass sie gekränkt ist, und sich überzeugend zu entschuldigen. Denn seien wir mal ehrlich – nicht immer kann man alle Erwartungen des Partners erfüllen, auch das Entlieben kommt in den besten Familien vor und lässt sich manchmal nicht vermeiden. Ganz und gar überflüssig aber ist es, zu allem Unglück vom anderen noch wie ein Fußabtreter behandelt zu werden.

Kleine Feiglinge

»Ich halte das aus!« Seit Monaten hofft Susanne, 44, dass ihr Mann sie einfach mal in den Arm nimmt und sagt, dass der Albtraum der letzten Monate zu Ende ist. Seit fünfzehn Jahren ist sie mit Martin, 48, zusammen, zehn davon verheiratet. Seit drei Jahren hat Martin ein Verhältnis mit einer wesentlich jüngeren Frau. Susanne blieb, auch weil Martin ihr immer wieder versicherte, dass sie doch die Hauptrolle in seinem Leben spiele, und er immer wieder versprochen hatte, sich von seiner Geliebten zu trennen. Dreimal tat er es auch – offiziell. Wurde aber immer wieder rückfällig. So auch vor fünf Monaten.

Nun könnte man dem armen Mann wenigstens so etwas wie Gefühlsverwirrungen unterstellen, zumal er offenbar tatsächlich ziemlich mit sich kämpfte. Natürlich war Susanne in dieser kritischen Zeit oft außer sich, manchmal ziemlich zynisch, enttäuscht und also nicht gerade die begehrenswerteste Frau. Schon gar nicht im Vergleich mit der Geliebten. Aber das ist nun mal so, und unter Partnern, die sich einstmals liebten, sollte man dafür auch ein gewisses Verständnis aufbringen, dass man sich in dieser Situation nicht gerade für das »Vogue«-Cover qualifiziert.

Doch genau das fehlt Martin. Im Gegenteil. Seit kurzem gibt er im Freundeskreis den verwundeten Romeo, heischt Verständnis für seine angeblich missliche Lage, sammelt Punkte für sich und gegen Susanne. Irgendwie, so klagt er, hätte sie mit ihrem Halbtagsjob als Sekretärin eben doch nicht den richtigen Background, um ihm – Abteilungsleiter bei einer Bank – intellektuell zu folgen. Dass es jahrelang für ihn ziemlich praktisch war, dass Susanne sich wenig aus Karriere machte, weil er so immer im Mittelpunkt ihres Kosmos stand, und ihm den Rücken freihielt, darüber verliert er kein Wort. Ebenso hat er ziemliche Erinnerungslücken was Susannes Anziehungskraft auf ihn anbelangt. Sagte er früher immer: »Susanne ist ein echter Sonnenschein!«, so beklagt er jetzt ihre »Oberflächlichkeit«, ihren angeblichen Mangel an Ernsthaftigkeit und Tiefe.

Kurz: Martin wirkt so rundum sympathisch wie all die Herren, denen nach 20 Ehejahren plötzlich einfällt, dass sie die ganze Zeit über unter seelischen Grausamkeiten wie regelmäßig warme Mahlzeiten, Fürsorge, Hingabe und einer Frau gelitten haben, die ihnen beim Frühstück nicht gleich den Politikteil der Zeitung aus den Händen riss. Es wird nach Kräften entwertet, was einstmals wichtig, ja vielleicht sogar der Grund war, weshalb man zusammenkam. Nun darf es plötzlich dann doch ein bisschen mehr sein als ein aufgeräumter Haushalt, gut erzogene Kinder und eine Frau, die ihn für den Klügsten hält, obwohl er nicht mal einen Urlaub ohne ihre Hilfe buchen kann. Eine ziemlich miese

Strategie. Denn sie entzieht einem im wahrsten Sinne des Wortes den Boden unter den Füßen.

Die Klatschblätter sind voll von Martins, die eigenmächtig die Koordinaten ihrer Beziehung zu ihren Gunsten verändern und, statt dafür die Verantwortung zu übernehmen, sich auch noch zum Opfer stilisieren. So wie Gerhard Schröder, der nach etlichen Beziehungsjahren eines Morgens plötzlich feststellte, dass er unter unzumutbaren Bedingungen lebte, weil ihm Hillu angeblich jedes Männerrecht auf Fleisch verweigerte und ihm nicht mal ein Schnitzel gönnte.

Auch Dieter Bohlen musste noch mal nachtreten. Es genügte ihm nicht, seine Ex medial am Boden zu sehen. So mächtig wie Harndrang überfiel ihn das Bedürfnis, sein entsetzliches Martyrium mit Naddel – Sektflaschen allüberall und das Tragen von Perücken – an die Öffentlichkeit zu bringen, um Absolution dafür zu heischen, dass es ihm – dem Endvierziger – nun eine Anfang 20-Jährige angetan hatte. Und schließlich Deutsche Bank-Chef Hilmar Kopper: Als Erklärung dafür, dass er sich mit Brigitte Seebacher-Brandt zusammentat, statt, wie die letzten 38 Ehejahre, bei seiner Frau zu bleiben, ließ er verkünden, dass er nicht länger gewillt sei, die perfide Fürsorgefolter seiner Gattin tatenlos hinzunehmen.

Sollten wir da noch Mitleid haben? Verständnis gar? Nein. Selbst Dachlatten haben ein ausgeprägteres Sozialverhalten als Kerle, die die ihnen nahe stehendste Person entwerten müssen, um sich als ganze Kerle zu geben. (Übrigens meistens mit tatkräftiger Unterstützung der neuen Frauen, die sich einbilden, dass der Gefühlsrohling bei ihnen natürlich viel sensibler sein wird. Eine These, die oft allein deshalb nicht widerlegt wird, weil diese Männer in einem Alter sind, in dem man eher stirbt, als das Modell »Tochter« gegen das Modell »Enkelin« auszutauschen. So entgeht den Jüngeren zwar die Erfahrung, wie es ist, als emotionale Altlast entsorgt zu werden, dafür aber lernen sie sicherlich einiges aus dem Bereich der Altenpflege und über die betrüblichen Folgen von Prostatabeschwerden.) An solche ist jeder Liebesrettungsversuch vergeudet. Und so bitter es ist, das einzusehen: Die, die uns am Ende am meisten von unserer Würde und unserem Stolz geklaut haben, sind nachher die letzten, bei denen wir sie uns wiederholen könnten.

Das klingt so lapidar – aber man kann es gerade Frauen nicht oft genug sagen. Denn es kommt ja gar nicht so selten vor, dass wir uns ausgerechnet an den Männern haltlos abarbeiten, die uns am meisten verletzten. In der irrigen Annahme, der Verursacher all der Kränkungen und Niederlagen sei die optimale Adresse für emotionale Wiedergutmachung. Wenn er nur einmal »Du bist die Größte!« sagen würde, statt immer nur »Du blöde Kuh!«, so die Hoffnung, dann könnten wir wieder mit Stolz in den Spiegel schauen und uns sagen: Selbst dieses harte Herz haben wir erweichen können, ist unserem Charme erlegen.

Aber mal unter uns: Wie wahrscheinlich ist es, dass ein Mann, der selbst für seine Alufelgen mehr Gefühl aufbringt als für uns, so etwas ganz und gar Artfremdes tut? Für ihn wäre das vermutlich ähnlich zumutbar wie eine Geschlechtsumwandlung. Wer eigenmächtig die Beziehungsgrenzsteine versetzt und dann noch behauptet, sie hätten schon immer an dem ihm genehmeren Platz gelegen, der braucht kein Verständnis und schon gar keine Frau, die ihn trotz allem liebt. Der braucht klare Worte, und zwar solche, die wir hier nur aus Rücksicht auf den Jugendschutz nicht wiedergeben.

Aber das ist nur ein Grund, über eine Trennung nachzudenken. Daneben gibt es noch ein paar andere, die gravierendere Maßnahmen zur Folge haben sollten, als ihm bloß heimlich ins Essen zu spucken oder der Katze seinen Aktenkoffer als Katzenklo schmackhaft zu machen:

- Er hat an seiner Frau mehr auszusetzen als eine Bundestagspartei an der anderen. Ständig mäkelt er an ihr und allem was sie tut, herum: an der Art, wie sie den Tisch deckt; wie sie sich anzieht; wie sie ihr Haar frisiert und mit seiner Mutter redet. Sie hat den Eindruck, dass ihre ganze Existenz für ihn eigentlich eine Zumutung ist und sie es nur seiner grenzenlosen Güte verdankt, dass er sie nicht gegen ein attraktiveres Modell eintauscht. In Wirklichkeit aber braucht er sie genau so, wie sie ist, um sein läppisches Ego zu stützen, seine Minderwertigkeitskomplexe in Allmachtsphantasien zu verwandeln: als möglichst verunsicherte Frau. Meistens funktioniert diese Strategie, weil Frauen bekanntlich ohnehin nicht gerade über größere Mengen an Selbstbewusstsein verfügen und darüber hinaus noch allzeit bereit sind, sich jedwede Kritik zu Herzen zu nehmen. Aber was macht man mit einem Mann, der sich für Gottes Geschenk hält? Umtauschen!
- Er kann sich nicht entschuldigen. Eher würde er

eigenhändig sein Auto im Main versenken, als einmal den Satz »Tut mir Leid!« über die Lippen zu bringen. Und nicht mal 12 Stunden Kuschelrock brächten auch nur einziges »Sorry« aus ihm heraus. Im Gegenteil. Der leiseste Verdacht, er könne an etwas schuld sein, man dürfe ihm mit Fug und Recht Vorwürfe machen – etwa weil er total vergessen hat, sein eigenes Kind aus dem Kindergarten abzuholen –, verursachen ihm sogar noch schlechte Laune. Denn dass er Fehler macht, ist mit seinem Selbstbild leider nicht zu vereinbaren. Eher schon, dass seine Frau irgendwie daran Schuld hat, wenn er Fehler macht. Sicher gibt es dafür irgendeine plausible Erklärung, die vermutlich sehr viel mit seiner Mutter und einem Töpfchen zu tun hat – aber die hatte Nero sicher auch, als er Rom anzündete.

➻ Er braucht sie, um den Zampano zu geben, im Freundeskreis, daheim und vor sich selbst. Dafür spricht er gern von ihr als seinem kleinen »Dummerchen«, kanzelt sie ab (»Das verstehst du sowieso nicht«), wenn sie ihn fragt, weshalb er eigentlich die Klappe nicht von seiner Kamera genommen hat, bevor er auf den Auslöser drückte. Na ja, er ist eben schlauer als sie, wie er immer wieder betont. Sie hat ja »bloß« Realschulabschluss, während er es immerhin geschafft hat, sich irgendwie durchs Abitur zu mogeln. Das muss jetzt reichen, um ihr ein Leben lang einen intellektuellen Platzverweis zu erteilen und ihr bei jeder Gelegenheit – und am liebsten vor Publikum – zu zeigen, wer der Klügere ist. Im Grunde ist seine Frau sein Identitätsnachweis – denn ohne sie müsste er sich leider eingestehen, dass die paar IQ, die da in seinem Kopf ein ziemlich einsames Dasein fristen, leider nicht dazu reichen, auch anderen den tollen Kerl vorzumachen, der er gerne wäre.

➸ Eigentlich könnte sie auch als Halbtagsdomina arbeiten, im Vorstand der Deutschen Bank sitzen oder ihr Geld als Profikillerin verdienen. Ihm ist das wurscht. Hauptsache, das Essen steht abends auf dem Tisch, sie denkt daran, dass er es nicht mag, wenn die Ärmel seiner Hemden nicht rund gebügelt sind, und sie haben einmal die Woche Sex. Was seine Frau sonst so den lieben langen Tag treibt, interessiert ihn ungefähr so brennend wie die Hühneraugen seiner Schwiegermutter. Überhaupt geht ihm das Frauengequatsche tierisch auf den Zeiger. Ist sie nicht groß genug, ihren Kram selbständig zu erledigen? Muss er sich an allem beteiligen? Nein, muss er nicht. Eine Scheidung beispielsweise kann man prima alleine einreichen. Ganz ohne größere Vorgeplänkel.

➸ Kann ein Mann zwei Frauen lieben? Klar!! Er schon. Das beteuert er auch immer wieder überzeugend. Er ist keiner von diesen notorischen Seitenspringern, die alles flach legen, was nicht bei drei auf dem Baum ist. Er liebt aus ganzem Herzen und nur aus den edelsten Motiven. Was kann er dazu, dass ihm das Schicksal gleich zwei so wunderbare Frauen beschert hat? Soll er sich wirklich entscheiden müssen? Wie könnte er – niemals würde er eine Frau so verletzen wollen, dass er sich gegen sie wendet. Nein, also das kann keine von ihm erwarten. Und außerdem, gibt er zu bedenken, ist die Zweierbeziehung nicht ohnehin historisch, ökonomisch und sozial überholt? Jetzt kommt er seinen Frauen noch intellektuell, und da will ja nun wirklich keine als die letzte Spießerin in den Wettkampf mit ihrer Konkurrentin treten.

Herrlich, wie Männer mit dieser Masche immer wieder durchkommen und sich sozusagen doppelte Leistung mit halbem Einsatz erschleichen, während Gattin und Geliebte so damit beschäftigt sind, sich gegenseitig auszustechen, dass ihnen das gar nicht auffällt. Doch schon Honoré de Balzac meinte: »Die Behauptung, ein Mann könne nicht immer dieselbe Frau lieben, ist genauso unsinnig wie die Behauptung, ein Geiger brauche für dasselbe Musikstück mehrere Violinen.« Und dass er das im Grunde auch denkt, stellt sich spätestens dann heraus, wenn seine Frau jemanden kennen lernt, auf den sie leider nicht verzichten mag – weil sie nun mal nichts für ihre Gefühle kann und der Mensch eben einfach nicht für die Monogamie geschaffen ist …

➡ Manche Männer behandeln ihre Frauen wie Tauben: Die behalten nämlich eine angelernte Gewohnheit länger bei, wenn sie bei ihrer Erlernung nur gelegentlich und unregelmäßig belohnt wurden, als wenn sie auf ständige Belohnung rechnen können. Meint: Frauen werden gerade immer nur so viel mit Aufmerksamkeit bedacht, wie sie brauchen, um nicht ganz die Lust an der Beziehung zu verlieren und sich Hoffnungen auf Besserung zu machen. Doch erfolgt diese »Belohnung« so unregelmäßig und unberechenbar, dass sich daraus kein Gefühl der Sicherheit entwickelt. Ist er also einmal total begeistert von ihren Kochkünsten und sie wiederholt diesen Liebesdienst, sagt er beim nächsten Mal vielleicht, dass er dies »Betüteln« ziemlich ätzend findet und ob sie nichts Besseres zu tun hat. Die Folge:

Sie fühlt sich ungeliebt und verstärkt ihre Anstrengungen, um ihn wieder für sich zu gewinnen. Zum Glück viel zu wenig, zum Trennen zu viel – so könnte man diese Strategie auch umschreiben, mit denen sich manche Männer trickreich in den Mittelpunkt weiblichen Sinnens und Trachtens setzen und dafür sorgen, dass Frauen stets nach ihrer Anerkennung lechzen, statt sich die einzig wichtige Frage stellen: Ist es ein solcher Mann wirklich wert, sich so in Schach halten zu lassen?

Flüchten oder Standhalten?

Schmutzige Wäsche auf dem Boden, ein Mann, der »Müll« nicht mal buchstabieren kann, und regelmäßig diese Kräche darüber, weshalb man ein Hemd nicht so lange trägt, bis es nach Waschpulver winselt – auch das sind sicher Gründe, sich zu trennen. Manchmal täglich. Aber hoffentlich nur in Gedanken. Denn längst nicht jede Krise rechtfertigt es, das Handtuch zu werfen und sich darauf zu verlassen, dass es genug andere Fische gibt, mit denen man glücklicher wird. Weil man mit jedem Fisch irgendwann in reißende Gefühlsgewässer gerät; weil sich Beziehungen verändern, weil sich das Leben verändert und jede Veränderung einfach auch Anpassungsschwierigkeiten mit sich bringt.

Ein neuer Job, neue Falten, Geldsorgen, Kinder, Verwandte, Schwiegermütter, Entlassungen – all das bringt Störungen in die Liebe, die sind manchmal schmerzhaft, aber sie setzen neben haltlosen Krächen auch sehr viel Gutes in Bewegung. Sie halten die Beziehung lebendig, sorgen für persönliches Wachstum und stabilisieren letztlich sogar die Gefühle. Denn wer schon mal gemeinsam ein paar Stürme wie: »Schatz, ich habe einen neuen Job, jetzt kümmerst du dich mal um die Kinder!« bewältigt hat, den bringt so leicht nichts mehr aus der Fassung. Und man gewinnt außerdem die Gewissheit, dass man sich auch und gerade in Krisenzeiten auf den anderen verlassen kann. Etwa darauf, dass er auch dann nicht seine Koffer packt, wenn man sechs Monate lang jeden Abend heult, weil man es im neuen Job mit einer Art Saddam Hussein im Rock zu tun hat. Oder dass er da ist, wenn man nach einer schweren Operation auf der Intensivstation aufwacht. Dafür lohnt es sich doch, ein paar – sagen wir mal – gewöhnungsbedürftige Angewohnheiten hinzunehmen (sogar die, dass er beim Essen immer so lautstark schmatzt, dass man schon Hornhaut auf dem Trommelfell hat). Letztlich gibt es im Leben wie in der Liebe eben nichts umsonst, und wer sein Dasein nicht allein fristen will, der tut gut daran, sich jene Perspektive anzueignen, die schon der Autor Otto Flake als optimale Frischhaltetechnik einer jeden guten Beziehung propagierte: »Liebe ist der Entschluss, das Ganze eines Menschen zu bejahen, die Einzelheiten mögen sein, wie sie wollen.« Kümmern wir uns also weniger um die Details und hören wir auf, den Fisch ständig auf den Prüfstand zu stellen – dann klappt es schon mit der Liebe. Vielleicht nicht immer, aber oft genug, um mit dem Fisch Ihrer Wahl auf Dauer ganz schön glücklich zu werden.

Kapitel 19
Sachkundenachweis Aquaristik

Wie lange dauert bei Ihnen und Ihrem Mann gewöhnlich das Vorspiel?

- Zwei Wochen – so lange muss er mindestens betteln.
- Ich hab mal versucht, bis drei zu zählen – aber da war er schon fertig.
- Wenn ich will, bis Weihnachten nächstes Jahr. Ich habe da so ein paar Tricks …
- Unterschiedlich. Mal eine Nanosekunde, mal einen ganzen Abend mit heißem Bad und allen Schikanen – kommt ganz auf unsere Stimmung an.

Welchen Teil der Hausarbeit erledigt Ihr Mann?

- Er sagt, mehr als die meisten Männer. Ich sage: O.k., mehr als der Hund.
- Den ich ihm zuweise.
- Nicht ganz die Hälfte – nach meiner Berechnung. Mehr als die Hälfte – nach seiner.
- Er würde ja echt gern mehr tun, aber ehrlich gesagt dauert es mir einfach zu lange.

Es läuft Sex and the City *und* ein Fußballländerspiel. Ihr Mann hat die Fernbedienung in der Hand. Was passiert?

- Wir streiten.
- Wir schauen uns das Fußballspiel gemeinsam an.
- Für solche Fälle haben wir einen Zweitfernseher.
- Mein Mann und die Fernbedienung? Ein absurder Gedanke.

Wenn Ihr Mann nach Hause kommt, was tut er als Erstes?

- Er zerrt mich auf den Flokati (glauben seine Freunde, in Wirklichkeit fällt er auf die Couch).
- Was gerade anfällt.
- Fragt, wann es Essen gibt.
- Fragt, wie mein Tag war.

Ihr Mann hat ohne Ihr Einverständnis ein Sportcoupé gekauft. Was tun Sie?

- Das bringt er natürlich sofort zurück!
- Ich kaufe mir ein schickes Kopftuch.
- Ich mache mir Sorgen, was als Nächstes kommt: eine 18-Jährige? Ein Lifting? Eine Penisverlängerung?
- Nichts. Ich finde es einfach süß. Männer brauchen so was eben.

Ihr Fisch klappt nie die Klobrille hoch – welche Erziehungsmaßnahmen ergreifen Sie?

- Keine. Ich finde es irgendwie unmännlich, wenn man sie zwingt, sich hinzusetzen.
- Ich setze die Schüssel unter Strom.
- Da rede ich ihm nicht rein.
- Also, damit haben wir kein Problem. Und wenn, dann würde ich das WC eben mit seinen Unterhosen putzen.

Ihre beste Freundin wird von ihrem Mann betrogen. Was raten Sie ihr?

- Ruhe zu bewahren. Bei Männern sollte man so was nicht zu ernst nehmen.
- Sie muss rausfinden, was ihm die Schlampe bietet, und dann drübergehen.
- Ich würde sofort alle Kreditkarten sperren, ihm die Koffer vor die Tür stellen und seine Comicsammlung verbrennen.
- Schwierig zu sagen. Erst mal geht es nur die beiden etwas an. Aber ich würde anbieten, für sie da zu sein.

Vervollständigen Sie folgenden Satz: Seine Mutter ist …

- … ihm ebenso angeboren wie seine Schweißfüße.
- … nun mal die wichtigste Frau in seinem Leben.

- … ein Vorbild – ständig reibt er mir unter die Nase, wie gut sie kochen kann.
- … eigentlich ganz nett – wenn man sie nicht zu oft sieht.

Wie bringen Sie Ihren Mann dazu, mit Ihnen zum Shoppen zu gehen?

- Ich locke ihn damit, dass wir nachher noch zu Saturn Hansa gehen.
- Ich sage, dass ich ihn sonst zum Skat begleiten werde.
- Mein Mann braucht nicht überredet zu werden. Er sucht mir gern was Hübsches aus.
- Gar nicht, ich gehe sowieso lieber allein.

Welche der folgenden Tätigkeiten würden Sie einem Mann niemals überlassen?

- Denken.
- Packen von Urlaubskoffern.
- Die Wäsche.
- Die Zusammenstellung von Filmen für einen Videoabend.

Ein Mann am Herd ist für Sie?

- Eine Utopie.
- Alfred Biolek.

Nichts Besonderes.
Eine Abwechslung.

Wie muss die Küche aussehen, bevor Ihr Mann aktiv wird?

Mein Mann weiß gar nicht, dass wir eine Küche haben.
Das weiß ich nicht. Aber er weiß, wie ich aussehe, damit er aktiv wird.
Nicht so schlimm, wie sie aussehen muss, bevor ich aktiv werde.
Wie Kabul.

Was lobt Ihr Mann am häufigsten an Ihnen?

Alles, was ich ihm sage.
Dass ich nicht so eine Emanze bin.
Lob? Mein Mann lobt nur seinen Hund und Stefan Effenberg.
Außer meiner Schönheit, meiner Klugheit und meinem Sinn für Humor? Dass ich ihn noch nie gebeten habe, mir die Abseitsregel zu erklären.

Es ist Samstagabend, 23 Uhr, welches Outfit trägt Ihr Mann?

Das, was ich ihm morgens rausgelegt habe.
Jeans und T-Shirt.

- Seinen Jogginganzug.
- Nichts.

Welches ist der größte Fehler Ihres Mannes?

- Dass er immer blaue Socken zum schwarzen Anzug trägt.
- Dass er glaubt, er wäre klüger als ich.
- Das er mich so wenig an seinem Leben teilhaben lässt.
- Haben Sie zwei Stunden Zeit?

Sie haben sich ein Paar Schuhe zum Preis eines Kleinwagens gekauft. Was sagen Sie Ihrem Mann?

- Ich schwindele den Preis runter.
- Du wieder mit deiner Vergesslichkeit. Die habe ich doch schon mindestens drei Mal angehabt.
- Dass es mit der Bang-und-Olufsen-Anlage wohl nichts mehr wird in diesem Leben.
- Ich führe sie ihm stolz vor und bringe ihm ein Glas Wasser, falls er ohnmächtig wird.

Ihre Freundinnen beneiden Sie lautstark um Ihren Mann, bloß weil er mal kurz das Kind übernommen hat, damit Sie Ihr Treffen abhalten können. Was sagen Sie?

- Das ist noch gar nichts. Er kann auch Stöckchen holen.

- Ihr solltet ihn mal im Bett erleben.
- Dass er das sonst nicht macht.
- Dass ich auch stolz auf ihn bin.

Wenn Sie nach Hause kommen, was tun Sie zuerst?

- Mich nackt hinterm Sofa verstecken (glauben seine Freunde, in Wirklichkeit ziehe ich mir was Bequemes an und gehe in die Küche).
- Kontrollieren, ob er auch wirklich ordentlich geputzt hat.
- Auf die Couch legen und mich durchs Fernsehen zappen.
- Abendbrot vorbereiten.

Was war Ihre letzte gemeinsame Unternehmung?

- Der Großeinkauf im Supermarkt.
- Besuch bei seiner Mutter.
- Wir haben sein Auto gewaschen.
- Wir haben den nächsten Urlaub geplant.

Was war das längste Gespräch, das Sie in den letzten zwei Monaten geführt haben, und worum drehte es sich?

- Vier Stunden. So lange hat die Irrfahrt durch Frankreich gedauert, weil er mal wieder besser wusste, wo Norden ist.

- Zwei Stunden, und es ging darum, ihm zu erklären, wie man Nachrichten vom Anrufbeantworter abhört.
- Zehn Minuten, so lange brauchte ich, ihn davon zu überzeugen, dass Skat nicht das Richtige für ihn ist.
- Zwei Stunden – so lange brauchten wir, um uns zu überlegen, wohin wir als Nächstes in Ferien fahren.

Welche Unterhosen trägt Ihr Mann?

- Tangas.
- Neutrale Boxershorts.
- Schiesser Doppelripp.
- Boxershorts mit lustigen Motiven drauf.

Was hat Ihnen Ihr Mann zu Ihrem letzten Geburtstag geschenkt?

- Eine CD.
- Keine Ahnung, ich traue mich nicht, es auszupacken.
- Was ich mir mehrmals laut und deutlich gewünscht habe: einen Ring.
- Dessous.

Was haben Sie Ihrem Mann zu seinem letzten Geburtstag geschenkt?

- Einen total süßen Bademantel mit putzigen Nikoläusen drauf.

- Ein Buch, in dem steht, was sich Frauen wünschen. Leider hat er es noch nicht gelesen.
- Ein Aftershave und mich in den Dessous, die er mir zum Geburtstag geschenkt hat.
- Etwas für sein Hobby, das er sich schon lange gewünscht hatte.

Ihr Mann hat Sie eine Stunde lang im Restaurant warten lassen. Was tun Sie?

- Ich frage den Kellner, wo man hier illegal Waffen kaufen kann.
- Ich frage den Kellner, wann er Feierabend macht.
- Ich bestelle mir noch eine Flasche Wein.
- Ich mache mir Sorgen.

Woran erkennen Sie, dass Ihr Mann Sie liebt?

- Er sagt es mir.
- Ich weiß es einfach.
- Er sagt »Mutti« zu mir.
- Er hat letzte Woche den Müll runtergebracht.

Ihr Mann schweigt Sie schon den ganzen Abend an. Was denken Sie?

- Was für ein gemütlicher Abend.
- Hoffentlich liegt es nicht an mir.
- Er wird schon reden, wenn er Lust dazu hat.

Ich schaue nochmal in dem Frauenzeitschriftenartikel nach, wo drinsteht, wie man Männer gaaanz vorsichtig zum Reden bringt.

Ein langes blondes Haar auf seinem Anzug ist für Sie?

- Keine Ahnung – kommt drauf an, was er dazu sagt …
- Ein Zeichen, dass sein Haarwuchsmittel endlich wirkt – wie er mir überzeugend erklärt.
- Anlass, mal wieder die ganz große Verführungsnummer durchzuziehen.
- Blonde Haare auf dem Anzug meines Mannes? Ist der Papst schwul?

Vorwiegend

Frauen sind Gottes Polizei, sagen die Australier. Wenn das stimmt, dann sind Sie der Polizeichef, und zwar der einer Beziehung, die fatale Ähnlichkeit mit jenen Regierungen aufweist, die ziemlich oft in den Jahresberichten von »Amnesty International« vorkommen. Wo andere Frauen nämlich schwächeln, nachgeben oder gar an das Gute im Mann glauben, da greifen Sie lieber gleich beherzt zu Peitsche und Streckbank (im übertragenen Sinne natürlich. Obwohl: Sie persönlich hätten ja nichts gegen die Einführung der Prügelstrafe für Haushaltsverweigerer einzuwenden). Sie kontrollieren, überwachen, ordnen an und lassen ihm nicht mal die kleinste Unregelmäßigkeit – »Ich habe gesagt, ich will den Wein exakt auf 14 Grad, nicht auf 15!« –

durchgehen. Natürlich sind Sie auch mal mit der großen Illusion angetreten, ein Mann könne einem alle Wünsche erfüllen. Freiwillig! Aber das hat Ihnen Ihr Gatte gründlich abgeschminkt. Nun wissen Sie aus leidvoller Erfahrung, dass Männer und Bierflaschen eines gemeinsam haben: Beide sind vom Hals aufwärts leer. Deshalb braucht man für das Zusammenleben mit einem Mann im Prinzip das Gleiche, womit man auch einen Schäferhund dazu bringt, Stöckchen zu apportieren oder sich tot zu stellen: Kompromisslosigkeit, Disziplin und eine Nörgel-Ausdauer, gegen die die heilige Inquisition wie ein Kindergeburtstag wirkt.

Im Prinzip ist dieser Denkansatz durchaus richtig – denn bekanntlich wächst auch der Mann mit seinen Aufgaben. Doch irgendwie sind Sie etwas zu engagiert bei der Sache mit der männlichen Menschwerdung. Erstens kostet es Sie ungebührlich viel Zeit, Aufmerksamkeit und Energie, daran zu arbeiten, zweitens ist aus der Pädagogik bekannt, dass auch ein kleines Lob Wunder wirken kann (besonders zur Abwechslung mit Sätzen wie: »Männer sind ja sooo primitiv!«), und drittens ist es schon irgendwie paradox zu erwarten, dass er Ihnen ganz spontan die Wünsche nach Liebesbekundungen erfüllt, die Sie ihm ganz unspontan auftragen.

Zuletzt noch ein Hinweis: Überlegen Sie sich gut, ob der rundum dressierte Kerl, den Sie aus Ihrem Mann machen wollen, wirklich noch derselbe sein wird, in den Sie sich einstmals verliebt haben. Oder können Sie auf Dauer wirklich einem Wesen Achtung entgegenbringen, das den Platz zu Ihren Füßen für den schönsten hält?

Sie glauben: Männer sind nun mal so. Sie können einfach nicht aus ihrer Haut. Nicht weil sie nicht wollen. Sie können nicht. Ihre Biologie verbietet es ihnen geradezu, etwa mit einem Blumenstrauß zur Kenntnis zu nehmen, wie sehr Sie sich um Ihren Mann bemühen. Auch durch Ihr stetes Streben, noch den letzten seiner Seelenwinkel mit Hilfe von Psychoratgebern, Phantasie und steter Besorgnis auszuleuchten. Und während wir anderen Frauen uns fragen – Wieso befällt ihn jedes Mal eine seltsame Zungenlähmung, wenn Sie mit ihm über Ihre Bedürfnisse reden wollen? Weshalb verstehen sie nicht, dass es schön ist, wenn der Sex mal nicht kürzer ist als eine Werbepause bei RTL? – kennen Sie die Antworten: Als versierte Männerversteherin wissen Sie nämlich, dass Männer irgendwann in der Steinzeit so programmiert wurden, dass sie weder Türen aufhalten noch Küchen betreten (es sei denn, ihre Frau hat eine Pistole in der Hand). Und seitdem hat sich im Großen und Ganzen nichts mehr daran geändert. Deshalb verwechseln sie ihren Penis mit einem Kompass und laufen ihm wie der Hund der Wurst besinnungslos hinterher. Deshalb können sie sich keine Geburtstage merken und müssen abends die Fernbedienung, also quasi den urzeitlichen Speer, in der Hand halten, sonst fühlen sie sich irgendwie kastriert.

Nett von Ihnen, sich so viele Gedanken darüber zu machen, weshalb er das Minimum an Mitdenken, Mithilfe, Respekt und Aufmerksamkeit, das er Ihnen schuldig ist, nicht aufbringen kann. Aber was bringt es Ihnen? Vielleicht die Gewissheit, dass der Schnösel an Ihrer Seite es eigentlich nicht persönlich meint, wenn er Sie so stoffelig behandelt? Dass er sich freut, wenn Sie ihm glauben, dass er Ausschlag bekommt, wenn er auch nur an das Wort Waschmaschine denkt? Dass seine Ignoranz, sein Desinteresse und seine Weigerung, im Haushalt einen Finger krumm zu machen, eigentlich mit Ihnen nichts, dafür aber viel mit den urzeitlichen Schaltkreisen in seinem Kopf zu haben? Finden Sie es nicht etwas zu viel des Guten, dass Sie ihm auch noch die Entschuldigungsschreiben für sein schlechtes Betragen abnehmen?

Machen Sie sich einfach nicht so viel Gedanken über das »Warum« und »Weshalb«. Unverschämtheiten bleiben Unverschämtheiten und die Verursacher sollten dafür zur Rechenschaft gezogen werden. Außer sie haben Anspruch auf einen Behindertenausweis. Und statt ständig darüber nachzugrübeln, ob es vielleicht an einem Kindheitstrauma liegt, dass er Ihnen nichts zum Geburtstag schenkt, sollten Sie besser über Ihre eigene genetische Programmierung nachdenken. Da steht nämlich, dass wunderbare Frauen wie Sie besinnungslos geliebt, verehrt, bewundert und verwöhnt werden sollten und es mehr als verdient haben, dass ein Mann für Sie über seinen Schatten springt – selbst wenn der noch im Lendenschurz steckt.

Vorwiegend ✤

Umgarnung, Verführung, viele leckere Kalorien, frische Wäsche und sexy Dessous – Sie setzen auf die legendären Waffen der Frauen. Wozu lange diskutieren? Mit Männern? Um Achtung, Anerkennung, eigenes Geld? Das verwirrt die doch nur, die Ärmsten. Es gibt bessere Schmiermittel für die Liebe glauben Sie und denken, dass Sie mit Ihren Serviceleistungen den Weg des geringsten Widerstands betreten haben. Denn Männer sind ja bekanntlich so leicht auszutricksen. Man muss ihnen eben einfach nur schmeicheln, ihren IQ loben (und dabei wünschen, die Miete wäre so niedrig), seine unglaublichen Liebhaberqualitäten, sein berufliches Engagement – »Toll Dieter, wie du dem Müller mal wieder den Parkplatz weggeschnappt hast!« –, dann lesen sie einem alle Wünsche von den Augen ab. Solange die nicht maßlos sind und mit »K« wie »Karrieremachen« oder »M« wie »eigene Meinung« anfangen.

Sicher könnten Sie das Kreuzworträtsel, an dem er nun schon über eine Woche lang herumrät, mühelos in einer Stunde lösen (inklusive der Zeit, die Sie brauchen, um all seine falschen Einträge auszuradieren) und ihm ein paar Finanztipps geben, die etwas cleverer sind als der Kauf von T-Aktien. Schön wäre es auch, ihm endlich mal deutlich zu machen, dass Sex nicht wie Grillen ist – man braucht das Fleisch nur einmal zu wenden, und schon ist es gut. Aber das würde Sie ja irgendwie berechenbar machen. Sie wären dann auch bloß eine von den Frauen, die er anstrengend findet, irgendwie unweiblich und die er gar für – na, sagen wir es hier ruhig mal, das böse Wort – eine »Emanze« hält, was für ihn fast schon so etwas wie eine Geschlechtskrankheit ist. Wir wollen ihn hier nicht schlecht machen, Ihren Mann. Schließlich erkennt er eine selbst gekochte Marmelade, wenn eine vor ihm steht, oder ihren durch beinharte Disziplin wunderbar aufgeräumten Haushalt durchaus an. Er macht Ihnen sicherlich schöne Geschenke und er schätzt es, dass Sie abends so gut wie nie abgespannt sind und immer ein offenes Ohr für seine ziemlich langen Geschichten aus dem aufregenden Leben eines Staubsaugervertreters haben.

Aber mal ehrlich: Finden Sie es nicht ziemlich anstrengend, ständig seine Geisha zu sein? Sollten Sie nicht lieber mal darüber nachdenken, eigene Ansprüche anzumelden, etwas mehr zu riskieren? Und sei es nur, um endlich mal sagen zu können: »Schatz, ich finde Sex vor dem Frühstück grauenhaft.« Oder: »Wenn du noch einmal einen Witz über Frauen am Steuer machst, erzähl ich deinen Kumpels, dass du bei ›Dornenvögel‹ geweint hast.« Sie können so viel, etwa Ihren Mann zur Abwechslung mal mit Selbstbewusstsein und einem eigenen Willen erstaunen. Das mag er am Anfang vielleicht etwas anstrengend finden – aber sicher auch ziemlich interessant. Und bedenken Sie: Ein Sauerbraten (und wenn er noch so herrlich schmeckt) oder zwei Wochen Urlaub mit seiner Mutter sind keine Garantie dafür, dass Sie nicht verlassen werden können. Und mal ehrlich: Wenn Sie glauben, dass die Bedürfnisstruktur Ihres Mannes tatsächlich so übersichtlich ist, dann beleidigen Sie nicht nur ihn, sondern auch sich – oder sind Sie wirklich bloß eine Art wartungsfreies Multifunktionsgerät?

Vorwiegend

Ihr Mann müsste eigentlich den Boden küssen, auf dem Sie wandeln, was Sie ihm ruhig öfter mal sagen sollten. Denn Sie sind eine echte Trophäe. Bei Ihnen weiß er immer, woran er ist. Denn Sie sagen ihm durchaus, und zwar deutlich, was Sie wollen. Gern auch mehrmals. Aber höchstens so oft, bis er tut, was er soll: sich gefälligst auch arbeitsmäßig am gemeinsamen Leben beteiligen. Sie tun das optimal: nämlich ohne diesen jaunerigen Unterton, der signalisiert: »Ich weiß ja jetzt schon, dass ich wieder alles allein machen muss.« Nein, Sie setzen einfach deutliche Grenzen. Das bedeutet nicht, dass er seine Hemden unbedingt selbst bügeln muss. Solange er etwa regelmäßig die Küche feudelt oder den gesamten Einkauf übernimmt, tun Sie gern auch Ihren Anteil. Sie verstehen sich eben als Team, was die Erledigung täglicher Pflichten und Routine anbelangt, und als eigenständige Person, die auch ein Leben jenseits der Beziehung hat. So müssen Sie nicht ständig mit ihm zusammenglucken, um sich seiner sicher zu sein. Im Gegenteil. Wenn er unbedingt in die Berge will und Sie an die See, dann fahren Sie auch mal getrennt voneinander. Sie wollen Freiheiten, also lassen Sie ihm auch gern welche, besonders an Tagen, an denen er zum Fußball, zum Skat oder in einen Film will, den Sie ähnlich spannend finden wie Effenbergs Liebesleben.

Natürlich ist der Alltag mit einem Mann auch für Sie nicht immer leicht. Manchmal tut und sagt er Dinge, die nur er versteht. (Aber selbst da kann man sich nicht immer ganz sicher sein.) Trotzdem: Sie wissen, dass es vermutlich auch mit einer Freundin Debatten über die durchschnittliche Verweildauer im Bad und all die anderen Organisationsfragen gäbe, die sich im Zusammenleben so auftun, und außerdem empfinden Sie es durchaus als Bereicherung, dass Männer anders ticken als Sie. Meistens. Natürlich hassen Sie Ihren Mann durchaus auch mal von Herzen oder überziehen ihn mit Schimpfkanonaden, die als Telegramm etwa 400

Euro kosten würden. Aber das gehört eben auch dazu, wenn man sich liebt und sich immer wieder zusammenraufen muss. Entspannt sehen Sie auch etwaige Beruhigungen in Sachen Romantik oder Sex. Nur weil Sie mal vier Wochen keinen hatten, muss für Sie nicht gleich die Welt untergehen. Dafür fallen Sie dann eben in der fünften Woche übereinander her. Und dass er kein Romeo ist – nun ja, das hat auch Vorteile. Immerhin haben Sie dadurch beide Ihre Liebe überlebt.

Kurz: Da Sie in den richtigen Bereichen ziemlich pragmatisch sind, halten Sie das, worauf es ja letztlich in der Langzeitbeziehung auch ankommt – nämlich die Liebe – ziemlich frei von Trübungsfaktoren wie Enttäuschung, Frustration und Streit über die Frage, ob man sich beim Abendbrot die Fußnägel schneiden soll. So können Sie einen Mann als das betrachten, was er durchaus auch sein kann: ein großes Glück.

Susanne Fröhlich
Constanze Kleis
Jeder Fisch ist schön –
wenn er an der Angel hängt
Band 15993

Männer sind wie Fische: Erst beißen sie nicht an, und hat man endlich einen an Land gezogen, erreichen seine besten Eigenschaften schon ihr Verfallsdatum. Das wird sich ändern. Dieses Buch zeigt, wie Frauen den Goldrichtigen angeln und wie er frisch bleibt. Schließlich soll der Fang, respektive der Mann, der Anglerin noch sehr lange Freude bereiten.

Fischer Taschenbuch Verlag

Susanne Fröhlich
Frisch gemacht
Roman
336 Seiten gebunden

Kind frisch, Job frisch, alles frisch? Schlagfertig, witzig und großherzig wie immer erzählt Susanne Fröhlich in ihrem neuen Roman vom Wahnsinn des Alltags – frisch gemacht!

»In dieser hochtourigen Allroundsatire fährt Susanne Fröhlich den gängigen Superweib-Klischees rasant an den Karren. Pädagogisch garantiert wertlos. Aber superlustig.«
Shape

»Susanne Fröhlich schreibt, wie sie spricht: schnell, geradeaus, plakativ, zugespitzt und unterhaltsam.«
FAZ

Krüger Verlag